崇拜毛

三十·三十書系

崇拜毛

文化大革命中的言辭崇拜與儀式崇拜

丹尼爾·里斯 (Daniel Leese)　著

秦禾聲、高康、楊雯琦　譯　|　唐少傑　校

香港中文大學出版社

■ 三十 · 三十書系

《崇拜毛：文化大革命中的言辭崇拜與儀式崇拜》

丹尼爾·里斯 著

秦禾聲、高康、楊雯琦 譯

唐少傑 校

英文版 © Cambridge University Press 2011
繁體中文版 © 香港中文大學 2017

本書版權為香港中文大學所有。除獲香港中文大學
書面允許外，不得在任何地區，以任何方式，任何
文字翻印、仿製或轉載本書文字或圖表。

2017年第一版
2024年第二次印刷

國際統一書號 (ISBN)：978-962-996-798-7

本書根據 Cambridge University Press 2011年出版之 *Mao Cult:
Rhetoric and Ritual in China's Cultural Revolution* 翻譯而成。

出版：香港中文大學出版社
　　　香港 新界 沙田 · 香港中文大學
　　　傳真：+852 2603 7355
　　　電郵：cup@cuhk.edu.hk
　　　網址：cup.cuhk.edu.hk

本社已盡力確保本書各圖片均已取得轉載權。倘有
遺漏，歡迎有關人士與本社接洽，提供圖片來源。

■ 30/30 SERIES

Mao Cult: Rhetoric and Ritual in China's Cultural Revolution (in Chinese)
By Daniel Leese
Translated by Qin Hesheng, Gao Kang, Yang Wenqi
Edited by Tang Shaojie

English edition © Cambridge University Press 2011
Traditional Chinese edition © The Chinese University of Hong Kong 2017
All Rights Reserved.

ISBN: 978-962-996-798-7

First edition 2017
Second printing 2024

This translation of *Mao Cult: Rhetoric and Ritual in wChina's Cultural Revolution*
is published by arrangement with Cambridge University Press.

Published by The Chinese University of Hong Kong Press
　　　The Chinese University of Hong Kong
　　　Sha Tin, N.T., Hong Kong
　　　Fax: +852 2603 7355
　　　Email: cup@cuhk.edu.hk
　　　Website: cup.cuhk.edu.hk

Every effort has been made to trace copyright holders of the illustrations
in this book. If any have been inadvertently overlooked, we will be
pleased to make the necessary arrangement at the first opportunity.

Printed in Hong Kong

群峰並峙　峰峰相映

《三十‧三十書系》編者按

　　在中國人的觀念裏，「三十年為一世，而道更也」。中華人民共和國建國迄今六十餘年，已歷兩世，人們開始談論前三十年與後三十年，或強調其間的斷裂性及變革意旨，或著眼其整體性和連續性。這一談論以至爭論當然不是清談，背後指向的乃是中國未來十年、二十年、三十年以至更長遠的道路選擇。

　　《三十‧三十書系》，旨在利用香港中文大學出版社獨立開放的學術出版平台，使不同學術背景、不同立場、不同方法的有關共和國六十年的研究，皆可在各自的知識場域充分完整地展開。期待群峰並峙，自然形成充滿張力的對話和問辯，而峰峰相映，帶來更為遼闊和超越的認識景觀。

《三十‧三十書系》自2013年起，首批已推出四種著作：

　　郭于華《受苦人的講述：驥村歷史與一種文明的邏輯》、高王凌《中國農民反行為研究（1950–1980）》、高默波《高家村：共和國農村生活素描》與郭益耀《中國農業的不穩定性（1931–1991）：氣候、技術、制度》。

　　這四本書探討的都是集體化時期的農村、農民和農業，卻呈現出截然不同的時代圖景。頗有意味的是，作者的背景、研究方法不盡相同，作品之間的立場和結論甚至相互衝突，但當它們在同一平台上呈現時，

恰恰拼合出一個豐富而多元的光譜；作品之間的衝突和砥礪，使這光譜更接近《三十‧三十書系》所期待的學術景觀：群峰並峙，峰峰相映。

在此基礎上，《三十‧三十書系》的第二批著作試圖將關注擴展至全球視野下的中國學，利用香港中文大學出版社獨特的雙語出版平台，聚焦世界範圍內的共和國研究。由此推出六部著作：

蘇陽《文革時期中國農村的集體殺戮》、安舟 (Joel Andreas)《紅色工程師的崛起：清華大學與中國技術官僚階級的起源》、丹尼爾‧里斯 (Daniel Leese)《崇拜毛：文化大革命中的言辭崇拜與儀式崇拜》、白思鼎 (Thomas P. Bernstein) 與李華鈺編《中國學習蘇聯 (1949 年至今)》、文浩 (Felix Wemheuer)《饑荒政治：毛時代中國與蘇聯的比較研究》及彭麗君《複製的藝術：文革期間的文化生產及實踐》。

延續「群峰並峙」的基本理念，這批作品試圖突破傳統研究對象的局限、地域分隔造成的研究盲點和學科間的專業壁壘，呈現一個更開闊而富有生機的中國研究圖景。從書名就可看出，與第一批中國學者關於農村集體化的論述不同，第二批著作探討了共和國史中更豐富的細分領域與主題，如集體殺戮、技術官僚、領袖崇拜、中蘇關係、大饑荒、文革期間的文化生產模式等。此外，無論從作者的地域背景還是研究的學科分野來說，這六種作品都更加多元。三本書的作者來自美國，其中蘇陽和安舟是社會學學者，白思鼎和李華鈺則是政治學家；兩位德國學者里斯和文浩的研究方法更偏重歷史學；彭麗君則是來自香港的文化研究學者。每部著作都帶著各自學科內的優秀傳統和全新視角，為中國研究注入更多樣的可能。

儘管這六種著作頗不相同，但它們都代表了各自領域內具有前瞻性、成長性的研究方向，這正是《三十‧三十書系》所看重與尋找的特質——全球視野下關於共和國六十年的前沿研究。

蘇陽在《文革時期中國農村的集體殺戮》中收集了大量地方檔案、政府公開文件和一手訪談，首次提出極具解釋力的「社區模型」，深入了

西方主流種族屠殺研究使用的「國家政策模型」所無法觸及到的細緻層面。研究因其揭示史實與建構理論兩方面的傑出成就，獲得2012年美國社會學學會 Barrington Moore 最佳著作獎。

安舟的《紅色工程師的崛起》，首次關注到對中國當代歷史具有重要意義的技術官僚階級。該研究詳細展示了這個新興階級如何產生、發展並最終成為共產黨核心領導力量的過程。這一過程引發了中國權力格局的變化，也在融合了農民革命家與知識精英這兩個傳統階級之後，帶來了截然不同的領導思路和風格。

里斯的《崇拜毛》和白思鼎、李華鈺編的《中國學習蘇聯》都是首本將相關題材作為專題研究並進行了充分且多角度探討的作品。《崇拜毛》揭示了個人崇拜的力量如何被毛澤東、其他黨內領袖、軍隊等多方利用與引導，並從中共黨內與基層民眾兩方面追溯了那段政治動亂下的個人崇拜史。而《中國學習蘇聯》則幾乎覆蓋了該題材所有方面的討論，以最新資料和多元視角詳細分析了蘇聯模式對中國政治、經濟、軍事、文教、科技等方面長期的、潛移默化的影響。

文浩的《饑荒政治》體現了近年來歷史研究中的一種新興路徑：將中國史放在世界史中重新審視。大躍進導致大饑荒的現象並非中國特有，蘇聯在1931–1933年間也發生了同類的「大躍進饑荒」。作者將饑荒放在農業帝國進行社會主義革命這個大背景下分析，深化了對共產主義國家發展進程的理解。

彭麗君的《複製的藝術》則為研究文革中的文化生態提供了新的解釋工具——社會模仿。通過「模仿」這一概念，作者將文化、社會、政治串連起來，解釋了毛時期的文化複製行為如何助長人們對權力的服從，如何重構了獨特的時代文化。

在兩批十種著作之後，《三十·三十書系》的第三批已在準備之中，兼收中、英文著作及譯著。本社一貫注重學術翻譯，對譯著的翻譯品質要求與對原著的學術要求共同構成學術評審的指標。因讀者對

象不同，中文出版品將以《三十‧三十書系》標識出版，英文專著則以單行本面世。

「廣大出胸襟，悠久見生成」是香港中文大學的大學精神所在。以此精神為感召，本書系將繼續向不同的學術立場開放，向多樣的研究理路開放，向未來三十年開放，歡迎學界同仁賜稿、薦稿、批評、襄助。

有關《三十‧三十書系》，電郵請致：cup-edit@cuhk.edu.hk

香港中文大學出版社編輯部

2016年12月

獻給 Lia Cara、Amelie 和 Justus

江山如此多嬌，
引無數英雄競折腰。
惜秦皇漢武，
略輸文采；
唐宗宋祖，
稍遜風騷；
一代天驕，
成吉思汗，
只識彎弓射大雕。
俱往矣，
數風流人物，
還看今朝。

毛澤東：〈沁園春·雪〉

目 錄

插圖、圖表、地圖與表格目錄

圖 表

地 圖

表 格

中文版序

丹尼爾·里斯

幾年前我完成《崇拜毛》一書的英文手稿時，在大多數觀察者眼中，對這位中國共產黨前主席的崇拜看上去已經消退成為歷史。對毛的崇拜僅僅被視為一段越發遙遠與離奇的過去，它的特征是對那位「我們心中最紅的紅太陽」非理性爆發的儀式崇拜和明顯不可理喻的言辭崇拜。除了流行文化中懷舊式的提及，以及在收入差距和腐敗問題越發嚴重的政治環境下仍然繼續依戀公平和社會正義的少數毛主義頑固分子之外，崇拜毛看上去已經喪失其全部的現實相關性。

本書的寫作目的最初可以分為兩方面：一方面，我希望用史料還原文化大革命中崇拜毛的現象，分析這種領袖崇拜的具體形式和其出現的特定歷史背景，以便更好地理解其與當代的聯繫和在當代的傳播；另一方面，我對這種崇拜背後的結構和功能十分感興趣，這種崇拜在文革的早期曾被用作動員的方法，但是，非常矛盾的是，其在文革運動的後期卻被用作實現無條件服從的工具。對毛澤東的崇拜常常被簡單地視為基於「天命」的合法性主張，或者其他神權概念中皇帝崇拜的傳統的、精英主義的結果，或者按照文革後的説法將其視為封建「遺毒」。但通過將此種崇拜作為現代特有的統治工具（基於媒體宣傳、黨內支持網絡以及民粹主義的群眾運動）進行分析，我對崇拜毛的闡釋與以上這些説法都有着巨大的差異。這種崇拜具有雙重屬性：一是一種沉悶枯燥的正統，通過展現人格化的符號來支持黨的領袖以集中大眾情感與忠誠；二是同時呈現出的破壞性潛質，即通過「卡里斯馬式的動員」[1]將領袖的媒體形

象作為動搖黨正常統治根基的資源，而這一點與關於共產黨專政的性質與穩定性的討論越發相關。

儘管我在本書的結尾留下了悲觀的評論，預測在中國未來的政治中個人崇拜的問題可能會捲土重來，但政治事件卻進行得比預測得要快得多。由於對黨領導的先鋒性的說法、在層級化的黨組織內政治交往的基本原則都沒有發生改變，對中央或地方領導人進行有組織的崇拜，一直都對黨的團結造成持續威脅。前重慶市委書記薄熙來的紅色文化運動及其對文革美學和語言的懷舊，是培植民眾以期在省一級範圍內提升個人媒體形象的最顯而易見的嘗試。2012年3月薄熙來倒台的幾天前，前總理溫家寶在公開場合含糊地表示：如果黨不能實施進一步的政治改革，文化大革命的動亂還會捲土重來。[2]但僅僅在習近平升任後不久，這位新的中央領導人再一次有意識地培育其公共形象，使這種形象在視覺上和言辭上都足以被稱為是來自中央所精心策劃的領袖崇拜。[3]儘管到目前為止習還沒有從根本上挑戰集體領導的觀念，但是他已經被官方稱為第五代領導「核心」，他的形象和聲望也極大地超越了其他中央政治局常委。伴隨着習近平在公共安全、經濟改革和反腐鬥爭領域中越發突出的地位而出現的集中化，促使了中國政治光譜大大移向左傾的可能。而這種左傾勢力就包括不久前剛去世的前中央文革小組成員戚本禹（他是文革小組裏最後一個去世的），他2014年11月在香港接受《明報》採訪時表示希望習近平能夠繼續進行社會主義革命，成為第二個毛澤東。[4]但是，據戚本禹所講，即使習只是處置腐敗的新權貴階級中的一部分，「哪怕做不到毛澤東，能趕超普京也行」，但這也絕非易事。習試圖通過「兩個不能否定」[5]的說法限制對以往歷史的批評，這又助長了那些對他繼承毛遺產特別是文革的期待。「兩個不能否定」指的是不能用改革開放後的歷史時期否定改革開放前的歷史時期，也不能用改革開放前的歷史時期否定改革開放後的歷史時期。習近平很晚才表達了他對1981年《黨的若干歷史問題的決議》裏對文革官方評價的贊同，[6]此時日益接近的文革五十週年紀念日帶來了許多將習和毛相比較的言論。目前還沒有什麼

跡象表明習近平打算追隨毛澤東的革命道路，或者他為了中國社會主義的未來遠景會依靠領袖崇拜而動搖黨的統治。習近平現今培植的領袖崇拜，看來與中國在民國時期由國民黨和共產黨領導人發展出來的做法如出一轍，這種崇拜曾被彭真描述為在公共符號下用來團結黨和群眾的「工具」。

但是，這種逐漸聚集到領導人身上的符號化力量在整個過程中從來就沒有被完全控制。香港媒體在2017年3月引用中辦4號文件，指出習近平希望將自己對黨的意識形態的理論貢獻精簡為「習近平思想」，在十九大時寫入黨章，從而與之前的中共領導人並列，並且對國家主席的任期有重大修訂。[7] 因而，我認為對於毛崇拜的形式和功能的分析不只是歷史學家的興趣。儘管科技的進步已成為現實，這種崇拜所提出的主張也決定性地由「革命」的內涵轉向「民族主義」的內涵，然而這種崇拜依舊值得從當今政治制度的運作來進行考察。

如果沒有北京清華大學唐少傑教授——一位文化大革命的研究專家——辛勤的工作和持續的鼓勵，這部書的中譯本就不會問世。他遴選了秦禾聲、高康和楊雯琦三位有能力的譯者，完成了中譯本的初稿。唐教授憑藉着他對毛崇拜中晦澀細節的了解，指導了整個翻譯過程，對翻譯工作提出了許多寶貴的建議，並最終審校了譯文。我還要對閆夢晗表示感謝，她在對比中英文稿件上提供了巨大的幫助，並指出了書稿語言上的某些不足。另外，我要對香港中文大學出版社致以謝忱，感謝他們在當下艱難的政治環境下仍然同意出版《崇拜毛》的中文版，並且專業地完成了此書的製作。我衷心地希望這部書的中譯本能夠為未來有關中國毛主義個人崇拜的歷史細節和遺產的討論，以及如何構建和闡釋社會主義領袖崇拜的理論探索做出貢獻。[8] 雖然到目前為止，中華人民共和國檔案研究的「黃金時期」似乎暫告一個段落，但是對於本書提出的許多問題，仍然值得未來更加全面的討論和更加具有比較性的分析。

北京

2017年4月4日

中譯者序

唐少傑

　　這本書的英文版 *Mao Cult: Rhetoric and Ritual in Chinese Cultural Revolution*，由劍橋大學出版社2011年出版，作者丹尼爾‧里斯（Daniel Leese, 1977）博士為德國弗萊堡大學現代中國歷史與政治系教授。據我所知，這本著作是世界上第一部評論毛澤東個人崇拜的專著。對毛的個人崇拜是毛澤東研究領域中一個富有意義和影響力的問題，這本書的出版有力地推動及深化了我們對這個問題的理解。作者的專長在於研究中華人民共和國歷史以及政治史、文化史等，他的這本著作最初是在其博士論文基礎上以德文寫成的（令人遺憾的是德文版本至今還沒有問世），篇幅遠多於上述在劍橋大學出版社首發的英文版本。在「文化大革命」（以下簡稱文革，且不帶引號）爆發50週年、結束40週年來臨之際，我們翻譯了此著，頗為感慨，這不僅僅是因為在文革故鄉對於毛澤東個人崇拜的研究和評述遠遠不夠，而且事實上，毛澤東個人崇拜的遺蹟和作用對於今日中國來說還沒有消失或結束。

　　為了更好地體現出漢語表達的主謂關係，我把此書的英文原名「毛崇拜」（Mao Cult）轉譯成「崇拜毛」，這種轉譯是為了強調「崇拜」這個行為動作，並凸顯這並不是來自毛澤東本人對毛澤東的崇拜，避免了容易望文生義的誤解。其實，在文革時期，除了對自己的權力和權威之外，毛澤東本人對於其他一切事物幾乎沒有什麼可崇拜的！

　　這本著作主要是從「言辭崇拜」和「儀式崇拜」這兩個方面來評述對

毛澤東的個人崇拜問題。這兩個方面是這種崇拜的主要所在，非常有代表性地體現出了這種崇拜的諸多特性。

首先，這本著作簡潔而又透徹地評論了崇拜毛的直接由來，介紹了現代中國歷史上對孫中山、蔣介石、毛澤東各自個人崇拜的演變，概括了對現代個人崇拜的闡釋和表現在學術研究上、在商業經營上和在政黨事務上的不同旨趣。

其次，這本著作簡述了中國大陸自1956年至1964年期間對毛的個人崇拜所表現出的趨勢和特徵。作者準確地論及了1956年2月赫魯曉夫（Nikita Khrushchev）在蘇聯共產黨第二十次代表大會上旨在批判斯大林個人崇拜的「秘密報告」，這個在國際共產主義運動史上具有劃時代意義的報告，不啻是對中國內地崇拜毛的一次重大而深遠的影響，可以説是區分這種崇拜的新、舊時代及其形式的一個分水嶺。這份「秘密報告」促使毛澤東以及中共中央在個人崇拜問題上做出了必須的、多重的和獨特的反應，特別使毛澤東本人在對他的個人崇拜問題上幾乎陷入了進退維谷、矛盾百出而最後不斷加以推進的境地。這與毛澤東在1956年之後至1960年代初所遇到的國內國外鬥爭和黨內黨外的危機是密切聯繫的。

再則，這本著作具體評述了文革前夕，林彪及他所代表的解放軍勢力，在具體地形成崇拜毛澤東的運動、範式、方法和模式上所起的獨領風騷的作用，並從傳播學和解釋學的角度開拓了崇拜毛在信息控制和意義理解這二者之間的聯結或關聯。書中還追述了在崇拜毛的問題上，中共黨內及有關高層領導的異議或批評。作者專門用一章（第五章）概述了以「紅寶書」即《毛主席語錄》為代表的毛澤東著作在文革前夜和文革初期的編纂和出版發行情況，凸顯了崇拜毛已完全「物化」到了人們的實際生活及行為舉止之中。書中第六章則揭示了文革全面爆發之際，也就是崇拜毛達到了如日中天之時；換言之，崇拜全面鋪排之際，也就是文革如火如荼地展開之時。毛澤東本人在這兩者之間的互動中起到了或姑息或利用或輔助或推動的作用。例如，毛澤東1966年8月18日至11

月26日先後八次接見一千一百多萬紅衛兵和青年學生及群眾的活動，就是來自毛澤東本人對個人崇拜的一大獨創！

另外，這本著作概述了文革初期通過「三支兩軍」而得以大大強化的崇拜狂熱和「規範」，以諸多事例表明了崇拜毛的紀念品 (物) 的生產和製造直至氾濫，同時還展現出了這種崇拜有可能失控，為文革群眾運動以及文革群眾組織為己所需地利用，帶來無序地普及的危險。作者專門梳理和分析了文革初期崇拜毛所具有的表忠語言，確鑿地表明了這種語言既是組織性的，也是儀式性的，還是阿諛奉承的，更是魔幻傳奇般的。作者對這種表忠語言的剖析，再次證明了這種語言作為政治語言、工作語言和日常生活語言的混合體，彷彿成為文革這種紅彤彤的生活運動的某種「底色」。

更為出色的是，這本著作專用一章 (第九章) 生動而細緻地分析了崇拜毛的儀式及其物象化 (如崇拜物品) 的特點、流行、泛濫和傳奇等諸多方面。這些追述對於今天沒有經歷過文革的中國青年一代來說，不是天方夜譚，就是匪夷所思。從作者精彩地再現和洞察性地評價中不難看出，儘管文革中崇拜毛的儀式及其物象化烙有庸俗、荒唐、可笑直至可恥 (更不用說普天之下的勞民傷財了) 的印記，但是這種個人崇拜及其所有形式在實質上是非常有理性和目的性的，是包含有無數私人利益的「政治表演秀」，因為無論是那些數以億計的崇拜者還是那位唯一的被崇拜者個人，都紮紮實實地把這場「政治表演秀」表演成了文革的鬧劇兼悲劇。作者進一步考察了文革中、後期和文革結束之後來自中共高層的對這種個人崇拜的抑制和某種程度的消解，特別是具體地概述了來自民間草根的思想者對這種個人崇拜的批判。

最後，這本著作的「結論」部分開創性地把對毛澤東的崇拜同20世紀一些極權主義黨國獨裁領袖的個人崇拜進行簡要比較，從政治學、宗教學、輿論傳播學等多重角度，簡要地概括了崇拜毛的功能和意義，尤其是這種崇拜對於文革本身的作用和影響，進而還表明了正如文革的幽靈在今天的中國還遠遠沒有消失，崇拜毛所帶來的巨大歷史陰影還會在

今天和未來的中國大地上映現、折射，甚至延續。

　　這本著作充分體現出了作者的治學功底和學術風格。它不僅在史識上有着獨特的個性和往往令人反思再三的洞見，而且史料上的取捨和運用都顯示出博採眾長的魅力和富有匠心的特色。這本著作較成功地汲取了學術界尤其是中國大陸學者關於崇拜毛的諸多研究成果，適時而又有效地把這些研究成果融入到全書的論述中。作者利用自己到河北省檔案館查閱資料的機會，查找並收集了諸多河北地區文革時期崇拜毛的文獻資料及個案材料。這些材料既有地區性、事例性的特徵，又有獨特性、典型性的特徵，到目前為止，只有作者本人第一次公開使用和展現出來，十分難得。從這本著作的紮實論述和嚴謹結構，不難看出，以作者為代表的德國學者在研究文革問題上的嚴格、求實、細緻和深刻的特點。在此，我謹向作者致以謝忱，因為在我指導我的三位學生翻譯了英文版，並且經過我個人全部校對之後，我把這份譯文稿發送給作者，作者作了細心的審讀，並且根據迄今為止只有他本人才擁有的一些中文文獻資料及檔案等等的原初記錄稿，對我們的譯文進行了核對或補充，使展現在讀者面前的這部中文譯本至少有了引文質量的基本保證。所以，可以說，諳熟中文的作者也是本書中文譯本的譯、校者之一。

　　儘管作者本人作為外國人，年紀較輕並且不可能經歷過文革，但是他的這本著作無疑為今後探討或研究文革中崇拜毛澤東的現象和問題，做出了非常可貴的嘗試，付出了積極意義的努力。我們在這本著作的基礎上，應該繼續做下去的研究工作還有許許多多，在我看來主要有四點：

　　第一，這本著作基於歷史學、社會學以及文化符號學的角度來闡述文革中崇拜毛澤東的取向、特徵和表現形式等問題，這也為我們下一步深入探討這種崇拜背後的崇拜者個人或崇拜者群眾的心理壓力、精神抑制和政治恐懼等等因素提供了幫助。包括我在內，經歷過文革的人們，都不同程度地體驗過崇拜毛澤東的形形色色、林林總總的活動及其形式，都多少地與文革時期空前而廣泛的內心緊張、精神恐怖和生活禁錮

息息相連，這些方面往往所表現的是：一方面，通過這種日常的、世俗化了的和功利化的崇拜活動及其言辭和儀式，人們的社會身份及政治角色直至特定的歸屬意識和相對的生活安全感，才能得以確定，才能得以維繫；另一方面，從難以計算的那些崇拜毛澤東的個人或群眾來說，他們都幾乎不約而同地把這種崇拜活動及其所有形式無以復加地實用化、工具化和極端化，所有這些都恰恰表明了文革中崇拜毛澤東現象是形式大於內容，現象重於本質，過場高於實效。這些本身都已深深地注定了崇拜毛澤東的活動乃至其所有方面的全盤危機和全面異化。簡言之，從我本人的經歷和見證中，我深切地感受到，文革崇拜毛澤東實質上是文革個人和文革群眾的政治實用主義理性與政治形式主義實踐的必然所在。

第二，這本著作很好地但卻過於簡單地從宗教學的角度論及了文革崇拜毛澤東的問題，這也就使我思索下面這個問題：為什麼在中國（至少是漢族人聚集的地區）這個幾乎沒有宗教淵源和宗教傳統的國度，竟然在文革初期數年之久有數億人民置身於崇拜毛澤東的活動或迷信之中呢？即使這種崇拜的言辭和儀式彷彿都是宗教般崇拜的再現。這裏所要繼續探尋的問題：一是崇拜毛澤東的活動及其儀式與宗教崇拜有無可比性？二是在崇拜毛澤東的形形色色的表現形式當中，有哪些是宗教性的，哪些又是泛宗教性的或非宗教性的或反宗教性的？三是在一個沒有深厚的甚至是像樣的宗教精神熏陶的文化環境裏，在沒有受過宗教文化洗禮的數億人民中，崇拜毛澤東的特定活動和獨有形式與其說是過度政治化的，不如說是過度庸俗化的甚至極端政治功利化的。四是從宗教與神學的關係來看，崇拜毛澤東的問題有多少是可以或「上升」到、或歸屬為、或納入到神學的視閾而成為現代中國獨有的政治化的神學問題？五是正是由於沒有真正宗教精神的維繫和沒有切實宗教文化的支撐，崇拜毛澤東的所有方面和全部問題，從文革本身的「長時段」來看和從文革現實的「大歷史」來講，才是一時的、短命的，不足以成為整個中國大陸社會的文化主流，甚至都不能成為中共文革政治的主脈！六是崇拜

毛澤東作為某種反宗教的準宗教，其運行、嬗變、結局比起人類史上已有的其他全部崇拜（甚至比起已有的任何其他極權主義化了的個人崇拜），真可謂「其興也勃焉，其亡也忽焉」！最主要的一點在於，崇拜毛澤東的活動及其形式比起其他任何崇拜，失敗得更加徹底，異化得更加全面，破碎得更加慘重！

　　第三，對毛澤東的個人崇拜有一個不斷演化的過程，即從20世紀40年代開始、50年代興起、60年代鼎盛、70年代式微、80年代近於消解的過程。如果説以1956年為界，這種個人崇拜有新、舊兩種形式，那麼這種新形式自60年代初起，就趨於準軍事化乃至軍事化。顯然，文革的發動和實施依賴兩個基本條件：一是以林彪為代表的解放軍的全力支持和投入，二是「踢開黨委鬧革命」的群眾運動的全盤實施和深入。連接和維繫這兩個條件的重要保證都離不開對毛澤東的崇拜直至迷信。就是説，不同於1960年之前對毛澤東的個人崇拜，甚至不同於人類已有的一切形式的個人崇拜，文革中的毛澤東崇拜具有了準軍事化的機制和軍事化的運作。無疑，在1960年之後，解放軍對崇拜毛的促動和推廣、轉換和創新所起到的作用都是獨一無二、無出其右的。而這一點也得到了毛澤東本人特定的「響應」或值得關注的「映照」。例如，毛澤東自1967年9月至1968年8月在北京先後十多次接見解放軍總計十餘萬名副團職以上的幹部，可謂把來自解放軍對毛澤東的個人崇拜不斷推向了高潮！[6]實際上，毛澤東的這種接見活動與他八次接見紅衛兵的活動，都是文革崇拜毛澤東所特有的、非同小可的雙向互動。顯而易見，文革對毛澤東崇拜的興盛和衰變的過程，與解放軍在文革初期的獨特角色以及解放軍在整個文革時期跌宕起伏的過程，幾乎是相輔相成的。在文革時期，真是所謂解放軍「興」，對毛澤東的個人崇拜「興」，反之，亦然。最為顯著而又最為「痛徹」的例證，就是當時「直接指揮」解放軍的「副統帥」林彪的死亡，實質上宣告了崇拜毛—全民運動的近乎全盤銷蝕或瓦解。所以，這種對毛澤東的個人崇拜具有根深蒂固的軍事化特性或特質，進而，這種崇拜所充滿的軍事化氣息和準軍事化色彩的心理內涵、

話語媒介、動員模式、傳播途徑、擴大手段、嬗變函數、裂變因子、危機結果、震盪影響等等，都非常值得探討。

第四，基於對這本著作的解讀，我個人認為，應該明確提出和反思毛澤東本人與對毛澤東的個人崇拜之間關係的問題。從毛澤東1966年7月8日寫給江青的信和1970年12月18日與埃德加‧斯諾（Edgar Snow）的談話等若干文獻資料來看，雖然毛澤東在文革初期和文革中期對於這種崇拜諸多做法的態度或表態大不相同，雖然毛澤東把這種崇拜本身過多地甚至是過分地當成了文革權宜之計和黨內鬥爭策略，但是他本人從來沒有真正信任過這種崇拜活動及其表現形式，根本沒有陶醉於其中。正如毛澤東確信文革崇拜他的人們分為「真的、假的和隨大流」三種人那樣，他本人恰恰把這場關係到億萬人民的、持續數年的、全國全社會浪費了無計其數的物力、財力、人力和精力的狂熱和迷信，當成了文革的機會主義的、工具主義的甚至是市儈主義的東西。無論是在1956年前後毛澤東在某種意義上把對他個人的崇拜當成維護和壯大中共黨和國家的「公器」，還是在1960年代初期以後毛澤東主要把此種崇拜當成鞏固和強化他的權力、權威和權勢的「私器」，我個人認為，在崇拜毛澤東這個問題上，毛澤東本人的智商以及情商都出現了分化、裂變甚至內在衝突。利用還是扼制，姑息還是終止，懲惡還是轉化，默認還是否棄，自我崇拜中心化還是自我崇拜邊緣化，直至崇拜的神化還是虛化等等，都在文革之際的毛澤東那裏達到了最大的對立統一！無論如何，毛澤東在崇拜毛這個問題上，體現出了他發動和領導的文革所具有的重大而深切的「悖論」！簡言之，文革期間崇拜毛澤東所帶來的全部現象、取向、問題和影響，都是毛澤東根深蒂固的文革政治的某種「宿命」！

令人可喜的是，這本著作已經在中國學術界產生了反響。[2]對於這種反響，很有說服力的恰恰是它來自於沒有經過文革歷史而對文革有着更高的理性把握和批判審視的年輕學者。我們在期望作者有更多更新研究中國現代歷史和政治特別是研究文革的佳作問世的同時，更加期望有更多的中國青年學者研究「毛澤東現象」或毛澤東問題的力作問世。毋

庸置疑，如何認識和評價「毛澤東現象」或毛澤東問題，已是今天和未來的中國如何自我變革、自我轉換和自我創造的一個組成部分。

　　值此中譯本付梓問世之際，我非常感謝香港中文大學出版社社長甘琦女士和編輯葉敏磊女士、林驍女士，正是由於她們不辭辛苦，鼎力襄助，我們的譯作才有可能在切實反思文革故鄉是否真正告別文革的背景下，對於人們研究包括崇拜毛澤東在內的文革問題有所幫助。還應致以崇高敬意的是，經過香港中文大學出版社同仁們長期艱苦不懈的努力，該出版社近些年來出版發行的一系列回憶或反思文革的著作，開拓了文革研究的路向，促進了文革研究的事業。

北京 清華園 新齋
2016年晚秋

前　言

1921年，中華民國被一個看似微不足道的醜聞所震動，即所謂的
「八千麻袋事件」。清朝滅亡後，承擔保存檔案文獻的機構歷史博物館在
教育部的授意下，把近75,000公斤的檔案資料賣給了廢紙收購者。這次
行動收穫的4,000塊大洋被用於改善該部糟糕的財政狀況，同時也減輕了
工作人員對卷帙浩繁的資料進行歸檔和整理的負擔。其實，這些文獻在
1909年就被挑選出來準備銷毀，但由於一位正直的官員羅振玉的介入，
不得不存放在幾千個麻袋裏。1921年，同樣是羅振玉，他在北京市場上
發現這些檔案資料中的一部分已經流出，於是決定買下並保留這些文
獻。幾年後，羅振玉不得不把一小部分檔案資料轉賣給包括一位在華的
日本官員在內的收藏家，謠言便開始越傳越烈，國內民族主義者們群情
激奮。著名作家魯迅民國早期在教育部工作，他深知這些檔案文獻被該
部工作人員私自挪用的程度，於是不無諷刺地指出，對這些東西的「考
古」已經成為了當時官員消遣的癖好。[1]這一堆堆東西最後還是被當作廢
紙賣掉了，在魯迅看來，這也算是找到了最適合它們的歸宿。

而今，書寫1950至1960年代的社會史或文化史的學者們在搜集資
料之時，往往對「八千麻袋事件」頗為感同身受。儘管在過去的十年中，
文獻獲取的可能性已經有所改進，但是這些可被大眾細細品味的文獻通
常——雖然並不總是如此——已經被仔細地分類並整理過了，以便迎合
中國共產黨官方對事件的解讀。與此同時，地方的檔案館或單位辦公室

也都面臨着財政的壓力，以致這些文獻常常被販賣給廢紙收購者。這樣一來，年復一年，舊貨市場和古舊書店就意外地成為了頗為搶手的基層文獻寶庫，這些文獻能夠從一定程度上拾遺並重現當時一些在官方文獻記載中消失的日常生活與官方政策。

在中國學習期間，我機緣巧合地逛了一次舊貨市場，買了一麻袋有關「向門合同志學習」的陳舊資料。門合其人，經我了解，乃是1968年文化大革命中最重要的英雄模範之一。這些文獻大都是對毛澤東思想的讚頌和「活用」，由於我當時不太清楚怎樣處理這些文獻，它們就在我的書架上塵封了好幾年，積了厚厚的一層灰。後來，當我在考慮博士論文的選題時，才重新想起這一麻袋東西，並且在與中國「垃圾學」老前輩、瑞典歷史學家沈邁克（Michael Schoenhals）交換看法後，我決定將深入研究毛澤東個人崇拜問題作為選題。由於沒有預先界定文本主體，或者，換言之，這種崇拜的來源讓我無法一開始就對其加以分類，我研究的初級階段便是對這一麻袋從舊貨市場、私人收藏家和檔案館等處得來的舊文獻、油印小冊子和模糊不清的東西進行文本上的挖掘。

很多人士對這部著作給予了極大的幫助，本書分享了他們的觀點、評論和批評，儘管這裏不能一一列舉出他們。我要特別感謝我的論文評審委員會成員約翰內斯·伯曼（Johannes Paulmann）、尼古拉·斯帕科斯基（Nicola Spakowski）和尤根·奧斯特哈梅爾（Jürgen Osterhammel），沒有他們，我無法取得這次學術成果，正是他們的著作給了我不竭的靈感。我還要感謝香港中文大學服務中心的工作人員，他們熱情接待了我數月之久；也要感謝麥克法夸爾（Roderick MacFarquhar）以及參加哈佛大學2006年第六屆歷史學國際年會的成員。在本書寫作的各個階段，芭芭拉·米特勒（Barbara Mittler）、簡·普拉姆珀（Jan Plamper）、魯道夫·瓦格納（Rudolf Wagner）和維維安·瓦格納（Vivan Wagner）都給出了十分有益的評論。北京大學歷史系和國際關係學院，特別是牛大勇教授和印紅標教授在文獻資料方面給了我很大的幫助，沒有他們，很多文件我都沒法獲取。同樣，也要感謝清華大學唐少傑教授的資料支持。感謝李振盛

和影像圖片社 (Contact Press Images)，他們允許我從李先生的《紅色新聞兵》(*Red Color News Soldier*) 中翻印一些非常出色的圖片。此外，我還要感謝北京國家圖書館的工作人員、河北省檔案館、德國巴伐利亞州立圖書館以及其他為我生僻的研究方向提供便利的所有機構和個人。

　　我在慕尼黑大學的同事們，尤其是葉翰 (Hans van Ess)，在我擔任助理教授的時候，幫助我完成了學位論文並使其成書。奧利弗・海特曼 (Oliver Heitmann)、英格納・馬夸德 (Ingna Marquard)、伯恩哈德・基思博 (Bernhard Gissibl)、安娜—瑪麗亞・佩德隆 (Anna-Maria Pedron)、索菲・蓋拉赫 (Sophie Gerlach)、勞拉・佩蒂坎 (Laura Petican)、菲利帕・索登瓦格納 (Philippa Söldenwagner)、索尼婭・金茨勒 (Sonja Kienzler) 以及塞巴斯蒂安和加比・斯坦明格 (Sebastian and Gabi Stamminger) 在我來不萊梅港市時盛情款待了我，這讓我的不萊梅國際大學之行變得十分有意義。在檔案文獻方面，周傑榮 (Jeremy Brown) 變成了一個和我志趣相投的資料迷。沈邁克一直鼓勵着我的此項工作，並無償地提供着其無人能及的關於文革歷史的知識。我還需要特別感謝劍橋大學出版社的瑪麗戈爾德・阿克蘭 (Marigold Acland)、喬伊・米詹 (Joy Mizan) 和安迪・沙夫 (Andy Saff)，在出版此書的過程中，他們非常耐心、高效、專業地指導了我。他們的努力卓有成效。目前書中若還存在問題的話，均是我自己的責任。本書獲得了德國國家學術基金會 (Studienstiftung des Deutschen Volkes) 和不萊梅國際大學的資助。當然，我最要感謝的是我的家人，他們全程支持了我的研究和寫作。此書謹獻給他們。

慕尼黑

2011 年 2 月 20 日

導　論

　　早在19世紀末20世紀初，儒家維新派康有為在《大同書》中描述了一個理想的未來世界秩序。在他所想像的世界中，情感紐帶的作用被降到了最低程度。一個超越一切國界、階級、性別甚至人與動物差異的全球國家 (Global State) 終將被實現。在所謂的「大同社會」中，人類的婚姻關係被短期合同關係所取代，養老、育兒由國家特定機構來承擔。在「大同社會」中，沒有私人財產，也沒有家庭組織。所有人一生的工作任務更是被事無鉅細地按照年齡標準進行分配。既然白種人和黃種人都表現出了各自的優勢，那麼種族之間的差異完全可以通過長時間穩定的交叉生息而彌合。總之，康有為企圖通過消滅一切種族、社會和國家的隔閡，來避免情感和非理性行為對世界的和平、和諧造成危害。

　　康有為擔心少數因素會對大同社會產生破壞性的影響，其中包括民眾間無休止的爭鬥和特權階層在這一理想社會中明顯的無所作為。但是，他最擔心的要數「獨尊」，即對宗教或世俗領袖建立崇拜的崛起。這樣一種個人崇拜會煽動起人們被大同世界所壓制的狂熱，使得新秩序的基礎危如累卵。對強有力的世俗領袖的崇拜飽藏危機，會讓世界倒退回原始的動亂狀態，因而應不惜一切代價加以阻止：

> 若首領獨尊者，即漸不平等，漸成專制，漸生爭殺，而復歸於亂世。故無論有何神聖，據何職業，若為黨魁，擁眾大多共尊過甚者，皆宜防抑。故是時有欲為帝王君長者，則反叛平等之理，皆為大逆不道第一惡罪，公議棄之圜土。[1]

　　大約在康有為著書勾劃大同秩序藍圖的60年後，中華人民共和國恰恰正在無產階級文化大革命的鬥爭中再現出這一藍圖。人民群眾以中共中央主席毛澤東的名義發起了無數群眾間的爭鬥，他們有時使用石頭棍棒，有時則使用從軍隊偷來的重型火炮。各種各樣對那位中國革命「偉大的舵手」的儀式崇拜主宰了人們的日常生活。這些儀式包括「天天讀」紅寶書(在西方稱為「毛的聖經」)；面向毛的塑像為自己可能產生的「犯罪」想法低頭認罪，甚至有諸如「忠字舞」這樣的肢體表演活動。毫無疑問，康有為最擔心的情況終於成為了現實，中國徹底淪入了極度混亂和偶像崇拜的狂熱之中。

　　無論是中國還是西方國家，以往對文革時期毛澤東個人崇拜的研究，往往會回溯毛澤東本人與記者埃德加·斯諾在文革最為動盪時期之前和之後的兩次對話。斯諾早在1936年就訪問過陝北共產黨地區，並對毛澤東進行了一系列的訪談，這些訪談都被斯諾收錄在著名的《紅星照耀中國》一書中，該書對毛在中國與西方的形象產生了巨大的影響。[2] 斯諾向人們呈現了一個正面的毛形象：「不過，雖然每個人都知道他而且尊重他，但沒有——至少現在還沒有——在他身上搞英雄崇拜的一套。我從來沒有碰到過一個中國共產黨人，口中老是叨念着『我們的偉大領袖』。」[3]

　　然而，30年後的斯諾再次踏上中國國土時，他卻目睹了一幅完全不同的景象。在北京觀看了革命史詩《東方紅》的演出後，斯諾明確表示了對毛本人被「無限頌揚」的不滿：

> 現在，街上懸掛着他的巨幅畫像，每一間會議室裏都擺放着他的半身雕像，他的著作和照片隨處可見，而其他人的照片則不見蹤跡。大型音樂舞蹈史詩《東方紅》歷時四個小時的表演中，毛是唯一的英雄。在演出的高潮……我看到一幅根據我1936年拍攝的照片複製的畫像，被放大到大約三十英尺高。[4]

　　在出席五一勞動節遊行活動時，斯諾又和他的中方接待人員、中華人民共和國外交部副部長龔澎[5]與喬冠華討論了個人崇拜的話題。龔和

喬強調對毛澤東的個人崇拜源自於人民群眾，也是人民群眾的需求。三千年所遺留下的皇帝崇拜不可能立刻被消滅，因為農民們的思想覺悟還比較落後：「讓人們理解毛主席不是皇帝，不是神，只希望農民像真正的人一樣站起來，這是需要時間的。」[6]龔和喬告訴斯諾，為了防止農民對着天安門前毛澤東的畫像三叩九拜，在1950年代初期就設置了一支特殊的衛兵——毛澤東的畫像每年會在國慶節與勞動節展示出來。因而，官方所認可的崇拜形式與人們實際自發產生的崇拜情緒相比是微不足道的，如果不是官方的認可，個人崇拜反而可能會更加嚴重，官方實際上還幫助抑制了個人崇拜的滋長。

埃德加・斯諾1970年最後一次來到中國，恰恰是文革最混亂的時期。在會見斯諾時，毛直接批評斯諾出版了他的訪華報道，這一報道描寫了迅速壯大的對毛的崇拜：

> 說我是個人崇拜。你們美國人才是個人崇拜多呢！你們的國都就叫作華盛頓。你們的華盛頓所在的那個地方就叫作哥倫比亞區……可討嫌了！……總要有人崇拜嘛！你斯諾沒有人崇拜你，你就高興啦？……總要有點個人崇拜，你也有嘛。[7]

毛隨後論證了文革初期個人崇拜的必要性，聲稱他當時已經喪失了對黨政機器的控制：

> 所以那個時候我說無所謂個人崇拜，倒是需要一點個人崇拜。現在就不同了，崇拜得過分了，搞許多形式主義。比如什麼「四個偉大」（偉大導師、偉大領袖、偉大統帥、偉大舵手），討嫌！總有一天要統統去掉，只剩下一個 Teacher，就是教員。[8]

毛按照動機將個人崇拜的支持者分為三類：真的、隨大流的（機會主義的）和假的崇拜者。他承認在1967年至1968年的無政府狀態中很難區分這三類人。據毛所說，雖然中共在1949年3月制定的決議到新中國仍然在執行，即禁止以政治領袖的姓名來命名街道、城市和地區，但紅衛兵卻發明了新的崇拜形式（諸如標語牌、畫像、石膏像等），並抵制國

家政策。「就是這幾年搞的,紅衛兵一鬧、一衝,他不搞不行,你不搞啊?說你反毛,anti-Mao!」[9]在此次談話的記錄中,斯諾根據觀察得出毛確定了個人崇拜的重要作用以及這對理解文革的操控作用:「在一定意義上,全部鬥爭是圍繞對崇拜的控制展開的,也就是崇拜為誰所用和最為重要的用來崇拜『誰』」。[10]

現代個人崇拜

在中國,對宗教或者世俗領袖的崇拜絕不僅僅限於20世紀。在古代中國,皇帝被尊為天子,但除了皇室朝廷舉行的祭祀或者慶典外,普通百姓幾乎不能接觸到這些崇拜儀式。皇帝並不以自己的名義修建廟宇,也並不用自己的名字命名城市。皇位的合法性是與「君權天授」、祖先崇拜以及祭祀天神(有時對天神的讚頌甚至超過了對帝王本身的讚頌)的觀念緊密地纏繞在一起的。除了一些避諱和三叩九拜禮節之外,對皇帝的個人崇拜事實上被限制在了一個緊緊圍繞皇帝本人的小圈子中。然而,在主流的中國傳統中,對領袖的個人崇拜是凌駕於法律之上的。中國主流的傳統中,很多地方長官培植對傑出個人加以崇拜的事例,其中最為典型的例子當屬太平天國的洪秀全,他聲稱自己乃是耶穌同胞兄弟的化身。在太平天國叛亂(1853–1864)之際,洪本人被崇拜為太陽,這一崇拜甚至激勵了後來的革命者(比如青年時期的孫中山)。[11]

對傳統領袖與現代領袖崇拜的最主要區別並不體現在對不同政治領袖的崇拜上,而是體現在崇拜的合法性、強度與廣度上。與植根在「攝行天子之政」的帝王崇拜不同,現代的個人崇拜缺少外在的甚至超驗的合法性依據。現代社會的政治領袖要想樹立自己出類拔萃的形象,就必須聲稱自己是各種民眾運動或者廣大「人民」的代表。大眾社會伴隨着現代國家制度(如教育、軍事和基本建設)的出現,對每個公民的日常生活產生了廣泛複雜的影響,而其中大眾媒體的作用則尤為重要。因此,現代的個人崇拜被定義為「用大眾傳媒的手段對現代政治領袖進行神一般的頌揚」,[12]經常伴隨着的是無度的公開崇拜與大批量製造的標

準化崇拜產物的大批量生產。中國國民黨人和共產黨人彼此鬥爭運動的崛起，在很大程度上是與國家建設、文學運動和媒體網絡的建立糾纏在一起的，媒體的建立保障了集中交流的可能和國家象徵的分布。這些象徵在公共媒體間傳播的廣度極大地依賴於政治控制的程度，因此在中國，對國家領導人的崇拜實際真正產生於國民黨和共產黨——他們以鞏固各自的統治為目的。

　　首例中國個人崇拜當屬將孫中山尊為新中國的國父。孫一生都在苦心經營自己在媒體中的形象，以進一步確立他的「中國革命代言人」身份。[13] 對孫本人英雄形象的塑造始於1896年，當時中國駐倫敦公使館的人員逮捕了孫中山。孫中山設法將自己被監禁甚至面臨處決的消息秘密地通知了他的幾名朋友。這戲劇般的奇遇吸引了英國媒體的注意，不久便被全世界媒體所關注。[14] 孫中山出獄之時已成為社會名流，並很快試圖從媒體的關注中攫取政治利益。在1897年1月出版的小冊子《倫敦蒙難記》(*Kidnapped in London*) [15] 中，孫中山獨特的能力得到了朋友們的大力讚揚。力盡諂媚之事的文章將孫本人的品質與中國命運聯繫起來：「孫博士是當今既能審時度勢又可逞匹夫之勇之唯一人，有此一人則國家之復興有望……在他平靜的外表下隱藏着一個僅有他才具有的對中國必有空前絕後之大益的完美人格。」[16]

　　孫中山能夠迅速崛起成為政界名流，一方面是由於個人非凡魅力，另一方面則是因為外在的環境因素。孫本人無疑抱有以領導中國革命為己任的強大信念，這種強大的信念在其晚年甚至發展到了近於自負的程度，並展現出強大的個人「磁場」，[17] 讓他聚集了一批願意促進其事業的中外支持者。事實上，在孫以後的生活中，如果沒有像詹姆斯·康德黎 (James Cantlie) 爵士這樣的西方導師或狂熱的支持者 (最值得一提的是保羅·林百克法官及其兒子) [18]，孫中山是不可能獲得如此多媒體關注的，也就不會建立起從提升其公眾形象到為其革命活動籌措資金的良性循環。因此，最初對孫中山的崇拜是一個混合產物，儘管這融合了西方社會投射到中國的關注和中國本土的革命任務，但是對他的崇拜並未能自動轉變為政治權力。孫中山推翻清政府的企圖遭遇了一系列失敗，而

7 　　他本人對辛亥革命的影響也頂多是邊緣性的。[19]他的形象被真正奉為民族英雄，則只是在他1925年3月去世之後。[20]

　　儘管中國在孫中山逝世的時候仍然處於軍閥割據狀況，他的遺體和「國父」（此稱號只是在1940年4月被國民黨授予）形象則開始被用作為一個新的、統一的中國之象徵，並成為國民黨正統的合法根據。1929年，在北京西山碧雲寺臨時安葬了一段時間後，孫中山的遺體遷至南京紫金山中山陵。中山陵距離明朝開國皇帝朱元璋的陵墓很近，也按照傳統皇陵建築樣式修建而成。[21]對已故孫中山的稱頌形式如此盛大，以至於中外諸多傑出人物都在其面前黯然失色。除了大眾媒體爭相稱頌其教誨的重要性之外，公園裏還會播放孫中山的演講錄音，學校、工廠和國民黨機關還必須每週舉辦孫的紀念會。新竣工的故宮博物院在孫中山逝世[22]週年紀念日之際，甚至將其塑像置於先前皇帝的寶座上方。孫中山一直不斷地被稱頌了幾十年。蔣介石和毛澤東都不得不依靠崇拜孫中山來鞏固各自中國革命繼承者的合法地位。

　　有關最早開始對毛崇拜的歷史已被詳細地研究過了，這段歷史可以回溯至20世紀30年代——在災難性的長征結束後，毛逐漸在中國共產黨內掌握了至高無上的權力。除了作為黨的創始人之一，毛在長征之前並不居於黨內領導集團中真正重要的職位。儘管1935年1月的遵義會議，通過了毛成為中央政治局書記處成員和軍事指揮小組成員的決議，但是事實上他的高升之路絕對不是必然的。

8 　　只有一些零星的例子表明在1942年以前民眾展現出崇拜領袖的情節。1937年中期，在毛與蘇聯扶植並支持的王明進行鬥爭之際，一幅毛的版畫就出現在了中共黨報《解放週刊》上，正如雷蒙德‧懷利（Raymond Wylie）所觀察到的，這幅版畫已經具體地體現出了一些後來才流行的個人崇拜特點：行進的人民、旗幟和太陽光線，這些都與其他中共領導人（比如軍事領導人朱德）那些靜態畫像相反（見插圖1與2）。[23]毛的形象非常像斯諾早在一年前所拍攝的照片，成為了首個國內與國際在個人崇拜問題上相契合的證據。

插圖 1　毛澤東木刻像，載黨報《解放週刊》，1937 年 6 月 22 日

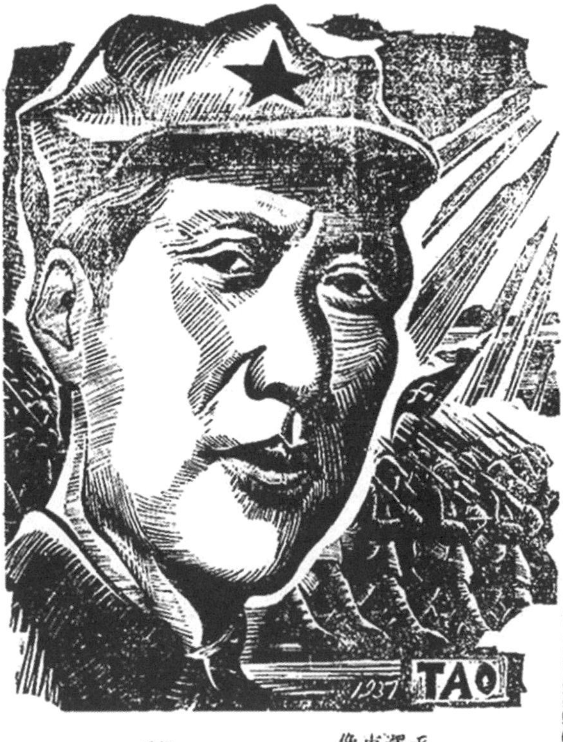

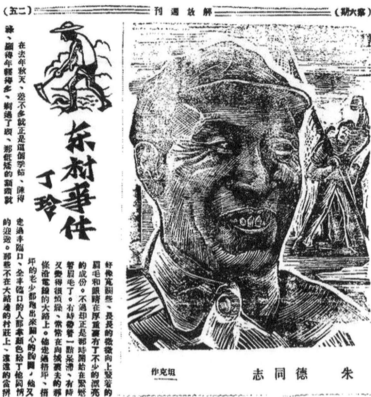

插圖 2　朱德木刻像，載黨報《解放週刊》，1937 年 6 月 14 日

在1942年至1943年3月所謂「延安整風運動」中，毛作為中國革命領袖和理論家的地位得到了絕對認可，此時對毛的個人崇拜主要表現為兩種形式的結合：言辭上的諂媚和各地都稱頌的高大全能的形象，這種崇拜一路攀升。整風運動由一系列相關的學習與自我批評組成，所有參加者都被灌輸了對當前形勢和革命目標的基本理解，學會用合適的措辭來表述這種理解。關於此次運動，戴維·阿普特 (David Apter) 和托尼·賽奇 (Tony Saich) 在他們頗有影響的著作中，創造了「解釋上的聯結」(exegetical bonding)[24]這個新詞來描述使用統一的視角來看待革命進程的行為創新。延安整風運動的結果便是馬克思列寧主義的「中國化」，即官方在1942年後稱作的「毛澤東思想」。

即使在整風運動中毛的著作充滿了授課意味，即使其黨內心腹為了表達對毛的尊敬為他舉行節日慶典，例如1942年2月8日的「毛澤東日」，[25]整風運動也絕不僅僅是個人崇拜迅速興起的唯一因素。隨著同盟國逐漸佔據上風，戰勝德國尤其戰勝日本已經僅是時間上的問題，國共兩黨出於1937年日本入侵帶來的外界壓力而建立的「第二次統一戰線」破裂，兩黨也在一夜之間反目成仇。雙方都下足功夫來勾劃一個能夠立刻實現的「獨立且現代化的中國」[26]未來藍圖。同時，兩黨也用盡一切可能的媒體手段來擁戴各自的領袖以及已故的孫中山。[27]

1943年3月，國民黨出版了蔣介石的著作《中國之命運》，並將其運用於大眾傳媒競爭。在這一競爭中，這位「大元帥」被塑造為有能力從軍閥割據和外敵入侵[28]的廢墟中拯救中國的唯一者。中共領導層在仔細研究了蔣介石自20世紀30年代末開始未經置疑地居於「國家領袖」[29]的過程後，[30]反其道而行之，將毛澤東的形象塑造為中共黨的最高領袖和傑出的馬克思列寧主義理論家。毛的上位是為了給中共提供一個可以在這場競爭中擁護的有力象徵，並且向蘇聯以外的地域發出信號吸收新的跟隨者，其中絕大部分是中國的文盲百姓。

然而，如果沒有來自中共領導層內部的足夠支持，對於毛的崇拜也不會擴展到全國範圍。從最初將毛視為常人之首到後來將其頌為全能領

袖加以崇拜，描述他的言辭方式所產生的變化在1943年7月上旬黨刊
《解放週刊》中得到最好的體現，因為該期週刊發表了諸多中共高層政
治、軍事領導人的演講和社論。劉少奇這位國民黨「白區」地下黨抵抗
運動主要組織者為這期的《解放週刊》定了調子，他宣稱中共終於找到
了自己的領袖，即「對中國工人階級無限忠誠」[31]的毛澤東。在其文章
中，劉少奇有意地提出了「毛澤東思想」一詞，並為它提供了權威的支
持。所有中共和紅軍的高層領導人，包括朱德、周恩來、張聞天和鄧小
平等，都在隨後幾天發表了類似的頌詞，並且表現了對「毛澤東思想」這
一名稱的認可和對毛澤東的忠誠。[32]劉少奇讚頌毛的才華，其動機引起
學者很多猜測。他不僅能夠立即攫取中共領導層的「二把手」地位，而
且很有可能是他在諸多政治局委員中察覺到了通過塑造對毛的崇拜來抵
抗國民黨的必要性，即國民黨宣稱蔣介石是統治中國唯一的合法繼承
人。劉少奇苦心孤詣幫助建立的毛的形象，卻在20年之後讓劉少奇本
人徹底倒台，這真是歷史的諷刺。

　　無論是出於對抗蔣介石所謂的國家領導人地位，還是為了打壓黨內
對手的政治便利，將毛的形象超驗化這種做法從一開始就起到了重要作
用。在與斯諾的談話中，毛澤東自己承認道：「這是為了反對劉少奇。
過去是為了反對蔣介石，後來是為了反對劉少奇。他們樹立蔣介石。我
們這邊也總要樹立一個人啊。」[33]劉少奇所開啟的先河掀起了一場轟轟烈
烈的讚美毛澤東運動，也掀起了一場譜寫毛澤東頌歌和讚美詩的熱潮。

　　在1945年中共「七大」召開前，對毛本人及其思想的雙重美化已經
充分完成，毛的畫像被擺放在會議大廳的中央位置，而他本人戰無不勝
的思想也在與會代表們的發言中不斷地被引用，以證明毛做為中共領袖
兼理論家的卓越地位。毛的形象在國民黨軍隊戰敗後和1949年10月1
日中華人民共和國宣告成立時更加耀眼奪目。新中國的誕生因此與毛澤
東的形象及其相應的挽救國家的故事就不可避免地聯結在了一起。[34]

對現代個人崇拜的闡釋

　　近些年，對領袖崇拜的研究重新獲得了人們的關注。具體說來，是更多對蘇聯檔案文獻研究的發展激發了一大批有關東歐領袖崇拜的研究。[35]極權主義、政教合一、卡里斯馬式（charismatic，指超凡的領袖魅力的）的統治等飽受爭議的研究範式，也順理成章地為這些闡釋提供了理論框架，但就這些闡釋來說，其研究範圍由於引入了跨學科的方法而被拓寬了。簡·普拉姆珀區分了學術界闡釋個人崇拜的三種主流傾向：首先是通用方法，這種方法大多為社會學家和人類學家所採用，並以馬克斯·韋伯（Max Weber）、愛德華·希爾斯（Edward Shils）和克利福德·戈爾茨（Clifford Geertz）的著作為基礎。其次，社會歷史學家的解讀集中於將個人崇拜作為某種整合手段而觀察其效用。再則，對政教合一和神化政治進行重新評估，這種方法特別在埃米利奧·金泰爾（Emilio Gentile）[36]的著作中得到了集中體現。以上三者之外，還有一種新興的學術界研究方法，這種方法致力於研究領袖崇拜的藝術表現形式，但其興趣更多的是諸多形式的文集，而對更廣泛多樣的解讀則不求甚解。

　　雖然文革中對毛的崇拜在其全面程度上都遠遠超過其他20世紀的領袖崇拜，但是，受到以上三種一般方法的影響，對毛崇拜的研究卻是比較邊緣的。除了少數政治學學者在60年代末寫的少量論文，[37]以及德國漢學家赫爾穆特·馬丁（Helmut Martin）1978年最初發表的雖然簡要但卻相當深刻的毛澤東作品聖典化研究，或許稍微觸及到了個人崇拜問題之外，[38]在西方幾乎還沒有研究崇拜毛的專著。於是，崇拜毛這個現象一直處於「本身等待被進一步解讀而尚未足以用於解讀其深遠影響」[39]的狀態。然而，崇拜毛這個話題在文革的大框架下卻被經常討論。因此，相關解讀也便啟發式地劃分了結構方法、關注長期決定因素的方法和角色方法，這些方法強調個人崇拜的功能主義和功利主義等方面。結構性的解讀往往回溯到中國皇帝崇拜或宗教崇拜的傳統方式的影響，但卻鮮有人敢聲稱現代領袖崇拜與傳統領袖崇拜的一致性。[40]莫里斯·邁斯納（Maurice Meisner）在一篇頗為發人深省的論文中，區分了文革崇拜

(他將其稱作「顯然的人禍，從直接的政治目的中謀劃而來」[41]) 與這種個人崇拜的社會起源與功能。毛澤東與斯大林不同，他曾經是民族解放運動的英雄，擁有無出其右的民眾支持率，尤其是農民大眾的支持。在邁斯納看來，對毛的崇拜因而不能僅僅簡化為一種政治工具化的產物，因為它的起源和形式都與中國農民緊密相聯。當然，邁斯納也承認在文革後期，政治工具化佔據主導地位。這種個人崇拜後來演變成這樣一種事例：把人民的社會權力異化為一個偶像化的政治權威，並且最終使人們崇拜自己所創造的權力偶像。[42]

角色模型強調毛澤東自身所扮演的角色，並且強調合法性、卡里斯馬式的統治和操縱等問題。在大多數角色模型的描述中，個人崇拜都被視為一種被毛澤東抑或其共謀者 (諸如林彪、康生及「四人幫」[43]) 所利用的工具，用以達到其直接的政治目的。説毛及其諂媚者是基於一定的功利動機或者個人虛榮，而將個人崇拜培植成用於政治目的的工具，無疑是正確的；但是如果我們將個人崇拜完全按照功能主義來進行定義，那我們就無法解釋個人崇拜現象的多元性。事實上，文革很可能是一個最好的例子，足以證明：某種政治氛圍得以產生的原因絕不能僅僅被簡單地分析為特定政治結構或單獨個人的目的。

有關崇拜毛澤東和卡里斯馬式統治的關係，目前最為詳盡的闡釋是弗雷德里克‧泰偉斯 (Frederick Teiwes) 的著作《中國的領導權、合法性與衝突：從超非凡魅力的毛到繼任政治》(*Leadership, Legitimacy, and Conflict in China: From a Charismatic Mao to the Politics of Succession*) 和王紹光的著作《超凡領袖的挫敗：文化大革命在武漢》(*Failure of Charisma: The Cultural Revolution in Wuhan*)。泰偉斯基於馬克斯‧韋伯關於法理型統治、傳統型統治和卡里斯馬式統治的區分，對近代中國政治進行了分析。根據泰偉斯的觀點，毛的統治實際上一直在這三種統治形式中有所變化，因為如同韋伯所斷言，卡里斯馬式的統治尤其在文革初期是不穩定的，並且依賴於不斷將其日常生活化的方法。泰偉斯還論述到，毛澤東的合法性，來自於其個人能力 (諸如其戰略才華) 與「在革命危機中被檢驗的成功」[44]

之間的相互作用。正是因為這些來自革命成功的合法性，也正是因為這些毛取得的以往共產主義運動無法想像的成功，使毛在中共領導層中獲得了敬重。由於中共黨內精英對領袖合法性地位的認可是「在列寧主義制度中得以生存的重要因素」，[45]因此，在1942年至1943年開展的整風運動中，中共高層集團對領袖表現出的無條件忠誠便首先為宣傳個人崇拜提供了可能的基礎。泰偉斯將個人崇拜解釋為針對於黨內低層和人民群眾的「人造合成」[46]式的卡里斯馬統治，以此來強調個人崇拜建構的特點：為了達到政治目的創造出中共領導的神話，而這種神話其實並不一定被該領導層本身所堅信。

　　另一方面，王紹光則通過對武漢文革個案的研究，從群眾層面來聚焦個人崇拜並對其進行分析。基於理性選擇理論，王紹光並未辯析個人崇拜在獲得大眾支持中所產生的感情效用，而是區分了卡里斯馬式統治的情感與認知這兩個方面，以證明個人崇拜並不是簡單意義上的被接受。反而，他強調這些象徵怎樣受制於不斷的重新解讀。除了對毛澤東情感上的崇拜以外，王紹光認為中國人更是毛澤東的「理性上的真實信徒」[47]：他們巧妙地將自己的興趣置於毛諸多無比朦朧的指示所構想的公共興趣之上。通過強調人們對個人崇拜言辭和象徵的巧妙挪用，王紹光試圖把個人崇拜大致描述為非理性的，並根據遠不是科學解釋所能限定的非理性狂熱來曲解這一主題。

　　本書雖然受到了諸多如上所述的學術成果影響，但在分析文革領袖崇拜時卻試圖另闢蹊徑。本書聚焦於言辭和儀式在文革中的重要性，旨在從言辭和儀式的基本視角出發，梳理文革時期毛澤東崇拜從形成、持續到變形的複雜歷史過程。中共所實行的嚴格檔案政策及其所導致的很多第一手資料的缺失，反而給這一政權的受害者記敘著述帶來了話語霸權，許多受害者通過過度渲染個人崇拜來揭露中共無人性的獨裁。[48]於是，個人崇拜要麼被普遍地描述為一種無法追究個人責任的狂熱，要麼被描述為一種樸素的思想灌輸與殘酷的洗腦工具。[49]諸如此類的觀點植根於中共極權主義統治的觀念中，但卻忽略了分析個人崇拜的內在動力

16

與表現嬗變。它們不能解釋以下現象：崇拜新形式的出現、象徵性顯現的力量以及個人崇拜的產生及其在國家、政黨和大眾的不同層面的傳播。因此，本書將通過研究一些最新資料（包括檔案文獻和準檔案文獻），來同時關注以下兩個方面：中共官方對個人崇拜的鼓動，中層與地方對個人崇拜的迎合與接受。

在本書中，現代個人崇拜主要被分析為一種權威主義政治的交往現象，它既是確保政黨團結而有意謀劃的政治手段，又是一個在升遷規則沒有明確定義的政治制度中「庇護者—被庇護者」這種關係無意間產生的結果。使用個人象徵來集中表達忠誠的這種做法，在很多方面類似於現代商業用語被術語化的「品牌」所具有的基本形式，即通過創造一個有力的形象來代表一個巨頭企業。[50]事實上，早在20世紀10年代，德國社會民主黨人愛德華‧伯恩施坦（Eduard Bernstein）就提到，無論是在民主的統治下還是在權威主義的統治下，政治人格化的情感效力都無處不在。伯恩施坦使用19世紀60年代早期在德國工人聯合會中滋長的對斐迪南‧拉薩爾（Ferdinand Lassalle）崇拜這一事例，來證明社會主義運動能夠從個人崇拜所產生的凝聚力中大為受益：

> 然而，如果否認對拉薩爾的崇拜長期並且極大地幫助了運動進程這一事實，那也是完全錯誤的……大多數人都想給某個個人找到一個原因，然而似乎越追求對既定目標產生深遠影響，這種原因就必須看起來越抽象。因此，人們對這個原因得以人格化的渴望，便是大多數宗教創立者得以成功的秘密所在，無論這些創立者是騙子還是空想家。而在英國和美國，這是政黨鬥爭的公認因素。[51]

在商業世界中，商標被用來建立情感上的紐帶，甚至被用於忠實於特定的公司。一個響亮的名號能用來表現巨大的實體，並能確保大量顧客或者選民的支持。因此，當今的市場營銷策略將品牌視為所有組織、商品乃至國家「最重要、最可持續的財產」。[52]雖然大眾傳媒技術能夠被全面應用於以上所有範疇，但將基於某種需求的商品品牌化，卻比將一個龐大組織品牌化要容易得多，更不用說創造「國家品牌」了。千頭萬

緒的工作在政府增強言論的準確性以獲取公眾信任的過程中變得無比複雜——而這種信任也只能通過政府和公眾間的反覆互動才能獲得。美國政府在「9‧11」事件後試圖在中東通過公關手段「標榜美國」這一失敗措施便是一個很好的例子。[53]

　　一個品牌在競爭系統中能否獲得成功並不僅僅取決於宣傳手段，還取決於該品牌在大眾中所獲認可的程度。與某一品牌相關的產品必須滿足其特定需求，也必須在後續服務或產品創新中與時俱進。因此，品牌的力量最終是植根於顧客的，因為顧客只有在期望被超額持續滿足或至少被滿足時，才會源源不斷地購買公司的產品。因此在市場系統中將某種商品品牌化的這種做法，很像在選舉中通過競選運動來提升政治候選人形象，但這卻與一黨專政的中共在很多重要方面存在不同。一旦中共奪取政權，便再沒有選擇其他競爭者的可能。因而，這個問題依然是：為什麼一個全能的黨國終究使用了個人崇拜而不是依靠非個人的國家象徵來鼓動民眾的情緒呢？

　　這個問題的答案涉及到多個層面的解釋。正如上文所述，崇拜毛的現象始於20世紀30年代後期至40年代初期，它在中共內外多方競爭的壓力下產生。與裝備優良的國民黨軍隊的持續作戰和隨之產生的宣傳戰，使得共產黨創造一個能與蔣介石崇拜分庭抗禮的形象迫在眉睫。最初產生的毛澤東崇拜在許多方面都只是蔣介石崇拜的縮小版，而蔣介石崇拜本身則是模仿孫中山崇拜。但是，中國共產黨所使用的組合解釋方法則是獨一無二的，它是蘇聯模式、以儒家文本為中心的傳統和實踐經驗三者的混合體。

　　一旦毛統治的合法性得以穩固，對他的崇拜就能夠在不干涉日常政治的前提下，給他帶來某種超然世外的狀態。這種狀態的範圍一般限於紀念性的活動或者儀式化的程序。個人崇拜中的這種平衡有可能會被某些因素打破，比如迅速增加的黨員數量、分裂的中共中央政治局或者重大政策失誤的出現（諸如官方鼓勵的與日常生活相左的大躍進運動）。在這些危機時刻，加強情感聯結就再次顯得十分重要，因為人們可能會認

為今不如昔，或者等待着一輪新的矯正浪潮和期待着對解釋組合進行必要的嚴格審視。因此，這樣的平衡在等級森嚴的組織中如中國人民解放軍那裏最有效地運行開來。無論怎樣，中共都完全有把握實現其超越個人信仰贏得儀式崇拜式順從的意圖。[54]個人崇拜信息中，真正信仰的缺失及其外化的表現，也因此並不一定妨礙個人崇拜作為統治手段的效力，正如具有諷刺意味的是，對薩達姆·侯賽因（Saddam Hussein）、金正日和哈菲茲·阿薩德（Hafiz al-Assad）的個人崇拜也揭示了這一點。[55]

除了品牌化這一維度，有利於從共產黨專政中滋長出個人崇拜的另一個重要因素，就是制度導致的結構性缺陷帶來了政治升遷和繼承的正式規則。正如格雷姆·吉爾（Graeme Gill）在其對蘇聯領袖崇拜的分析中所論證的，個人在黨內官僚體制內是否成功，很大程度上取決於其在關係網中的垂直效忠程度或平行效忠程度。在這種情境下，崇拜領袖有着雙重作用。職位低的幹部通過煽動對重要領袖的崇拜來效忠，並因此有效地建立起一套來自領袖的庇護體系。政治領袖樂於利用這一幫追隨者以在政治局中爭權奪利，而這一幫追隨者只要能獲得政治上的升遷或者至少在黨內鬥爭中得以自保，便樂於支持領袖。除了可以作為代表中共組織機構的統一符號外，個人崇拜的一個重要因素便是它能夠提供「一種官僚體制頂端與其下屬之間非官僚體制的交往形式」。[56]「庇護者－被庇護者」這類關係的出現並不一定限於高層，而有可能同時產生多層級的個人崇拜，例如，在省級這一層出現了這種關係。

不管領袖本身的個人能力如何，政治體制本身已經促成黨內等級體系中頂端與其下屬之間交流的不對稱性，也極大地促進了M·雷納·萊普修斯（M. Rainer Lepsius）所沿用的馬克斯·韋伯術語即所謂「卡里斯馬式關係」[57]的產生。萊普修斯為這種「卡里斯馬式關係」選出了如下的主要標準：信徒們的個人奉獻；規範性標準的消解；基於情感忠誠而不是正式法則建立起來的共同體。[58]這種解讀角度是至關重要的，因為它解釋了為什麼彷彿理性行為與言語對於個人崇拜的信徒們有如此重要的作用這一問題。通過重新定義馬克斯·韋伯理想中的「卡里斯馬式關係」，

萊普修斯將研究焦點轉向了個人崇拜的動態因素，他認為領袖能夠維持 20
卡里斯馬式統治不僅僅基於其個人品質特性，而且也基於卡里斯馬式關
係的結構。雖然卡里斯馬式的個人品質並不是建立領袖崇拜的必要條
件，但是它確實能強有力地加強領袖崇拜被認可的程度。

　　塑造一個被崇拜的、至高無上的領袖形象依賴於難以計數的個人與
制度的利益，很少能像理想化的個人崇拜象徵那樣達到完全令人信服。
用毛作為「中華民族拯救者」的形象來代表整個中共，這確實在增進黨
內團結、提高對外吸引力上發揮了不小的作用；然而，除非這個形象能
夠被中共嚴格控制，否則它總是會潛藏着其被綁架以挪為相反之用的危
險。某些手段可以消除這種隱患，其中最重要的便是齊慕實（Timothy
Cheek）所稱的、由中共中央宣傳部和文化部控制的「輿論導向」。[59]為了
防止對官方的國家象徵進行肆意解讀，上述部門壓制了公眾間富有爭議
的政治話題的討論。在報紙、教科書和廣播中有效地傳播個人崇拜，只
要在一個高度統一的媒體機器中，通過使用一套嚴格管理的語言體系就
很有可能進行。國家媒體的壟斷所帶來的統一論調保證了政權在其進行
事實解讀時的話語霸權，並將這種解讀以民主政體無法想像的方式強加
於公共言論之上。因此，毛的時代，新中國的傳播機構可以被概括為一
種為統一而「正確的」世界觀提供儀式化意義的工具。[60]

　　中國共產黨曾苦心孤詣地經營毛澤東的著作與形象，反覆干涉那些
未經授權印製、發行發表毛澤東講話或照片的行為。毛本人也非常了解
自己作為象徵的力量，對斷章取義引用他的話的行為也感到十分憤怒。[61]
在中華人民共和國，選擇正確的話語成為了政治問題，因為中共本身必
須通過引用馬克思列寧主義著作、不斷廓清這些著作中的模糊含義來證
明自己統治的合法性。[62]畢竟，在文革開始之時，中共必須在有大約兩千 21
萬黨員和多於七億四千五百萬民眾的國家中，確保自己政策的統一性。
中共的理論權威地位因此就導致了其對言語、象徵的過分注重，而獨立
於毛澤東個人的角色。更有甚者，這種過分的注重使得人們的讀者身份
變得更加敏銳：他們自覺地將言辭的變化與政治權力的變化等同起來。

　　這類形式化的語言體系給研究者們帶來的便利，取決於他們所使用定量研究方法在尋找語義網的斷裂問題上的可能性。諸如「個人崇拜」這樣的表述都必須被不斷地修改，如果這些表述被認為無法體現出馬克思列寧主義真理，便立刻會在公共言論中消失。這些被嚴格限制的政治交往模式，事實上在文革時期發生了雙重變化。一方面，官方媒體對統一口徑的、形式化的表達要求達到了前所未有的地步。到1968年，《人民日報》刊登文章的數量急劇減少，只佔1960年刊登數目的百分之四十左右，而這僅存的百分之四十中又有一半是直接引自毛澤東及其思想的。事實上，如果某一個人不想經受被排斥的風險，那麼他除了參與公眾性的個人崇拜語境之外，別無選擇。敬畏與恐懼的心理極大地促進了個人崇拜下的個體交往模式特性的形成。

　　另一方面，在1966年至1968年的動亂期間所流行的非官方媒體和未經審查的文獻資料卻提出了與官方相反的觀點。紅衛兵將非官方的解讀行為和信息收集活動擴展到了以往無法想像的程度，還暫時打破了公共輿論導向的統一性。隨着黨的機構逐漸破裂，各派所佔的權力份額不得不根據其與毛澤東思想的親近程度來進行協商。結果，大量政治演員出於各種目的去使用個人崇拜事務象徵和言辭，或者按照周錫瑞（Joseph Esherick）和華志堅（Jeffery Wasserstrom）的術語，「政治儀式」變成了「政治戲劇」[63]。這種結果幾乎不與中央政策相悖；相反，這些政治的演出只在一些非常特定的、地方的情況下，用於作為權力協商的手段。政治與非政治、公共與私人的界限經歷了不斷的變化，把個人崇拜擴展到了中共領導層從未曾想要觸及的領域。因此，這個時期也為研究個人崇拜象徵被「賦予了非正常的意義」[64]和在並不屬它們的語境下發揮作用，提供了極好的例子。

　　將一位在世的領袖的形象拔高為品牌標誌還存在着一種最終的危險，即該領袖很可能利用他的形象打壓黨內的對手，或者可能進一步反對列寧主義政黨組織本身。通過在黨內打造一個凌駕於官僚體制結構之上的卡里斯馬式關係，中共又成功地樹立了毛澤東凌駕於黨內制約的品

牌象徵，黨給了毛澤東在黨內和黨外積聚力量的機會，安舟（Joel Andreas）將這種召集力量稱為「卡里斯馬式動員」，即「游離於正式組織的福利和限制之外」[65] 的人民的力量。雖然最初個人崇拜被公然地引入到黨內鬥爭中，但文革卻是獨一無二的，因為毛旨在用文革摧毀的正是他本人曾經幫助創立的體制。雖然毛既成功地打亂了官僚政治的常規慣例，又成功地動員了人民大眾，但是在解決怎樣用另一種方式來治理中國這一問題上，他卻是徹底失敗了。毛形象的工具化地濫用導致了全方位的信任缺失，在他死後，新中國所沿用的政治制度也與他最初試圖通過文革所完成的目標南轅北轍。而現今的「中國特色社會主義」，在毛澤東看來也許不過就是修正主義粉飾太平的說辭罷了。

　　本書分為三個部分，大致按照年月次序展開論述。崇拜毛的源起，如這篇導論前面所述，與主流觀點所認為的源起於1966年文革之初不同，要回溯到更早時期，因此本書的第一篇以追溯1953年斯大林死後中國對「個人迷信」這一概念的理論討論開始。通過展現中國共產黨怎樣在不同層面上反對赫魯曉夫的「秘密報告」及其去斯大林化政策，我們可以在這一部分觀察到個人迷信現象在跨國層面上所表現出的特點。第二篇介紹了在20世紀60年代文革時期出現的一些特定的崇拜毛的形式；着重研究了卡里斯馬式動員的諸多方面和在解放軍中興起的特定的言語崇拜和儀式崇拜。本書這部分也記述了這種崇拜的主要象徵物——紅寶書的簡要歷史，該書於1966年秋成為「崇拜的景象」。此部分接下來通過分析一個特定的紅衞兵組織（「聯動」），詳述了在紅衞兵對毛澤東崇拜的高潮時期（1966年和1967年），崇拜象徵被工具性利用的多樣化。最後，第三篇着重研究個人崇拜的運用轉換：從被利用為卡里斯馬式動員的手段，到被用於確保規則、順從的宣傳和實施的手段轉換。隨着中共官僚體制的土崩瓦解，個人崇拜成為工具化的東西，即主要通過解放軍的日常訓練和無處不在的毛澤東思想學習班來強化對國家權威的順從。在這段時間出現了許多晦澀難懂的儀式崇拜，比如「語錄操」、「忠字舞」等，但同時根據大眾傾向於商標化與神聖化的特點來看，個人

崇拜及其表現都偏離了中央的嚴格控制。第三篇還總結了一些1969年後試圖抑制個人崇拜外在表現的行為，概述到毛去世之際和之後的事態發展。當然，由於20世紀70年代的檔案文獻資料的缺乏，尤其是由於個人崇拜的材料的缺乏，作者對於1969年後的研究既缺少細節材料，又缺少論述底氣，僅希望能夠為將來的進一步研究打下基礎。這也同樣適用於其他非常值得仔細研究但卻由於作者的原因而無法涵蓋的方面，比如個人崇拜在藝術產品、音樂、戲劇和文學方面所產生的影響。[66]

　　本書涵蓋的時間段大致上是從1953年斯大林去世到1981年〈關於建國以來黨的若干歷史問題的決議〉的公布為止。這一時間段的選取與對文革時間的限定多少是不重合的，有關文革週期性的界定本身就是一個長期備受爭論的話題。[67]然而，無可置疑，以下三段時間之間存在着很大的不同：1966年至1968年動亂的紅衞兵時期、1969年至1971年林彪死去的解放軍管制時期和近來被稱之為1972至1976年的「文革黃昏期」[68]——而對毛的崇拜毫無疑問地貫穿了以上三段時間。雖然對毛的崇拜最重要地表現於1966年至1969年之間，但其間的週期演變則按照另一條時間線索發展，最明顯的變化就是個人崇拜在1967年後期從動員手段走向控制手段的轉換。若我們不斷從精英政治、中間官僚體制與平民之間的交互作用來研究這段時間內的行為，就可以發現，對毛的崇拜所應有的史實性在很大程度上被忽略了，因而對它的研究被劃入推動現代個人崇拜的研究之中。

24

第一篇

走向「個人崇拜」

1953年3月5日深夜，約瑟夫‧斯大林 (Joseph Stalin) 去世。以中國共產黨中央委員會名義起草的正式文告，表達了斯大林的去世給蘇聯共產黨造成的巨大悲痛和給世界革命進程帶來的重創。對於中共來說，斯大林的去世同樣是一個「無法估量」[1] 的損失。由於中共定期在媒體上發布有關斯大林的專欄消息，並下令在主要地區的報刊上刊登斯大林身體狀況的日常報道，[2] 中國公眾實際上對斯大林這位「世界革命的偉大領袖」每況愈下的健康狀況十分了解。在官方舉行的追悼會上，毛澤東親自在天安門上置放的斯大林像前為逝者奉獻花圈，並號召中國人民將悲傷轉化為投身革命事業的力量。接下來的三天，中國舉國哀悼斯大林。所有地區降半旗致哀，所有公共機構也停止辦公。即使斯大林這位世界共產主義的領袖經常因為中國革命的正確道路問題而與中共領導層特別是與毛澤東爭執不下，為斯大林召開的追悼會還是毫無疑問地顯示出了他本人對於共產主義運動的重要影響。斯大林去世的巨大影響不僅僅反映在中共領導層，而且在黨的基層幹部和群眾中也引起了討論。這其中有對中蘇同盟是否能夠像以前那樣維持的憂慮，也有對社會主義國家陣營在缺少斯大林個人魅力的情況下[3] 是否能夠繼續發展壯大的疑問。為了反對這些逐漸產生的懷疑思潮和制止從中興起的流言（諸如關於這位革命舵手死去後會發生什麼的流言[4]），中共地方黨委開展了持續不斷的宣傳活動並舉辦了定期學習班。

斯大林的去世帶來了共產主義運動歷史的一個重要轉折點。由於斯大林並沒有找到一位傑出的接班人，蘇聯在世界共產主義運動中的領袖角色便從許多方面受到了質疑。諸如毛澤東等共產黨的元老級領袖和開國者們都對斯大林之後的暫時接班人格奧爾基‧馬林科夫(Georgy Malenkov)這樣的人物表示不滿。然而，僅僅十年之後，這種曾經如日中天且名滿寰球的陣營之間的團結就轟然垮台，中蘇開始公開爭奪世界共產主義運動的領導地位，而這一切如果沒有赫魯曉夫的「秘密報告」作為背景，都不可能發生。這對斯大林政治遺產的抨擊及其所造成的國內國際震盪，也在中國共產黨和蘇聯共產黨的歷史上打上了深深的烙印。

第1章

「秘密報告」及其影響

　　斯大林去世三年之後，蘇聯共產黨第二十次代表大會在莫斯科召開。1956年2月25日，蘇共中央第一書記赫魯曉夫所作的秘密報告致使斯大林作為全智全能的共產主義領袖形象土崩瓦解，並且揭露了其統治期間所犯下的種種罪行。蘇共中央委員會在斯大林死後對他本人及其政治遺產的態度從來都是含糊不清的。直到1955年後期，蘇共中央才同意成立一個委員會，調查斯大林在1936年至1937年間大清洗運動中扮演的角色，那時期斯大林通過屠殺或者發配千百萬潛在反對者到勞動營來鞏固自己的獨裁統治。這個委員會調查的結果被整理成了一份長篇報告，蘇共中央在經過激烈的討論後，決定在蘇共「二十大」的最後一個會議日只對蘇聯代表宣讀此報告。[1]

　　包括中共代表團（由朱德元帥率領，成員包括鄧小平、譚震林、王稼祥和中國駐蘇聯大使劉曉）在內的其他共產黨代表團都沒有事先被告知此報告的內容。赫魯曉夫在為時四小時的報告中，不僅宣讀了準備好的報告，還發表了許多即興的、衝動性的評論。他首先猛烈抨擊斯大林將自己凌駕於整個政黨之上：「誇大某個人的作用，把他變成具有神仙般非凡品質的超人，是與馬克思列寧主義的精神相違背的，是不能容許的。這個人似乎無所不知，洞察一切，能代替所有人的思考，能做一切事情，他的行為沒有半點錯誤。」[2]赫魯曉夫並沒有在馬克思主義哲學體系下闡明個人崇拜的理論含義，而是主要訴諸個體案例，為在大清洗中

被殺害的老幹部平反昭雪。赫魯曉夫激動地宣稱，雖然斯大林對蘇共有
不小的功績，但他卻不能區分對剝削階級敵人的憎恨與共產黨人內部的
不同意見。斯大林把自己視為核心，認為自己在蘇聯取得的所有成就中
發揮着決定性的作用，同時還在公眾面前樹立一個無比謙遜的形象。為
了證明這個觀點，赫魯曉夫列舉出斯大林本人多次在《聯共 (布) 黨史簡
明教程》中篡改的內容。斯大林已經使自己背離了黨和人民，最終只能
孤獨地依靠圖片或電影式的表現方式來對待現實生活。

赫魯曉夫的「秘密報告」將「個人崇拜」等同於違反集體領導原則、
培養專制、製造恐怖、壓制大眾以及無處不在的對斯大林天才的諂媚。
雖然頗為謹慎，但是他呼籲黨應一勞永逸地廢除個人崇拜。蘇聯民眾早
已十分擅長從上層領導鬥爭中解讀權力的象徵性表現。如果所有以現有
的領袖命名的集體農莊都必須被重新命名，那將引起負面效應。赫魯曉
夫還試圖在西方媒體面前防止這一報告內容的泄露：「我們應當知道分
寸，不要把炮彈送給敵人，不要在他們面前宣揚我們的家醜。」[3]但是，
此次大會畢竟是1,500名蘇聯代表出席的會議，而且在接下來的幾週
內，這份「秘密報告」就在蘇聯全國被大量印刷以供學習，要想使西方
媒體對此一無所知，赫魯曉夫無疑癡人說夢。

國內與國際上的震盪

赫魯曉夫的「秘密報告」被視為其一生中做出的最魯莽、最膽大妄
為的行動，[4]無論怎樣，這份報告本身在國內和國際帶來的震盪都對共
產主義運動的團結產生了致命性的影響。除了通過對斯大林的人身攻擊
而在蘇聯法律領域中引起憂慮外，赫魯曉夫既沒有給出評價斯大林歷史
角色的權威觀點，也沒有提出系統的變革來克服斯大林遺產的弊端。隨
着這份「秘密報告」的內容傳達到蘇聯全國黨員，以上不足便越發引人
注目，受到指責。蘇共中央主席團應赫魯曉夫的要求在1956年3月5日
斯大林逝世三週年紀念日上，將這份報告內容發至全國各級黨委學習。

在接下來的幾週內，一本印着「非公開出版資料」字樣的紅色封面小冊子就這樣傳達到了七百多萬共產黨員手中。雖然一些批評個人崇拜的觀點因此戰戰兢兢地被提出，但各省區發來的報告和信件卻大都反映民眾對「個人崇拜『捏造』的傳統」[5]的支持。在一些省區，這份秘密報告的作者被抨擊為具有蓄意破壞個人崇拜的險惡用心，甚至把該作者稱為白癡和傻瓜。

關於赫魯曉夫「秘密報告」內容的傳言很快泄露給了西方媒體，在這泄露過程中，波蘭工人黨對這一秘密報告的再版發行起到了特別重要的作用。波蘭工人黨第一書記斯特凡‧斯塔澤夫斯基（Stefan Staszewski）如此回憶他在1956年3月未經授權就泄露這份報告全文內容的經過：「我私下將一份剛印好的副本交給了《世界報》記者菲利浦‧本（Philip Benn）、《先驅論壇報》的西尼‧格魯森（Sidney Gruson）和《紐約時報》的弗洛拉‧劉易斯（Flora Lewis）。」[6]根據新華社社長吳冷西的回憶，在蘇共「二十大」閉幕後的第二天，蘇聯聯絡處的一位工作人員向中國代表團告知了這一報告的內容。當時這份報告用口語直譯給了中國代表團，讀了一遍。由於不允許中國代表團記錄，因此中國代表們對這份報告僅僅留有模糊甚至扭曲的印象。[7]但事實上對於中共來說，這份「秘密報告」和非斯大林化的影響開始明顯出現的時候，恰好是中國代表團團長朱德在1956年3月7日去格魯吉亞斯大林故里參觀的時間，在這期間，朱德遇到了大規模遊行，那裏的示威者認為應該一如既往地紀念斯大林生辰。[8]

中國對赫魯曉夫報告的回應文章是在1956年4月5日發表的，這個日期已經相當晚了，它暗示着中共要麼不同意這份報告的內容，要麼至少在中共中央政治局中就怎樣回應這個問題出現了分歧。[9]然而，事實上最近公開的材料表明，這篇回應文章不僅僅是在極短時間內寫完的，而且當時的中共中央領導層十分贊同這一文章的內容。根據吳冷西的回憶，中共中央領導層真正收到這份報告的全部內容是在《紐約時報》3月中旬發表該報告內容之後。[10]但是，《紐約時報》實際上是在6月5日，

即美國政府正式公布該報告一天後才發表了它。我們也許可以斷定，中國可能從蘇聯或者其駐東歐國家的某個使館中獲取了一份蘇聯內部發行的報告副本。

3月17日，毛澤東在其中南海住處頤年堂召集中共中央書記處會議。「秘密報告」的中譯本在會上就通過中共中央辦公廳機要局送發到了書記處成員手中。應毛的要求，一些中共高級幹部，包括中共中央辦公廳主任楊尚昆，毛的前秘書、中共中央宣傳部副部長胡喬木，前中國駐蘇聯大使、外交部第一副部長張聞天，中共中央對外聯絡部部長即負責國際共產黨聯絡工作的王稼祥以及吳冷西本人等，也參加了會議。由於大部分與會人員當時都沒有讀完譯本，因此他們也只是同意對「秘密報告」的迫切問題以適當的方式做出反應。

毛把他本人對「秘密報告」的印象概括為「揭了蓋子」[11]，認為該報告表明：斯大林或蘇聯過去的所作所為並不全都是正確的。另一方面，赫魯曉夫也在國際共產主義運動的盔甲上「捅了簍子」，因為這份秘密報告無論是在形式上還是內容上都有嚴重錯誤。在接下來的一週中，毛兩次召開了中共中央政治局擴大會議來討論「秘密報告」的影響和對該報告應做出怎樣的適當回應，除了上次參加中央書記處會議的列席人員外，還增加了與會人員，即黨的一流宣傳工作者陸定一（中共中央宣傳部部長）、鄧拓（人民日報社總編輯）、陳伯達（毛的前秘書、中央政治研究室主任）和胡繩（中央政治研究室副主任）。吳冷西在回憶錄中表明，毛以起草對「秘密報告」的回應文章並且確定以一篇社論的形式為主題主導了這兩次會議。官方發表聲明會顯得過於正式，因為「秘密報告」對社會主義國家和資本主義國家的影響正在持續中。此外，畢竟蘇共中央還沒有公開發表這份報告。會議決定由陳伯達執筆、由中共中央宣傳部和新華社協助來寫回應文章，新華社負責收集外國新聞機構所有關於這份報告問題的文章。陳伯達1956年3月29日寫出初稿，鄧小平要求他邀集陸定一、胡喬木、胡繩和吳冷西來共同進行討論。[12]

與此同時，蘇共「二十大」在中國地方幹部中也成了熱點話題。除

了「秘密報告」以外，「二十大」會議的進程都在蘇共中央機關報《真理報》
的譯文稿中公開了。然而，到了 3 月中旬，「究竟是什麼滋長了個人崇
拜」這個問題已通過非官方媒體的渠道成為了一個廣為討論的問題。一
份 3 月 26 日河北省委宣傳部發給河北省委和中央宣傳部的絕密電報顯
示：大多數黨員支持「二十大」的決議。但是，也產生了一些河北省委
宣傳部無法解答的問題，其中培養個人崇拜與緬懷領袖個人歷史作用之
間究竟有什麼區別，這個問題尤為棘手。這份電報還指出，地方幹部引
用了阿納斯塔·米高揚 (Anastas Mikoyan) 在蘇共「二十大」上的一段發
言，認為它並不具有明確的標準：「『列寧對社會發展規律的天才表述
是正確認識當前許多現象的寶貴資源。沒有列寧，我們就無法認識它
們……』。這句話本身就等同於個人崇拜，它的立場並不符合歷史唯物
主義。」[13] 在幹部們的意識形態狀況陷入窘境並越來越複雜的時候，省委
和地委宣傳部門發出強烈信號，表示迫切需要對於這些問題的明確答
覆。1956 年 3 月 30 日，《人民日報》發表了一篇譯自《真理報》的社論，
題為「為什麼個人崇拜是違反馬克思列寧主義的」[14]，把「秘密報告」的議
題置於公開討論之下。這篇文章 35 次提到個人崇拜，最終正式將「個人
崇拜」作為中國政治用語。

　　兩天後，1956 年 4 月 1 日，陳伯達將「回應」的修改稿交給毛澤東，
毛指示將此文稿下發到中央政治局進行傳閱，並明確了在此文稿發表之
前每個政治局成員對此文稿所應承擔的責任。[15] 按照毛的要求，政治局
在劉少奇的主持下討論了此文稿並且進一步做出了幾處改正。劉認為斯
大林犯的所有錯誤並不是都可歸咎於「個人崇拜」，而應該歸咎於長期不
能區分主觀思想與客觀環境。對於劉來說，「個人崇拜」這個用語並不能
很準確地表達俄語那種描述宗教迷信的詞組 Kul't lichnosti 的含義。劉因
此建議使用「個人迷信」而非「個人崇拜」，因為「迷信」本身便含有貶義，
用於對領袖個人的迷信般的概念。[16] 然而，由於「個人崇拜」已經被作為
標準翻譯，也就沒有必要強制改變術語了。

　　鄧小平堅持在文中加上個人崇拜產生的原因及個人崇拜所產生的持

32

33

續影響。畢竟赫魯曉夫的「秘密報告」並沒有解釋清楚個人崇拜到底是斯大林行為的原因還是結果。鄧進一步建議，中國共產黨為防止中國此類現象的發生應該做出預案。討論完後，毛擬定了文章標題「關於無產階級專政的歷史經驗」與副標題「根據中國共產黨中央政治局擴大會議的討論，由《人民日報》編輯部編寫」。這文章標題也因此表明中國不用擔心此類個人崇拜的問題。這篇文章由新華社在當晚廣播，並在次日的《人民日報》上刊載。[17]即便這篇社論是在極其倉促的情況下完成並發表的，它也表達了試圖系統地將個人崇拜歷史化為一種政治現象，並且從歷史唯物主義的角度來對個人崇拜的產生做出解讀的努力。

〈關於無產階級專政的歷史經驗〉

這篇社論文章的發表主要有三個目的：第一，通過將討論上升到馬克思列寧主義的理論高度，降低「秘密報告」的觀點所引起的危害；第二，力圖對斯大林的歷史地位做出初步評價；第三，概述中共為了解決個人崇拜問題所採取的相關防範措施。儘管對西方媒體引用這份報告的行為做出了猛烈抨擊，但是蘇共「二十大」上的討論被解讀為勇敢的自我批評。畢竟，蘇聯同志們「除了失掉錯誤以外，什麼都不會失掉。」[18]正如該社論所指出的，這個說法顯然是模仿《共產黨宣言》的。這樣唯一真誠地面對無產階級專政的做法不應被視為軟弱，而應當被視為強大。畢竟，蘇聯是「在世界上史無前例地實行無產階級專政的社會主義國家」，無法受益於前人的經驗教訓。但是，「無論有怎樣的錯誤，對於人民群眾來說，無產階級專政的制度，比起一切剝削階級專政的制度，比起資產階級專政的制度，總是具有極大的優越性」。[19]斯大林的角色被進行了全面的描述。他作為列寧的接班人、作為第二次世界大戰中的軍事統帥、作為工業化和農業集體化的維護者的品質，都使他不愧享有「傑出的馬克思列寧主義戰士」[20]這個稱號。遺憾的是，巨大的成功衝昏了斯大林的頭腦。他沒有能夠進一步履行批評與自我批評，脫離了群

眾，違背了集體領導的原則。斯大林最終陷入了主觀性和片面性，允許
了對他的個人崇拜。個人崇拜本身被解釋為家長制統治傳統和沙皇崇拜
傳統的沉渣泛起：

> 個人崇拜不只在剝削階級中間有它的基礎，也在小生產者中間有它
> 的基礎。大家知道，家長制就是小生產經濟的產物。在無產階級專
> 政建立之後，即使剝削階級消滅了，小生產經濟已經由集體經濟所
> 代替了，社會主義社會建成了，但是舊社會的腐朽的、帶有毒素的
> 某些思想殘餘，還會在人們的頭腦中，在一個很長的時期內保存下
> 來。「千百萬人的習慣勢力是最可怕的勢力」(列寧)。個人崇拜也
> 就是千百萬人的一種習慣勢力。這種習慣勢力既然在社會中還存在
> 着，也就有可能給予許多國家工作人員以影響，甚至像斯大林這樣
> 的領導人物也受了這種影響。個人崇拜是社會現象在人們頭腦中的
> 反映，而當像斯大林這樣的黨和國家的領導人物也接受這種落後思
> 想的影響的時候，就會反轉過來再影響給社會，造成事業的損失，
> 有害於人民群眾的主動性和創造性。[21]

中共中央政治局通過將個人崇拜解讀為家長制的膨脹，解讀為「人
類長期歷史所留下的一種腐朽的遺產」，來試圖修補赫魯曉夫「秘密報
告」中存在的主要缺點：沒有根據馬克思列寧主義觀點來解釋個人崇拜
的根源，也沒有回答為什麼個人崇拜能夠滋長及其對蘇聯體制影響的問
題。然而，這篇社論同時強調了上層建築對於經濟基礎的相對自主性。
在沒有明確引用《馬克思恩格斯選集》的情況下，個人崇拜還被解釋為
先前的沙皇崇拜的膨脹，但是這種膨脹又源自於斯大林對個人崇拜這種
社會現象的默許與「黨內民主」的缺乏。這種扭曲解釋了下面所說的既
缺失合法性又心理畸形的重要所在：對斯大林的解讀並不關注領袖個人
無上權力的歷史背景或其應有的局限性，而只是關注領袖怎樣才能不與
人民相疏離的策略方法。

為了不在領袖對革命運動不斷起着重要作用的問題上給出錯誤答
案，這篇社論強烈附和了最初由格奧爾基·普列漢諾夫 (Georgi Plekhanov)

35

1898年在《論個人在歷史上的作用問題》(*The Role of the Individual in History*) 一書中闡釋的觀點。普列漢諾夫指出：領袖之所以偉大並不是因為他能夠按自己的意志改變歷史進程，而是因為他能夠清晰地表述當時重大的、已經被歷史進程預先所決定的社會矛盾。「他是個英雄。其所以是英雄，不是說他似乎能夠阻止或者改變事物的自然進程，而是說他的活動是這個必然和無意識的進程的自覺的和自由的表現。」[22]斯大林背離社會主義正確路線的行為，並不能夠抹殺領袖們的作用或其在社會主義制度中所引起的重大變化，而是要回歸毛主義的「群眾路線」。[23]通過與群眾保持緊密聯繫，通過從大量意見中區分出正確的觀點並把它們轉變為經常不斷的政策指南，黨及其領袖就可以正確地、不可改變地推進那無法改變的歷史發展進程。

　　這篇文章還從破除教條主義迷信的角度支持了蘇共反對斯大林個人崇拜的鬥爭。然而，這篇文章清楚地表明，在解讀「個人崇拜」這一新的理論概念而不告知共產主義陣營的其他黨之前，中國共產黨已經接管了蘇聯的解說任務。另外，這篇文章將個人崇拜的存在歸因於剛剛建立的、以農業為主的中華人民共和國是有說服力的意識形態遺跡，但對於俄國革命40年後的蘇聯卻不具有相應的價值。正如毛所預見到的，「秘密報告」着實給共產主義意識形態的盔甲「捅了簍子」，但是蘇共沒有給出一個正確的解讀框架，致使斯大林本人的角色乃至總體上的共產黨角色都遭到了質疑。

　　中國共產黨中央委員會通常用中共核心或中共中央名義頒發的正式文件，命令所有地方黨委都必須在黨內黨外發行並且討論〈關於無產階級專政的歷史經驗〉一文，以求對個人崇拜和斯大林問題進行正確認識。[24]作為補充，中共中央宣傳部則向地方傳達學習方法，並教導地方如何對可能產生的問題進行回應。[25]各個省委則將有關通知傳達到地、市委，並提出更多有關學習一般時事內容和具體信息的要求。學習計劃要在1956年4月底完成，此計劃主要學習〈關於無產階級專政的歷史經驗〉這篇文章，另外還將《真理報》社論列為自學的參考材料。地方幹部

被要求為黨員安排讀書學習的時間表並指導學習討論，以便最終確保學習效果。個人的自我批評在這次學習中是不必要的。各地非黨員的學習也得到了因地制宜的安排。5月初，地市級黨委會被要求向省委宣傳部提交有關學習進程和所遇到的學習困難的總結報告。[26]

對〈關於無產階級專政的歷史經驗〉的學習活動暴露了許多問題。河北省委宣傳部在5月25日給省委和中共中央宣傳部的總結報告中談到，使地方幹部們警惕個人崇拜所帶來的危害這個目標得以「基本達到」。但是，學習討論也確實使得一些懸而未決且尚未得到圓滿解答的問題浮出水面。這份總結報告概括了所遇到的六個方面的主要問題，並請示中央就如何正確解答的指導意見：

1. 正確的估計領袖的作用與擴大個人的作用，熱愛領袖與個人崇拜的界限劃不清。比如張家口市有的幹部，在五‧一遊行時就不敢喊毛澤東思想萬歲，怕犯個人崇拜的錯誤。

2. 對斯大林的錯誤，認為蘇共其他中央委員都有一定責任，為什麼斯大林的錯誤可以公開揭露，而他們不作公開檢討？

3. 沒有聽秘密轉達的幹部，要求了解斯大林犯錯誤的具體事實，有些幹部會說，拿不出具體事實來，不能說服我。

4. 斯大林的著作是否還算經典著作，馬克思列寧的經典著作的標準是什麼？《聯共（布）黨史簡明教程》一書的個人崇拜觀點在什麼地方（特別是在第七、第八章中）？《聯共（布）黨史簡明教程》在沒有新的教本前，可否作為教本？

5. 斯大林是否還可以和馬、恩、列並列？

6. 關於資產階級國家和平過渡到社會主義的問題，戰爭不是不可避免的問題，其正確性如何？[27]

這些疑慮直指問題的核心，尖銳地指出將個人崇拜定義為封建遺跡所導致的含糊不清的問題。馬克思列寧主義的方法早已被稱為迄今為止最為先進的科學理論。然而，個人崇拜的產生則表明，一些現有通行的

37

統治因素不是由合理的政治方式證實的，而是基於對特定教條的真實信奉。

中共以及其他共產黨在個人崇拜定義上所面臨的困境，可以被歸結為作為先鋒隊的黨的統治所具有的系統缺陷與通過強有力的形象來增強黨內團結和獲得黨外支持的成功先例。雖然個人崇拜的潛在危害早已被一些幹部察覺，例如劉少奇就反對使用個人形象來代表抽象的馬克思列寧主義真理，但是引入毛澤東形象在對抗蔣介石和中共黨內對手的宣傳戰中帶來的直接益處，卻被視為具有更大的價值。因此在中國，現代個人崇拜能夠作為一種歷史現象出現，是直接政治手段操縱下的產物，而不是基於理論闡述的結果。正是在兩年之後，毛本人才懂得了將對他的個人崇拜加以理論化的至關重要的作用。

國家象徵

個人崇拜問題不僅僅干擾了幹部教育，而且成為當年勞動節（5月1日）與國慶節（10月1日）準備工作的主題。這兩個節日的遊行一向都是中共向民眾展示力量的重要機會。[28]1949年中華人民共和國建國後，節日的規模和組織都經中央文件（「中發」）直接事無鉅細地做出了指示，包括標語和公共形象設置的準確順序。僅在中華人民共和國建立後一週，中共第一次對在何處展示國家領袖們的形象這個問題做出了一般性的指導規定。在黨的所有建築物內，馬克思、恩格斯、列寧、斯大林、毛澤東的畫像都必須一應俱全；所有國家機關和組織的辦公場所均需懸掛孫中山和毛澤東的畫像，[29]雖然懸掛孫中山的畫像並不被強制要求。

所有重大節日慶典都被分別賦予了不同的領袖形象，例如，7月1日中共建黨日，中央書記處成員毛澤東、劉少奇、周恩來和朱德的形象都會在各個報刊登載，同時公眾場合則須陳列馬克思主義創始人以及毛本人的畫像；[30]在8月1日建軍節，紅軍創建者毛澤東和朱德元帥的畫像會並列出現在報刊上。然而，在這些公開的慶典中，毛和斯大林的畫

像都會分別比其他領袖的畫像掛得「略高一些」。[31]而在中國的國慶節，只有毛本人的畫像高掛在主席台之上，且不是所有毛的畫像都可懸掛的：

> 在慶祝儀式會場上只掛毛主席像（用八月一日登報的面略向左平視的像，該像已由新華書店大量印製，過去各地所掛開口相片即仰視相片均取消不得再掛），但遊行群眾則應抬孫中山、毛澤東、劉少奇、朱德、周恩來五人的像。[32]

國際勞動節是繼四個主要節日之後最後一個被官方確定的標準節日。1952年關於如何慶祝勞動節的指導方針中列出了遊行中群眾應高舉的畫像順序：「第一排自左向右分別為馬克思、恩格斯、列寧和斯大林；第二排毛澤東、劉少奇、周恩來和朱德」，[33]之後則是一些其他國家的領袖。然而，這一順序十天後就發生了重大的變化：孫中山和毛澤東的畫像列為第一排，劉、周、朱的畫像三人列為第二排，而馬克思主義創始人的畫像則位列第三排，之後是其他共產黨領袖的。[34]

以上這些中央文件所指示的細微安排在一些次要城市的執行效力十分有限。在50萬人口以下的小城市，把毛的畫像作為新中國最重要的形象在公共場所、學校、影院和交通樞紐展出已經足夠了。[35]為了防止這位領袖的畫像被「粗製濫造」，[36]出版、發行領袖畫像的任務被獨家指派給了國家經營的新華書店，因為私有出版社印刷的領袖畫像往往會產生諸多形式和內容方面的問題，諸如不僅僅將領袖畫像印在日曆紙上，還沿用了傳統的花卉圖案設計，更有甚者，一些私人出版商會弄混領袖畫像的排列順序，還將中共的幹部同一些非共產主義國家的領袖囊括在內。畫像標題這種事關重大的政治因素有時也會被印錯，尤其是一些外國共產黨領袖的名稱會被弄錯。金日成就曾經被陰差陽錯地冠上一個子虛烏有的職位「北朝鮮部長會議主席」，有時甚至連列寧和斯大林二人的名字也被張冠李戴。[37]

「世界人民的偉大領袖斯大林萬歲！」這個口號總是被安排在遊行慶

40

典的壓軸環節上。毛澤東作為中國革命的領袖甚至需要在中國國慶日這一天向斯大林至高無上的榮耀做出讓步，這一讓步曾經是原則問題。斯大林的死最終打破了這個平衡。在1953年勞動節的準備過程中，雖然斯大林繼任者馬林科夫的畫像和可隨身攜帶的標語都連夜趕製而成，[38]但馬林科夫卻享受不到和斯大林同樣的榮譽，只能在外國共產黨領袖這個行列中位居第一。[39]與此相反，毛澤東作為最有經驗的世界革命領袖，其畫像現在居於最為核心的地方。[40]在接下來的兩年內，蘇聯領導層發生的變更加重了這些問題。這些變更在中共中央政治局看來，既削弱了共產黨強力領袖的公信力，又給中共省市地委舉行的遊行活動帶來了很多麻煩。在地方黨委最終被告知不再給遊行隊伍發放外國共產黨領袖畫像之前，有關外國領袖畫像正確順序的問題可謂變化多端。[41]

　　在赫魯曉夫「秘密報告」之後，公共場合展示領袖形象的問題都必須在個人崇拜的語境下進行審查。1956年4月13日，在劉少奇授意下，中共中央宣傳部下發文件傳達了中共中央關於勞動節的指示。該文件明確給出了舉行慶祝活動時使用的口號。「毛主席萬歲」仍然穩穩地居於壓軸地位。[42]至於領袖畫像的問題則更為複雜。另一份4月18日下發的單獨文件，列舉出了遊行中高舉與展示的領袖畫像的新順序。除了馬克思、恩格斯、列寧之外，斯大林的畫像仍然位列其中，毛澤東和孫中山作為中國革命的代表也仍然被突出強調，但他們二人的畫像既不被安排在一起，也不與馬克思列寧主義創始人的畫像同列。在遊行中，還展示出了其他中外政治家（包括劉少奇、周恩來、朱德和陳雲）的畫像。[43]

　　到了4月27日，一個臨時命令突然禁止在勞動節中展示任何領袖畫像，既不能在遊行集會場所也不能在遊行隊伍中展示領袖畫像。只有在那些幾天前已經掛上了畫像的場所（如天安門），才允許節日期間繼續懸掛，以免給民眾造成不必要的誤解。[44]這樣的安排又一次在省市地委引起了諸多亟待解決的問題。由於權力的展示要慎重處理，因此黨的領導層收到了多種不同的請求和疑問，要求出台新的規定，於是在6月25日，中共中央通知：

1. 今後機關（包括黨、政府及人民團體機關），公共場所及會議的掛
   像問題，均不作統一規定。是否掛像以及什麼人的像，各地可根
   據具體情況自行決定。

2. 關於外交活動中掛像的問題，今後均由外交部根據具體情況決
   定。[45]

之前等級森嚴的畫像展示規定從未像這樣自由過。即使這一指示並
不能被解讀為毛的畫像可以被換成資本主義領袖的畫像，但它卻是對以
往極其嚴苛規定的鬆動。1956年中共中央決定鬆動其控制下的象徵性展
示的程度常被嚴重低估，但是國家媒體管理自由化的鬆動還是可以從總
體上感受到的。中共對《人民日報》減少審查就是一個例子[46]：1956年8
月1日，中共中央同意發表一篇起草於1956年6月20日並由《人民日報》
編輯提交的自我批評報告。[47]作為中發〔56〕124的中共中央文件，這篇
報告指出當前的《人民日報》已經成為了孤立的黨報，因此忽視了群眾
的觀點。這表示官方觀點不僅不可能「字字句句」[48]都是正確的，而且還
可能給黨的政治帶來不利的影響。

這篇報告大大刺激了與官方持不同意見的文章的發表，並促使省地
級報紙更加留意它們各自所覆蓋地區的政治。不過該報告中所包括的截
至當時《人民日報》的職員、組織、發行量和讀者數量的統計數據，則
被視為國家機密而不予公開。[49]1956年5月，這篇報告印製了879,000
份，其中不到百分之一（6,800份）被送往海外（主要是蘇聯）。[50]另外，
這篇報告還根據讀者寄給編輯的意見信，列出了讀者尤為感興趣的新聞
條目。在1956年5月，編輯們一天平均收到大約800封意見信，這些信
反饋出讀者尤其喜歡優秀的社論、對模範單位的評論報告、源於真實工
作經驗的報道、短篇故事和漫畫，而不太關注有關黨的會議的官樣文
章、基於中共政策的複雜報道和根據蘇聯通訊社（塔斯社）發表的文章
而照搬來的純粹統計數據。最後，這篇內部報告以介紹國外主要報刊作
為結尾。這些報刊包括倫敦《泰晤士報》、紐約《時代週刊》、日本《朝日
新聞》和法國共產黨報《人道報》，這篇報告指出這些報刊的某些模式都

值得中國報刊學習。

在自由化的大趨勢下，個人崇拜的問題成了省地級報刊熱議的主題。中國青年出版社為了指出個人崇拜的危害這一教育目的而編輯了一本小冊子，印量十萬冊。[51]在中共黨報上，以個人崇拜為專題的報道十分突出，1956年全年的《人民日報》約有70篇文章提到了個人崇拜，1956年元旦新創刊的《解放軍報》上也有20篇。這些文章大多譯自蘇聯共產黨和其他國家共產黨發表的關於怎樣克服個人崇拜造成的嚴重後果的文章，但是，也有少數文章特別反思了中國的個人崇拜所帶來的後果。1956年7月3日的《人民日報》在最後一頁刊登了一篇題為〈談獨立思考〉[52]的短文。該文指出了獨立思考有兩大敵人——教條主義和個人崇拜——而這兩大敵人都與教育方法密切相關。該文將教條主義與效法經典書籍、拒絕創新的傳統教育方式聯繫起來。儘管這無疑是對盲目追隨蘇聯經驗的露骨批評，但是第二個敵人「個人崇拜」卻犯了把「獨自思考」與「獨立思考」混為一談的錯誤。該文作者指出，這種認識錯誤很容易造成高層領袖中個人崇拜的升級，也會在追隨者中形成溜鬚拍馬之風。雖然第一個敵人據稱被消滅，但是第二個敵人則顯然對當下有更大的危害。

在1956年中期，這些批評的話語能夠在黨的主導報紙刊登充分表明了「秘密報告」在中國引發的巨大影響。1956年夏秋兩季見證了一個可能創造出獨一無二的共產主義公共領域自由化的過程和機會。時任中共中央宣傳部部長的陸定一一次在論及科學在社會主義制度中的作用時，號召加強與資本主義國家的思想交流，提出學習它們的經驗以加快中國科學的發展進程的想法。[53]中國科學家應該被允許去國外參加學術會議並通過其學術成就為自己贏得名聲。當時的政治氣氛也似乎是支持這種轉變的。不管怎樣，1956年9月召開的中共「八大」會議（此會被廣泛認為是一次調整性的會議）已經為更新政治領袖先鋒作用打下了基調，而這一更新的最堅定支持者應屬新當選為總書記的鄧小平。

在最初媒體對「八大」的概括報道中，中共中央明確限制了賀電的

印製、幹部的訪談或其他「歡迎新聞」的內容。[54] 甚至除了官方提供的政治局常委新老委員的照片，任何個人的照片都不能見於出版物之上。劉少奇在「八大」上做了政治報告，在報告中多次提到「毛澤東同志」而不是「毛主席」。劉也沒有提到「毛澤東思想」，反而強調了集體領導的原則。根據劉的報告，毛澤東之所以能夠享有中國革命偉大舵手的崇高榮譽，「不但是因為他善於把馬克思列寧主義的普遍真理同中國革命的具體實踐結合起來，而且是因為他堅決地信任群眾的力量和智慧，倡導黨的工作中的群眾路線，堅持黨的民主原則和集體領導原則」。[55]

鄧小平是唯一一個在會上對個人崇拜問題做出詳細評論的人。在其關於黨章修改的報告中，鄧強調了蘇共「二十大」的重要意義。蘇共「二十大」揭示了神化領袖所導致的嚴重後果，神化領袖這一現象的出現是由其悠久歷史造成的，因此並不能在很短的時間內得以根除。「關於堅持集體領導原則和反對個人崇拜的重要意義，蘇聯共產黨第二十次代表大會作了有力的闡明，這些闡明不僅對於蘇聯共產黨，而且對於全世界其他各國共產黨，都產生了巨大的影響。」[56] 根據鄧的說法，中國共產黨已經採取了適當措施以防止對領袖個人的公共美化。他重新向聽眾提起在1949年3月中共七屆二中全會做出的決議，指出毛澤東本人禁止給領袖祝壽和以黨的領袖姓名命名街道、城鎮和企業。「黨中央歷來也反對向領導者發致敬電和報捷電，反對在文學藝術作品中誇大領導者的作用。」[57] 但是，由於個人崇拜所帶來的領袖崇拜的危險性和其影響的長期性，中國共產黨仍然需要提高警惕，防止個人崇拜。

第一個措施，與會代表通過了修訂的黨章，將原黨章中曾兩處提到的「毛澤東思想」刪去，改為「中國共產黨以馬克思列寧主義和毛澤東同志的著作為指導」。[58] 此時並沒有證據表明毛本人對這些修改持反對意見，因為即使在之後的文革中這些修改仍然得以沿用。毛本人在50年代早期也多次在各種情況下刪去「毛澤東思想」一詞而改用「毛澤東著作」。[59] 還有，他反對過給他送禮和為他塑像的行為。[60] 因此，這次黨章中不再提到「毛澤東思想」並不意味着毛政治地位的削弱。[61]

　　雖然中央政治局在中共「八大」上發出了上述反對個人崇拜的論調，但它還是沒有給出防止個人崇拜產生的指導方針。鄧小平甚至在會上宣稱：「對於領袖的愛護——本質上表現了對於黨的利益、階級的利益、人民的利益的愛護，而不是對於個人的神化。」[62] 中共中央領導層將批評個人崇拜的主題引向是否代表了群眾路線的主題，這種做法實際上限制了自由化的發展，因而這些批評使得官方能夠以辯證法原則為託詞，增加了個人崇拜的含糊性。只要有益於黨的統治穩定，個人崇拜就是被允許的；只有在有人使自己凌駕於黨的限制之上的時候，個人崇拜才是有害的。因此，伴隨着毛澤東在中共主導機構充分樹立的高大形象，中共這個列寧主義的先鋒黨就為新一輪個人崇拜的崛起打下了結構性的基礎，在毛對赫魯曉夫「秘密報告」所帶來的國際形勢做出了評論後，此新一輪的個人崇拜進一步得到了加強。

第2章

商品二重性

1956年10月中旬，中共中央宣傳部重組了負責給中共最高層編寫內參的部門，這些內參主要報道國內外情況。建立對公共領域的高度管制的要求，使得中共十分有必要依靠黨內刊物反映國際發展與輿論傾向。[1] 原中共中央宣傳部負責報道國際事務的刊物《宣傳工作通訊》停辦，相關的新聞條目統一整合到先前只報道國內發展的《宣教動態》。《宣教動態》能夠為其讀者——必須居於省委書記或以上職位——報道「黨內外、國內外」[2] 的重要發展信息。《宣教動態》通常一週發刊兩至三期，包含十分豐富的反映省、地一級宣傳部門信息來源的內容。

《宣教動態》在1956年10月26日刊登了一篇有關中共「八大」所產生的反響的報告，這篇報告由上海市和天津市這兩個直轄市的宣傳部提供調查數據。幹部們對中共「八大」的反映普遍良好，甚至是有些過好。在對共產主義運動領袖問題發表評論時，幹部中出現了以下的論調：「過去是以斯大林為首，今後應當以毛主席為首。」[3] 也有關於克服個人 崇拜問題的批評。鄧小平在其修改黨章的報告中，宣稱中共自始至終都反對領袖崇拜。而無疑錯誤的是，既然在每一次大型會議上有給毛澤東的「致敬電」：這不是由於毛澤東這位中共主席的虛榮心，而是由於地方領導人急於向中央表示忠誠。《宣教動態》引用了一些黨員的話，如果承認「過去是存在這種錯誤思想的，現在已經改正了」[4] 就好了。

與此同時，赫魯曉夫「秘密報告」在國際共產主義運動中產生的影

響也初見端倪。向莫斯科方面要求主權的呼聲，直接導致了波蘭和匈牙利先後的劇變。中國對這兩個國家發生劇變的立場是非常不同的。[5]對於波蘭新上台的哥穆爾卡 (Gomulka) 政府，中國共產黨認為它是忠於共產主義事業的，並且它對本國特色的社會主義建設的探索，也正好符合中共從共產國際時期就一直倡導的觀點。在收到莫斯科打算對波蘭實行軍事干涉的消息後，中國領導層的反映相當迅速。1956年10月20日，毛在其臥室召見毫無防備的蘇聯大使巴維爾‧尤金 (Pavel Yudin)，要求尤金向赫魯曉夫轉達中國對蘇聯措施的不滿。毛還進一步暗示中國在武裝衝突的條件下有可能向波蘭提供援助。[6]在同一天下午召開的中央政治局擴大會議上，毛澤東收到了蘇聯可能使用武力的報告，他強烈反對蘇聯「大國沙文主義」，並應蘇聯邀請向其派出了以劉少奇和鄧小平為首的中國代表團，為規避武裝衝突做出穿梭外交的努力。

儘管波蘭事件最終得以和平解決，但是哥穆爾卡的先例卻刺激了匈牙利獲取更大自主權的欲望。埃諾‧格羅 (Ernő Gerő) 領導的政府的反自由化行為在布達佩斯市引發衝突，並最終使得伊姆雷‧納吉 (Imre Nagy) 於10月23日非正式地取代了埃諾‧格羅。次日，在蘇聯政治局委員阿納斯塔‧米高揚 (Anastas Mikoyan) 的授意下，匈牙利勞動黨推選亞諾什‧卡達爾 (János Kádár) 為該黨領袖的正式繼任者，並且米高揚還下令對日益增長的罷工和遊行示威進行軍事鎮壓。中國領導層察覺到了波蘭事件和匈牙利事件在發展上的根本不同。對於波蘭，根據國情進行社會主義調整被認為是正當合理的。然而，匈牙利起義則被認為是由類似「裴多菲俱樂部」(Petöfi Circle) 那樣的知識分子們策動、由西方間諜機構和媒體支持的資本主義復辟。中共中央因此指示其在莫斯科的使節，要支持蘇聯繼續在匈牙利施加軍事影響。

東歐發生的系列事件和與此同時發生的蘇伊士危機致使毛澤東重新評估蘇共「二十大」的價值。赫魯曉夫的「秘密報告」不僅僅消除了各國共產黨對蘇聯的盲目信仰，使它們開始探索自己的社會主義建設道路，而且還促成了一股世界性的批判浪潮。只有根據最近發展趨勢來分析國

際共產主義運動內部所產生的變化才能對抗這股浪潮。吳冷西接到命令，要他主編兩部關於「秘密報告」的文集，收錄其他所有國家共產黨對「秘密報告」所致影響的評價。中共領導藉由此文集對那些最迫切需要回答的問題有了總體性的把握。在這部文集中，約瑟夫・鐵托 (Josip Tito) 對蘇聯的尖銳批評受到了格外的注意，他的批評在1956年11月11日 (當時中共正在召開八屆二中全會) 作為演講在南斯拉夫普拉發表，指責蘇聯對匈牙利起義的處理以及蘇聯的斯大林主義。除了在新華社國內《參考資料》上發表的新聞簡報，毛還收到了一份翻譯過的鐵托的演講全文，這個報告就收錄在他收到的《參考資料》中。這是新華社編纂的專供黨的高層領導人參閱的資料，該資料每天編輯兩期，涉及面極廣，內含國內外觀察家提供的時事新聞主題。由新華社龐大的通訊記者網絡採寫出來的報告，不僅給領導人們提供了官方新聞，也提供了當下的流行觀點。[7] 在八屆二中會議上，毛對時局的基本態度已經越發明顯。他將列寧和斯大林稱為社會主義的兩把刀子，後一把刀子則已被赫魯曉夫丟棄；而根據新近東歐發展形勢，他感到另一把刀子即列寧主義和列寧黨組織這把刀子——也有被丟棄的危險。

　　與此同時，相同的問題也曾被公開討論。《宣教動態》刊載過一篇很長的報告，這篇報告基於北京市委所收集的情況彙報寫成，提及了幹部、知識分子、工人和學生對波蘭和匈牙利事件持有的五十多種不同看法。與塔斯社的文章相一致，黨的媒體將波蘭和匈牙利動亂稱為「反動暴亂」。但是，還是有一些評論者提出以下疑問：「既然動亂的本質是反動的，又為何會有如此多的群眾參與？」[8] 根據國內的輿情，這種衝突的本質實際上尚不清楚，但要將一切簡單地歸因於蘇聯內部潛伏的帝國主義叛徒或間諜是不能令民眾滿意的。沒有多少人認為蘇聯出兵干涉是有必要的，反而，斯大林死後出現的混亂被作為話題提出。「怎麼斯大林一死，就一連串地發生了這麼多事故，這就像輪胎拔了氣門似的。」[9]

　　《宣教動態》進一步指出，蘇共「二十大」的影響也是動亂的原因之一，因為「二十大」使民主組織再次抬頭，也可能使人們對政府領袖們

50

產生誤解。「反對個人崇拜」可能「有些過頭了」，[10]一個幹部如是說道。然而，最常見的批評卻指向中國媒體對這些事件的報道方式。缺少對這些事件的預先告知讓事件本身彷彿人間蒸發一樣。由於對事件的進展沒有官方的解釋，一些個人紛紛致信中共中央宣傳部和其他中共機構，要求得到新近的詳細解讀，而不僅僅是粗略的客觀報道。「赫魯曉夫在『二十大』所作的關於斯大林問題的『秘密報告』都在資本主義國家公之於眾了，居然還有一部分幹部和黨員對其不知所云。」[11]

對中共的批評仍然很罕見。1956年11月上旬的報告不僅沒有批評中共，反而着重強調了東歐社會主義制度和中國具體國情的不同，即東歐國家的社會主義政權是二戰後自上而下建立起來的，而中共統治的建立則是打敗日本侵略者和國民黨的結果。《宣教動態》僅列舉了少量與匈牙利動亂直接相關的案例。[12]在大部分報道中，匈牙利危機被用於提醒中共領導層注意提高人民諸如衣食住行、工資的物質生活條件，而並不涉及推翻現行制度的問題。[13]總之，1956年底，給中共高層領導提供國內情況的參考報告並沒有提及群眾中的不同政見或可辨別的分裂。與此相反，由於中共顯然具有廣大人民的支持，這些報告可以被理解為是在呼籲公共領域的自由化。

〈再論關於無產階級專政的歷史經驗〉

在1956年11月25日開始的一系列政治局會議中，中共中央政治局討論了最近共產主義運動的形勢。多數會議是在毛的中南海豐澤園私人臥室召開的。三名政治局成員沒有或幾乎沒有參與會議討論：紅軍元老朱德因年事已高，無法適應毛不規律的睡眠以及深夜開會的習慣而缺席會議，陳雲和林彪也分別因忙於經濟建設或長期患病而缺席。吳冷西的回憶錄表明，這些會議的安排形式本身甚至就與對個人崇拜的批評略為相悖：

在毛主席臥室開會時，毛主席通常都是穿着睡衣，靠着床頭，半躺在床上。中央其他常委在床前圍成半圓形。一般習慣是，靠近床頭右邊茶几坐的是小平同志，他耳朵有點背，靠近便於聽主席說話；依次從右到左是彭真、少奇、總理、王稼祥、張聞天、陳伯達、胡喬木等，我坐在最右邊，靠着毛主席床腳的小書桌。[14]

在1956年11月召開的四次政治局會議討論的問題有：怎樣實現社會主義的問題、斯大林作用的問題和當前世界矛盾的變化問題。毛着重強調斯大林的政策總體來説是合理有效的。雖然斯大林有一些破壞法制和憲法的錯誤行為，是應當被批評的，但「不應當被全面否定」[15]，無產階級專政不能被否定。任何試圖削弱共產黨統治或者質疑共產主義制度優越性的行為 (如匈牙利事件) 都應當被迅速避免，甚至在必要時進行鎮壓。

因此，當下時局與「秘密報告」發表後直接造成的局勢非常不同，需要對時局給出一個新的正式評估以便指導中共黨員。毛又選擇了一篇文章來擔任此項重要任務。這次由胡喬木來準備這篇文章的大綱。[16] 胡在三日內完成了大綱，並在1956年12月3日與吳冷西和毛的秘書田家英討論後準備好了初稿。毛密切參與了這一文稿的編輯，甚至在修辭藝術上指導了胡喬木。由於全球都對斯大林進行壓倒性的批判，這篇文章於是對斯大林採取了先抑後揚的評價，即先評估其錯誤，再討論其成就。否則，它就不可能為當時絕大多數的國外讀者所接受。這篇文章試圖闡明赫魯曉夫對斯大林的批判讓那些試圖貶低、抨擊十月革命的右傾修正主義勢力重新抬頭。對斯大林的批判雖然打碎了斯大林作為全知全能的共產主義領袖的形象，但也使得在共產主義制度中起關鍵穩定作用的列寧主義地位岌岌可危。在毛的安排下，政治局就這篇社論文章組織了六次討論，直到月底方才結束。12月27日，這一文章的最終修改稿定稿。在12月28日上午9點付梓開印前，毛校對了這一文稿的每一頁。當天晚上，這篇文章由新華社發表，並在次日早上刊載於《人民日報》。

　　這篇社論比上一篇〈關於無產階級專政的歷史經驗〉要長許多，並且以四個主要話題展開：第一，蘇聯的政治情況；第二，關於斯大林功過的評價；第三，關於反對教條主義和修正主義；第四，關於各國無產階級國際間的團結。這幾部分的論證都是緊密聯繫的。通過論證蘇共的基本路線是根本正確的，這篇社論試圖在不損害蘇聯或整個社會主義的前提下闡釋斯大林的錯誤。因此，這篇社論繼而得以宣稱斯大林晚年所犯的錯誤並不意味着西方媒體所說的蘇聯制度已經過時；相反，這些錯誤恰恰發生在制度具有正確性的前提下：「無論怎樣好的制度，都不能保證工作中不會發生嚴重的錯誤。有了正確的制度以後，主要的問題就在於能否正確地運用這種制度，就在於是否有正確的政策、正確的工作方法和工作作風。沒有這些，人們仍然會在正確的制度下犯嚴重的錯誤，仍然可以利用良好的國家機關做出並不良好的事情。」[17]

　　儘管對斯大林個人智慧的盲目迷信是應當被批判的，但在總體上來說他是功大於過的。因此，對「所謂斯大林主義」和「斯大林分子」的抨擊，就如不久前鐵托所做的那樣，應當解讀為回歸到共產主義和馬克思列寧主義本身。就論述教條主義和修正主義那部分而言，12月份的〈再論關於無產階級專政的歷史經驗〉較之於4月份的〈關於無產階級專政的歷史經驗〉，觀點更為明確。在先前的社論中，教條主義被定義為對蘇聯經驗的盲目照搬，並被視為中共曾犯過的最嚴重錯誤；而在後來的社論中，教條主義則不佔有很大的成分了。為了建設強有力的政黨國家，各國根據自己的特殊國情靈活應用社會主義而產生的差異仍然被認為是有必要的，但是這些差異絕對不能用來辯護以批判教條主義為藉口而對馬克思列寧主義的普遍真理進行抨擊的行為，然而，這正是赫魯曉夫「秘密報告」所產生的影響：「由於斯大林和其他一些社會主義國家曾經的領導者犯了破壞社會主義民主的嚴重錯誤，共產主義隊伍中的一些不堅定的分子，就藉口發展社會主義民主，企圖削弱或者否定無產階級專政，削弱或者否定社會主義國家的民主集中制，削弱或者否定黨的領導作用。」[18]無產階級專政不應與西方民主模式或資產階級專政相混淆。

中央集權則被認為是對抗共產主義敵人和根除反革命殘餘的必要條件。「如果有一種民主可以被利用來進行反社會主義的活動,可以被利用來削弱社會主義事業,那麼,這種所謂『民主』就決不是什麼社會主義民主。」[19] 因此,共產主義各國需要保持團結來反對由於批判斯大林和批判教條主義的氾濫所導致的危險性分歧。

雖然〈再論關於無產階級專政的歷史經驗〉這篇社論在論及時局和斯大林作用時更為複雜細緻,但是對「個人崇拜」的闡釋則從其論述裏消失了。[20] 對制度的結構性缺陷的批判也減少了,讓位於對斯大林個人的心理學解讀。對於斯大林政治遺產的不恰當使用有可能導致國際共產主義運動分裂,這點成為至關重要的一點。在中國,集體領導和民主集中制能夠有效防止這類分裂現象的產生。然而,事實上,基層黨員對「秘密報告」的反應,則充分說明個人崇拜的建立遠不僅是源於至高無上的領袖的異常心理,還在於個人崇拜源於黨的機器內部的卡里斯馬式關係以及中共自延安時期就開始依靠的特殊的整黨方式。先前為了對抗黨內外的權力對手而將毛澤東及其著作刻意提高的行為,現在則成了克服與個人崇拜相關的弊端問題的主要障礙。

人民內部矛盾和黨內矛盾

雖然國內參考報告並沒有使中共警覺到有直接喪失權力的危險,但是在黨員人數激增的情況下,想要保持一個嚴密的組織控制和意識形態控制無疑是困難的。到 1956 年 6 月,中共黨員總人數已經超過 900 萬。常見的促進統治階級內部團結的方法就是整風運動和有組織地集體學習經典文本。在中華人民共和國初期,整風運動可以說是黨內生活的家常便飯。[21] 因此,1956 年 6 月 17 日,在紀念延安整風運動 15 週年的活動之前,中共中央下發文件重新強調要反對黨內主觀主義和教條主義的需求也就不足為奇了。[22] 在劉少奇個人的同意下,這份文件將延安整風運動說成為把馬克思列寧主義普遍真理與中國實踐相結合的輝煌成就。

與最初的整風運動把毛澤東讚揚為馬克思主義中國化的理論的象徵與策劃者不同，[23]這份文件甚至沒有提到毛澤東的影響。這就如同當時有關安置領袖形象和報道中共「八大」的規定，克服領袖崇拜在1956年是一個流行的話題，並在媒體總體充滿自由化的氛圍下得以出現。

蘇共「二十大」以後，在中國要求媒體自由化的呼聲日益高漲，不滿之聲也由內部參考報告給了中共領導層。由於毛當時認為中共統治是受大眾擁護的，因此他選擇放鬆曾經被嚴格管制的公共領域，甚至允許在黨的報刊上發表批評性觀點。1956年8月，在前文提到的內部傳達時期，即那篇《人民日報》評論員執筆所寫的有關未能滿足讀者期望的自我批評，中共鼓勵個人訂閱報刊而不是由單位來控制訂閱。這引起了媒體內部格局的重大變化。在此之前，單位訂閱量和個人訂閱量之比為四比一。而在之後的兩個月內，兩者則幾乎呈並駕齊驅之勢。[24]這種變化也可從報紙的發行量中看出：一項關於41家最重要的中央和地方報刊的調查顯示，雖然1956年8月到10月這些報紙的總發行量從4,417,074份上升到4,502,257份，僅僅提高了1.9%，但這裏面也有相關的變化：雖然《人民日報》的發行量仍然維持約80萬份，但是《光明日報》這份面對知識分子的報紙的發行量卻在兩個月內增長31.4%。類似市場份額的增長也出現在面向青年讀者的報刊（如《中國青年報》增長了28%）。然而，與此同時，針對工人農民的大多數報刊發行量則在不成比例地下降。發行量下降最多的是《中蘇友誼報》，在三個月內失去了23.4%的訂閱者，即153,315名訂閱者。因此，從以上數據不難看出，一股明顯的媒體自由化趨勢顯露端倪，並影響了先前一成不變的媒體格局。然而，媒體上並沒有涉及到對中共政策的批評和對領袖個人的不滿。

在鼓勵個人訂報不久之後，中共便提出了另一項自由化的舉措，就是授權更多讀者閱讀《參考消息》，這份由新華社主編的內部資料，也刊登資本主義新聞機構的報道。由於刊登在《參考消息》上的文章多半被認為是有着明顯謬誤的，因此將這些文章刊登在黨的正統媒體上並不合適。1956年12月18日，黨正式下達指令，強調下至縣級幹部都應當能

56

對資本主義虛假的言論做出自己的批判性評價。之所以要擴大《參考消息》的讀者範圍，是因為中共對當時的時局有着樂觀的判斷，也是因為知識分子和幹部的政治意識日益提高。[25]《參考消息》上刊登的文章種類繁多，從「反動的」到「進步的」都有，但為了使得《參考消息》和公共媒體產生最小的重複，這些文章只能是報道或評論性的。《參考消息》不刊登的文章一般是含有「極端消極」內容的文章或可能引起「謠言」[26]的新聞材料。[27] 1957 年 1 月 16 日，中共中央宣傳部給新華社下達了補充命令，以細化擴展讀者範圍的具體實施步驟。[28] 由於郵購是獲取《參考消息》的唯一途徑，因此地方黨委就被委任來遴選能夠滿足訂閱資格的地方機構。不過，雖然地方黨委受命擴大《參考消息》的讀者範圍，但是他們必須提高警惕，保證新選出的機構嚴格遵守中共中央的指示，絕不將其內容泄露給普通大眾。

　　毛於 1957 年 2 月 27 在最高國務會議第十一次擴大會議上發表的題為〈關於正確處理人民內部矛盾的問題〉的著名講話，乃是公共領域自由化最重要的催化劑。[29] 這次講話整合了毛自「秘密報告」以來的諸多思路，反映出毛本人觀點的重要變化。在這次講話開始，毛就試圖解釋，為什麼在社會主義革命勝利和絕大多數敵人被消滅之後，仍然還有反對黨政策的情況。毛試圖區分敵我關係中的「對抗性」矛盾和人民內部的「非對抗性」矛盾。雖然對抗性矛盾由於社會敵人被消滅而在社會主義國家趨於消失，但是非對抗性矛盾卻依然存在，這主要歸結於下列原因：變化緩慢的上層建築與經濟基礎之間的持續差異。毛在講話中既提到了中國植根於封建主義和資本主義意識形態的現象（如積累財富），也提到了社會主義轉變過程所產生的一些問題。因而，諸如經濟專家之類的甚至有可能是中共自身的新的特權階層已經誕生。因此，為了對當下時局有更好的理解，矛盾的本質必須得到明確的定性。例如，匈牙利事件就被定性為對抗性矛盾，即由一小撮受國外情報部門支持的反革命分子與廣大群眾所擁護的社會主義制度之間的矛盾。匈牙利暴亂就是企圖顛覆社會主義制度。在中國新近出現的批評與罷工並不能理解為敵我矛盾。

57

58

雖然這樣的攻擊與批判反映出一系列資本主義意識形態（即以財富增長為最大的興趣），但是根據毛所說，這些批評與罷工已經被成功地導向為反官僚主義，因此從本質上說顯然屬非對抗性矛盾。因此，對於這些人民內部矛盾是不必動用軍隊進行鎮壓的。要想克服當下流行的資本主義精神與經濟現實之間的鴻溝，唯一的方法就是對這些批評者進行不斷的說服和教育，或者更明確地說，是思想教育和思想「改造」。毛還戲謔地將「改造」一詞和美國人所說的「洗腦筋（brain-washing）」進行比較：「有人生怕聽改造兩個字，我們就有這樣的人。改造這個東西，美國叫洗腦筋，我們叫改造。我看美國人確實是洗腦筋，美國人可洗得兇，我們這個還文明一點。」[30]

毛認為，斯大林最大的錯誤在於他沒有正確地區分對抗性矛盾與非對抗性矛盾。在獲得領導權力之後，斯大林不再堅持列寧提出的辯證法基本原則，[31]反而實行了獨斷的和片面的教條主義統治。他以靜止的、「形而上學」的觀點來看待社會發展，致使他對矛盾有著偏見性的理解，最終使他成為一個「百分之七十的馬克思主義者，百分之三十的資本家」。[32]不僅是斯大林沒有把握辯證法的重要性，其後繼者在斯大林問題或對匈牙利動亂這樣事件的處理上也是如此：

> 你們說匈牙利事情好不好？我說又好又不好。當然不好，因為他鬧事。但匈牙利做了一件很好的事，反革命幫了我們的大忙，匈牙利這個事情停下來，比過去鞏固。現在匈牙利比過去不鬧事的匈牙利好，社會主義陣營都取得了教訓，所以匈牙利事件有兩面性，又好又不好。反蘇反共的風潮在世界範圍內來了，第一次發生特別是在全世界範圍的，我們怎麼看？我看當然不好。第二條，好，這是好事。因為帝國主義反蘇反共，鍛煉了共產黨。……批判斯大林這件事怎麼看？我們也是商品兩重性。一方面實在有好處，一方面是不好。揭破對斯大林的迷信，揭掉蓋子，使人解放，這是一個解放運動；但是他揭的方法不對，沒有做好好的分析，一棒子打死，這麼一方面引起全世界去年下半年的幾次大風潮，後來又引起匈牙利、波蘭事件。但是，他有錯誤方面。[33]

　　毛關於「商品二重性」，包括人是特定活動的象徵的觀點並不是從馬克思主義理論中萃取的真正科學概念。它甚至轉移了話題，將人們的視線移向了區分理論概念與從政治上利用歷史事件之間的不同。毛的觀點通過預測國內和國際反響，使政治操作得以浮出水面。從這裏毛開始了只是從商品二重性本身來解讀「個人崇拜」的一小步：它既能提高黨內一致性，又能繞過黨內機構而直接訴諸群眾，最終完成卡里斯馬式動員。〈關於正確處理人民內部矛盾的問題〉的最初版本如此特殊，以致毛並沒有包庇那些被指責具有封建主義和資本主義思想的黨員，尤其是在經濟領域。毛因此強調了讓各種不同意見（即「香花和毒草」[34]）公諸於眾的必要性，使得人們能夠從錯誤的認識中獲得正確的認識。雖然偶爾需要鋤去毒草，但只有持續不斷的批評與團結的辯證運動，馬克思主義才能進一步發展。

　　與其同事不同，毛對官僚程序以及他認為可能從中滋生的特權階層十分厭惡。於是，他設想讓黨外人士在確定的共產主義正道中發揮積極的公共作用，也希望中共黨員的整風運動不應僅僅限於黨的機構內部。因此，省地級黨委往往陷入窘境，因為他們很難理解毛在 2 月 27 日的講話精神，也很難理解稍後毛在 3 月 12 日中共全國宣傳工作會議上所做的關於允許在公共領域進行批評的強調。與以前通常嚴格規定時間和範圍的運動相比，由於缺少詳細的命令，中共機構只能靠猜想來預測下一步工作。雖然一些高級幹部見證了毛的講話，但當時既沒有官方印刷與下發的講話稿，也沒有國家媒體公布的更多的信息。[35]

　　為了總結並澄清毛講話後產生的一系列最為緊迫的問題，河北省委在 4 月中旬召開了一次省級宣傳工作會議。這次討論顯示，地方上在理解對毛講話內容的有效意義及其在日常政治中的應用範圍時有着巨大分歧。與會者們提出最多的是有關對抗性矛盾和非對抗性矛盾的性質劃分問題。在社會主義已經具備並在很大程度上建成的情況下，怎樣確切地定義上層建築中的主要矛盾呢？這個主要矛盾是資本主義與社會主義之間的矛盾？是社會中先進因素與落後因素之間的矛盾？還是客觀環境與主觀意識之間的矛盾？[36]

60

　　儘管大多數幹部贊同人民內部矛盾與敵我矛盾這樣的區分，但是要根據當地實際情況來應用這一區分幾乎是不可能的。很多農村幹部報告說最近日益增長的矛盾是由於缺少糧食造成的。一名河北豐縣的幹部報告，該縣在最近三個月內就發生了89起鄉村幹部和生產大隊社員之間的暴力衝突。尖銳的矛盾還出現在怎樣對待囚犯的問題上。由於按照法律規定囚犯每月能得到63磅[37]食物，因此一些人故意觸犯法律，因為「人在牢裏比在家裏吃的更好」。[38]但是，這類事例究竟暗含的是哪一種矛盾？按照毛用古語「百花齊放，百家爭鳴」來描述他自己的政策，究竟怎樣和在何處「齊放」與「爭鳴」卻是模糊不清的。同樣模糊不清的另一問題是究竟由誰來領導這場運動。或者根據一份來自河北省委的地方報告所說：「儘管毛主席說領導同時又不領導，這樣的表達是富有辯證法意義的，但是在具體的一個單位上，可能會出現三種情況：由黨領導、由黨外人士領導和誰也不領導。」[39]

　　即使這場整風運動（眾所周知的「百花齊放」運動），終於在1957年5月到6月之間的五個星期內在全國範圍內得以進行，有關細化其具體目標和方法的問題仍然沒有得到解決。雖然毛的講話通過廣播在各級黨委之間得到了傳達，但是就如河北省委宣傳部報告的那樣，一部分地方幹部並沒有將這一報告公諸於眾，要麼是因為他們認為「本地區工作基礎強，群眾覺悟高，不存在什麼矛盾」，要麼是因為害怕「燒香引出鬼來」，「宣傳後群眾知道了出大亂子」。[40]

　　個人崇拜和國際上的爭論此時並不是批評的主題。事實上，大多數地方上的討論根本就沒有提到個人崇拜的問題。直至批評的第四週週末，從紐約《工人日報》上翻譯的部分赫魯曉夫「秘密報告」被貼在了北京大學的民主廣場上，因此引發了對黨、對教條主義、對一些地方幹部自詡為「聖人」[41]的批評。雖然毛本人和其他的黨內領導人並不在批評之列，但是知識分子對中共領導地位和社會主義制度缺陷的辛辣抨擊，以及中共基層組織的日益損壞，使得毛改變了他原本的反對教條主義和修正主義之緊迫性的判斷。在1957年5月25日對共青團的講話上，毛澤

東強調中國共產黨仍然處在全中國人民的領導核心地位：「一切離開社會主義的言論行動都是完全錯誤的。」[42]儘管毛承認教條主義或「左」的立場和簡單化具有危險，但是現在他宣稱真正的危險來自於修正主義分子和資本主義分子試圖推翻黨的企圖：「現在我們應該開始注意批判修正主義了。」[43]

　　僅僅持續了五個星期，「百花齊放」運動就在1957年6月上旬結束了，其結束的原因備受爭議，對其結束的理解也無疑對理解接下來20年中共政治發展有着至關重要的作用。面對黨內日益增多的批評，毛澤東本人把他的「齊放」和「爭鳴」政策辯護成「引蛇出洞」的計策。上海市委書記柯慶施以其對毛澤東的忠誠而聞名，他甚至發表言論說從今往後這樣類似的運動應該定期發動。此事之後，許多基於中共極權概念的著作都將這一定期發動的理論張冠李戴為毛本人的理論，並且把「百花齊放」運動視為「引蛇出洞」一起算作這位主席的又一劣跡。[44]但是，對黨內文件的多層面分析則證明恰恰相反。「百花齊放」運動只是自「秘密報告」起長達15個月自由化運動的積累，並且是為了允許媒體刊載批評性的討論所做出的姿態。正如中共最高層的內參報告所顯示的，雖然基於階級背景、工作地位和居住地點等的社會分化仍然存在，但是中共領導層在1950年代中期完全沒有意識到自己的統治在如此廣泛的領域內不受歡迎。[45]

　　「百花齊放」運動的失敗，主要應當歸咎於這一在上下對話的官僚體制中進行的捉摸不定的整風所包含的不協調性。[46]先前的一些鎮壓運動使得知識分子變得謹小慎微，而這些對知識分子的限制也很難在一系列不連貫的講話中消失殆盡，事實上，由於黨的報刊對廣大讀者不斷傳播的訊息反應遲鈍，這些講話甚至還可能起了反作用。雖然毛具有一定的權威，能夠反對當時既有的官僚對話系統，但是，正如地方回應所顯示的那樣，他一廂情願地實行自由化就使得那些負有責任的官員陷入窘境，因為這些官員必須將毛的論證在沒有任何明確指導方向的情況下轉化為切實可行的政治指令。「百花齊放」運動根本不該被理解為消除反革命分子的政變，而應當被理解為一次放鬆公共輿論導向的失敗嘗試。

反右運動

整風運動的失敗自然而然地導致了質疑中共執政能力的政治信仰危機，而對此毛無疑負有責任。因此，毛面臨着兩個「信義缺失」：[47]一方面，百花齊放運動、整風運動的失敗抹黑了毛在黨內享有的中國革命舵手的全知全能形象；另一方面，整風運動在執行時所表現出的諸多掣肘現象，也使得黨外人士質疑毛在黨內的權威。通過鎮壓一切反對力量，毛宣稱「百花齊放」運動是一出精心設計的把戲，為的是揭露反革命分子的真實身份，也是為了使得那些被統稱為「右派」並在中華人民共和國建國初期從中共所要清洗的人士中僥幸逃脱的人，再次浮出水面。反右運動剛開始就試圖證明，在之前五個星期中出現的批評言論在本質上都是敵對的。因此，國家媒體便強調應該重新刊載那些反對中共甚至少數反對毛本人的批評。在接下來的幾週內，一些文章大段引用了當時幾個民主黨派代表所主持的討論。對毛澤東最嚴厲的公開指責多數來自這些民主黨派的分裂派人士，例如陳銘樞曾公開抨擊毛有「俾斯麥式的脾氣」且「專橫獨斷」。[48]然而，存有疑問的是，重印這些言辭抨擊是否應當被視為是由彭真、劉少奇之類的幹部發起的對毛的微妙報復，這些幹部曾經反對毛以黨外人士整飭黨內作風的路線，而現今證明他們的判斷是正確的。[49]紅衛兵資料的確表明了彭真對毛發起的黨的出版物自由化的做法有過一些尖銳的評論，其中最重要的證據是一則強調毛只是象徵共產黨的一個工具或商標的言論：

> 斯大林把自己看做永遠正確、絕對正確。而他的下場則是被「二十大」抓住把柄並徹底粉碎，在世界的各個角落，他的肖像被取下並撕碎。大家可以看到，所有人都會犯錯，而不同之處則在於錯誤的本質和大小……幹部都是黨的工具，然而問題在於如何更好地使用毛澤東同志這樣的工具。[50]

然而，再次在國家報刊上發表不同政見並不僅僅是因為混亂時期產生個人恩怨的單一現象。1957年8月1日，以中共中央（因而也是毛本

人）名義下發小冊子，明確鼓勵重印先前對黨、對人民和對社會主義的攻擊文章，把這作為一種教育手段以便充分暴露那些犯有反革命言論罪和反革命思想罪的資產階級右派分子。[51]此外，在大多數批評文章被《人民日報》重印前的兩週，吳冷西在毛的要求與密切監督下出任該報總編輯。當時毛明確掌控了宣傳工作。吳的任務便是堅持只有中共才代表人民利益，因此只有中共才能被認為是人民的公開代言人這個立場，以加強「新聞報道的階級性」。毛明確指出，根本不存在所謂的客觀新聞報道：「資產階級報紙只登對他們有利的東西，不登對他們不利的東西。……赫魯曉夫的反斯大林秘密報告，資產階級報紙大登特登，我們報紙就一字不登。」[52]發表批評的權利現在成為了政治立場問題。[53]

　　整風運動的失敗使得毛不得不修改他所謂的當下人民內部矛盾的措辭。在1957年10月的八屆三中全會上，他將中華人民共和國的主要矛盾定義為社會主義與資本主義兩條道路的鬥爭。對犯有「反黨、反人民、反社會主義」的分子進行鬥爭的時間表從原定的四週擴展到了將近一年。這些罪犯絕大多數是知識分子，但反右同樣波及到了中共內部。1957年6月29日，中共中央估計總共有4,000名右派分子需要處理。而到了1959年中期，官方統計數據顯示超過46萬人遭到迫害（這不包括軍界），[54]包括一些高層黨員諸如河南省委第一書記潘復生和遼寧省委第二書記王錚。[55]社會背景不再是判別某人是否為右派的唯一決定因素，而是對黨、對人民和對社會主義所採取的態度。因此，從那時起，敵人就可能潛伏在人群當中的任何地方。只有對每一個人的言行實行嚴格的審查才能夠顯露出這個人真正的本質。

　　在中共鎮壓所謂右派和重新攫取對媒體嚴格控制權的背景下，媒體對中共「代表人民」的讚譽日益頻繁。《人民日報》發表了一篇對稱讚中共的行為加以辯護的文章。該文作者分析認為，在不同語境下同樣的表達有着不同的含義。在封建統治下，「歌功頌德」是對統治者的奉承與示忠，是對壓迫者的讚揚，但是，在社會主義條件下，這一表述已經完全換了相反的意思。「為什麼會這樣？這是因為立場不同……現今的狀況

是由人民自己創造的，它在大體上是美好的。另外，的確是有太多事物
應當被讚揚了。」[56] 該文作者認為，真正的共產黨員應當把公開給予他的
稱讚看得很輕，因為他必須意識到，必須區分所說的把黨當成人民的
「恩人」和「救星」的真心頌揚與惡毒的右派分子所釋放出的「糖衣炮彈」
之間的不同。

　　1957年10月，毛去莫斯科參加十月革命40週年慶典活動，這是他
第二次也是最後一次出國。斯大林問題並不是主要討論的話題。在赫魯
曉夫宣布在15年內趕超美國鋼產量的目標後，毛情緒高漲地宣布中國
也同樣要在15年內趕超英國的鋼產量。毛在會上三次發言，稱讚蘇聯
反對個人崇拜的舉措是「明智」的，並多次諂媚地提到赫魯曉夫同志，
當然，在出版的毛的講話文本中這些內容都被刪去了。[57] 這是毛最後一
次在言辭上展示共產主義陣營的團結，但這最後一次展示並不能夠掩蓋
他對蘇聯在處理斯大林問題上的不滿，也不能掩蓋其對斯大林優先發展
工業化的社會主義發展思想的不滿。毛因此便開始探討一種獨一無二的
中國建設共產主義的道路，這條道路就是發起「躍進」的經濟政策，「躍
進」是列寧在其著作中提到的，這深深影響了毛本人對於經濟發展的理
解。「躍進」給毛提供了兩個理論基礎：一是摒棄蘇聯模式；二是做「自
我運動」的實驗，即通過重新採用標誌着延安時期的群眾路線理論來進
行的「自我運動」。通過總結群眾在經濟領域中的經驗，作為先鋒隊的黨
的工作就是選定正確的道路，鼓舞民眾的士氣。而個人崇拜則在這種對
中國唯一發展道路日益不斷的烏托邦式探索中發揮着重要的作用。

第3章

重新定義「崇拜」

對於中共領導層來說，1958年上半年是一段不停奔波與連續參加
會議的時期。毛在這一時期的講話中反覆地回到教條主義主題。他廣泛
地強調必須克服對蘇聯模式和「專家」的盲目崇拜。在這段時期內，不
同於中華人民共和國建國之初對於經濟發展應極為關注開發重工業的理
解，政策的重點轉向了農業集體化。憑藉發起「大躍進」，中國似乎便能
在「解放思想，破除迷信」這一口號（「大躍進」中最顯著的口號）的指導
下跨越社會主義（與資本主義）時期。破除迷信是要在培養「真理」崇拜
的基礎上才有可能完成，而毛澤東思想則被認為是最接近於真理的思
想。正如本章所示，在「大躍進」時期，毛在領袖崇拜和思想解放之間
巧妙地設定了一種辯證關係，[1]這與最初自延安時期以來在公眾範圍內
引發其個人崇拜是有所不同的。

1958年3月，中共中央政治局在四川省會成都召開會議。在一系列
的講話中，毛通過援引諸多先賢（例如從耶穌、佛祖到馬克思和達爾文
這樣的宗教領袖、科學家和哲學家）強調了自發獲取真理相較於努力積
累知識的優先性。根據毛的論述，他們全都在年輕之時各自做出開創性
的發現，並沒有受過長期教育的影響。進而，一旦發現了真理，他們便
會不懈地堅持着他們自己的見解。毛澤東將這一堅持不懈的品質與中共
過去的發展進行類比。中國革命成功地抵制了斯大林的建議，並被斯大
林斥為假革命。在1949年中華人民共和國成立後，蘇聯的援助是必要

的，但也同時帶來並滋生了教條主義和官僚主義，僵化了創造力和比較思維能力。在破除了對外國模式的迷信後，毛聲稱未來值得崇拜的對象只有一個：真理本身。

毛回到「商品二重性」這一主題，他批評了教條主義崇拜的影響：「戲台上的英雄豪傑出來，與眾不同。斯大林就是那樣的人。中國當奴隸當慣了，似乎還要繼續當下去。中國藝術家畫我和斯大林的像，總比斯大林矮一些，盲目屈從於蘇聯的精神壓力。」[2] 雖然毛堅持認為斯大林在估計中國革命過程時犯有嚴重的錯誤而應受到指責，但是他也厭惡赫魯曉夫對斯大林的批判，因為他認為這樣的批判是片面的，並且沒有對斯大林的正確與錯誤做出區分。斯大林的許多思想是「相對正確或基本正確的」[3]，因此對他個人的崇拜不應當被定罪。「他們不掛〔斯大林的〕像，我們掛。」[4] 畢竟，崇拜的主要目的並不在於崇拜個人，而是在於崇拜具體的真理。毛因而再次通過其「商品二重性」的觀點提出了他對個人崇拜的看法：

> 個人崇拜有兩種，一種是正確的崇拜，如對馬克思、恩格斯、列寧、斯大林，正確的東西，我們必須崇拜，永遠崇拜，不崇拜不得了，真理在他們手裏，為什麼不崇拜呢？我們相信真理，真理是客觀存在的反映。一個班必須崇拜班長，不崇拜不得了。另一種是不正確的崇拜，不加分析，盲目服從，這就不對了……問題不在於個人崇拜，而在於是否是真理。是真理就要崇拜，不是真理就是集體領導也不成。[5]

毛對正確的和不正確的個人崇拜的區分使得黨的歷史學家疑惑，即一個如此老練的辯證法家怎麼可能提出如此粗糙的理論？[6] 然而，除了毛混亂的論證以外，這份報告的內容還包括另一個有關個人崇拜的效用，它直接揭示了毛論證的政治基礎：毛將赫魯曉夫的「秘密報告」定義為主要服務於政治目的。赫魯曉夫因而將個人崇拜作為超出官僚體系（它並不依賴於黨內精英的認可）權力來源而含有的政治能量加以理解。

但是，就像毛後來告訴斯諾的那樣，赫魯曉夫從未真正成功培養過對他自己的個人崇拜，因此就被他的政治局同志們輕易地清除掉了。在成都，毛進一步揭露了前中共領導人兼「東北王」高崗試圖培植個人崇拜而引發了八級政治地震。按照毛所說，高崗依仗其在東北時期的權力基礎培養並建立了其與斯大林的親密關係，對中國政治穩定造成了威脅。無產階級專政因此必須牢牢地掌握在那些代表真理的人手中。毛還引述列寧的話來為自己的正確地位辯護：「有人反對列寧，説列寧獨裁，列寧回答很乾脆：與其讓你獨裁，不如我獨裁好。」[7]因而，毛的講話發出警告，不要以赫魯曉夫的「秘密報告」為託辭，通過泛泛批判個人崇拜來挑戰毛的權威：「有些人對反對個人崇拜很感興趣，……反個人崇拜的目的也有兩種：一種是反對不正確的崇拜，一種是反對崇拜別人，要求崇拜自己。」[8]

　　毛對個人崇拜概念的運用是多層面的。在理論上，他願意承認封建殘餘的存在，也承認中共統治與皇帝統治的明顯相似之處；「秘密報告」所造成的影響為毛所謂的打碎崇高象徵會帶來危險的論點提供了有力例證。由於個人崇拜在煽動大眾支持和狂熱上具有情感上的便利條件，因此它便成為了毛在黨的正規官僚渠道之外，強有力地聯繫群眾並實現他自己政治指示的重要工具。進而，個人崇拜在以往不止一次地在黨內的鷸蚌相爭中證明了其本身工具性上的重要意義，因此不可能被輕易消除。

70

大躍進

　　隨着模仿蘇聯經驗的發展政策被拋棄，公認的發展模式就不復存在。馬克思列寧主義除了提供一般原則的模糊知識外，對於怎樣繼續達到未來共產主義沒有什麼明確指示。中共試圖建立一種長期存在的試錯體系，並借助由大眾媒體宣傳成功模式的經驗，來避免在發展道路上困居一隅。但是，群眾路線的經驗則需要被一個總是處於不斷正確領導下

的先鋒黨來加以仔細分析與甄別。毫無疑問，毛認為他本人作為中國革命的舵手，無疑是中共黨內最能擔當此任的唯一人選。因此，他所號召的對那些坐在辦公室的有職有權者進行激烈的批判（「捨得一身剮，敢把皇帝拉下馬」[9]），在執行時就出現掣肘。毛反覆強調當前發展的正確觀點並不一定自然地產生於類似中央主席那樣級別的中共高層中：

> 一個人時對時錯，對了我們就跟隨他，錯了我們就不跟隨他。不能不加辨別的接受。我們追隨馬列，我們也在一些事情上追隨斯大林。我們追隨一切掌握真理的人。即使他是個挑糞的或掃大街的，只要他掌握真理，就應當被追隨。[10]

通過事後回溯來定義真理要比從日常政治生活中定義簡單得多。毛經常開玩笑說，他自己的認識歷程就是從儒家觀點到馬克思列寧主義，因此他也承認他本人不免有些錯誤觀點。但是到了1958年，所有來自政治局同志的批評，就如國防部部長彭德懷一年後在廬山會議上在毛的眼皮底下批評大躍進的過度實施那樣，但凡威脅了毛的個人權威，毛一律不再聽取。總之，政治權力問題從根本上就優先於理論自洽的問題。

在毛的追隨者當中，「不同種類的個人崇拜」的區別和這種說法本身所含的語義玄機，被毛的追隨者視為是指去世的共產黨先輩或者未來的共產黨領袖，不是在指毛澤東本人。正如早在1956年，毛就提出退居領導第二線，好讓他的接班人能獲得治理黨國的第一手經驗。國家主席和黨主席的地位因此不應完全和毛個人緊密相連。然而，成都會議提出的「正確的個人崇拜」卻掀起了一輪大範圍對毛澤東歌功頌德的熱潮。柯慶施這位上海市委第一書記，也是大躍進中「以鋼為綱」的主要支持者之一，提出相信毛這位中共主席，要相信到迷信的程度，甚至服從毛要服從到盲目的程度。[11]在同一年，康生這位毛在延安時期的前安全部門頭子和1958年的中共中央政治局候補委員，宣稱毛澤東思想應當被視為當下馬克思列寧主義的「頂峰」。幾個月後，在1958年5月的中共八屆二中會議上，一位地方代表發言道：

要徹底破除迷信，做到真正的思想大解放、思想大革命。對毛澤東思想不存在迷信的問題。過去偏重學馬恩列斯原著，而對毛澤東的著作學習得不夠，今後幹部必讀，應以學毛著為主，這是活的辯證法，活的馬克思主義，毛澤東真正發展了馬克思主義。[12]

所有有關「迷信」的措辭在語義上都近似於「盲目接受蘇聯模式」。因此，學習毛澤東思想就先驗地與其他任何一種個人迷信劃清了界限。在八屆二中全會會上，來自於毛澤東家鄉的湖南省小組就明確提出了以下「等式」：「我們衷心地跟着毛主席走，並不是崇拜個人、迷信個人，而是崇拜真理。幾十年革命和建設的歷史證明，毛主席就是真理的代表。」[13]

毛反覆要求提高人民群眾的政治覺悟，號召將共產黨人的雜誌分別根據黨內讀者和一般公眾讀者分開發行，以此引發關於上層建築沾染資產階級影響的惡劣後果的思考。甚至在「百花齊放」運動失敗以後，毛仍然試圖探索出一條公開批評基層黨組織官僚主義和腐敗的道路。這似乎需要創造一種氛圍，即一種能讓民眾「敢說敢做」[14]的氛圍。正確的個人崇拜就有助於培養這樣一種生動的情感氛圍，而在這一氛圍裏，只要無產階級的立場堅定，任何一個人都能夠勇於「愚公移山」（〈愚公移山〉一文後來成為了文革中的「老三篇」之一）。但是，如果不相信、不承認馬克思列寧主義的基本真理，如果不根除舊社會的意識形態殘餘，共產主義就永遠不會實現。因此，在探索的道路上，必須以對共產主義堅定信仰和堅決捍衞的姿態來武裝人民。

由此所導致的結果就是沈邁克教授所特指的「由代理人而來的解放」[15]。通過把個人崇拜強大的聚合功能與一個更高的目標（即破除對蘇聯模式的迷信）結合起來——中共領袖將個人崇拜視為獲取更大利益的手段。個人崇拜首先是旨在為中國尋找獨特的共產主義道路，而不是首先成為一種統治的工具。很典型的是，這一階段的個人崇拜也因此可以被描述為卡爾·波普（Karl Popper）所說的「社會烏托邦工程」（utopian social engineering）的嘗試。[16]正如毛在其最著名的一首詞中所表達，「一

萬年太久，只爭朝夕」，[17]精神高漲的中國人民即將破除盲從蘇聯模式的壓抑氣氛，規劃出他們自己通向共產主義的道路。

73   毛所設想並煽起的旨在消除教條主義和官僚主義根源的熱情動力，引起了虛報農業統計數據和文化產品的競賽，以此來標誌省市地方幹部與黨中央保持一致。因此，個人崇拜的建立在大躍進時期得到了大規模的恢復。與此相關的例證分成兩部分：一是描述毛視察模範公社時所使用的神化語言，二是中共中央面臨的防止地方對中央表達「資產階級式」的讚美的困難。早在1957年末，中共中央就不得不嚴格遵守它先前制定的有關禁止以當時領袖的名字命名地方、街道和工廠的規定。[18]1959年6月，以河北省政府的名義進行的一項鄉村標語審查工作揭示了大量不正確並需要更正的吹捧標語。[19]毛澤東本人在1959年4月的上海會議上嚴厲批評了全國流行的虛假傾向，並在之後表示要警惕「五風」（即平均主義、命令主義、盲目領導、自高自大和傲慢態度）在黨員幹部中的重新出現。他甚至號召把「好人」和「壞人」——即在大躍進第一年期間或是經得起考驗或是誇誇其談的人——的事跡都裝訂成冊。當時的信號明顯是要對大躍進的過度發展進行校正。在人民公社的報告中表明，「浮誇風」應以實事求是來糾正。

        在1959年7月召開盧山會議前，劉少奇已經成為國家主席，毛則是權力更大的中共中央主席。從1959年7月盧山會議的危機來看，劉的上任不可能有效地改變以毛為核心的政治機制。1959年7月14日彭德懷在給毛個人的信件中表現了對大躍進的嚴厲批評，這也對之後個人崇拜的發展產生了重大影響。這封信件致使毛一反其知錯就改的溫和態度。彭作為解放軍領袖的地位以及有可能使政權失去軍隊的支持所帶來的固有危險，再加上蘇聯國防部部長格奧爾吉‧朱可夫（Georgi Zhukov）事件背景的威脅，致使毛決定做出激烈的反應。毛指責彭和其他人搞「軍事

74 俱樂部」企圖奪權，剝奪了彭的軍權。這次由毛的怒火點燃的危機，非但沒有使中共糾正大躍進反而復興了大躍進的政策。這些政策的繼續實施最終導致了極度痛苦的饑荒，以致幾千萬中國農民餓死。[20]

鑒於彭曾在軍隊中擁有很高的聲望，毛必須任命一個具有相似地位且忠誠於他的指揮官來取代彭。林彪元帥被視作一個理想的選擇。林彪是解放軍十大元帥中最年輕的一位，以其軍事才能和對毛的絕對忠誠而聞名。由於其健康狀況的不穩定，儘管林在中華人民共和國建國頭十年一直保持低調，但他仍然在1958年2月當選為中共中央政治局常委和中共中央副主席。林之所以決心擔任如此重要的職位，主要是因為毛的不斷催促。林彪一上位，就立即根除任何質疑毛權威的苗頭，他所用的手段與延安整風運動時期的軍隊道德建設如出一轍，即對毛澤東著作進行註釋契合和公開擁護。劉少奇在個人崇拜方面與林彪並駕齊驅。1959年9月9日，劉指責一批黨員（例如彭德懷）企圖效仿蘇共「二十大」的例子，欲取毛澤東而代之。正如1943年一樣，劉的支持態度再一次對承認崇拜毛是中共中央的標誌所在起到了至關重要的作用。劉此時稱自己是堅定的個人崇拜擁護者：

> 我這個人，歷來是積極的提倡「個人崇拜」的，也可以說「個人崇拜」這個名詞不大妥當，我是說提高毛主席的領導威信。我在很長時期就搞這個事情……現在我還要搞，還要搞林彪同志的、小平同志的「個人崇拜」。你們不贊成我搞，我也要搞的，我也不一定要人家同意的。[21]

在劉看來，個人崇拜是一個用來描述毛澤東作為黨及中國革命象徵的不確切的名詞。為了黨的利益，建立和培養強大政治形象的力度必須進一步加大。雖然探索共產主義的道路曲折，雖然派別的明爭暗鬥暗藏殺機，但是個人崇拜依然十分重要，這在一些對接班人的小型崇拜中得以證實。在媒體中，由於中共黨的集體領導形象是強有力的、正面的，因而是非常團結一致的，但與此同時宗教意義的暗示或將中共統治類比為帝王統治的行為都是意識形態的遺毒，隨着時間的流逝而被清除。由於彭德懷被廢黜，黨內支持「正確」個人崇拜的人慢慢穩住了陣腳。1960年9月，《毛澤東選集》第四卷的出版，帶來了在媒體上的慶祝與學

習運動。然而，雖然在國內崇拜毛得到充分的確立和理論論證，但是問題在國際層面上卻並未解決。這也是中國與蘇聯關係日益緊張的主要意識形態原因之一。

中蘇關係決裂與論戰

自赫魯曉夫「秘密報告」之後，中蘇關係日益惡化。主要原因有二。第一個原因事關政治路線。中共與一些小國的共產黨（包括阿爾巴尼亞、朝鮮、印度尼西亞共產黨）反對赫魯曉夫同西方國家和平共處的理念，強調同帝國主義及其「走狗」要持續鬥爭。對個人崇拜的質疑加重了中蘇之間的意識形態差別，中共認為質疑個人崇拜削弱了社會主義陣營內部的團結。最後，蘇聯對大躍進運動的批評及其1959年秋在中印邊界衝突上堅持中立態度的做法，進一步加深了中蘇兩國間的敵意。第二個原因可能更關乎人的本性與赫魯曉夫本人所扮演的角色。正如皮埃爾・布迪厄（Pierre Bourdieu）曾指出的，國際事務的交涉必須以高度的法典化方式進行，以避免交涉失敗導致的惡果。[22] 但是，赫魯曉夫並不具有外交家的特質，他經常當面以尖銳唐突的評論指責他人。在1959年2月華沙舉行的一次會議中，他在一次私人談話中把毛稱為：「一個反覆無常的老人，就像一隻舊鞋，僅僅適合放在角落裏供着。」[23] 而在1960年布加勒斯特舉行的一次會議中，他甚至提議為彭德懷立像。只要毛與赫魯曉夫繼續領導各自的黨，中蘇關係的改善就會因為他們兩人間的緊張關係而近乎無望。[24]

在1960年4月《紅旗》雜誌發表了〈列寧主義萬歲〉一文之後，中蘇關係的裂痕越益明顯。中共借列寧90週年誕辰紀念活動之際抨擊蘇聯沒有堅持掌握列寧主義的重要性，特別是其階級分析和階級鬥爭理論的重要性。1960年8月，蘇聯撤走援助中國的技術專家，意識形態衝突在布加勒斯特和莫斯科的會議上延續着，直至第二年仍未休戰。在1960年11月的莫斯科會議上，中國代表團經過長時間的討論後在此次會議

公報上簽名：該公報對「秘密報告」及其對個人崇拜的批評做出了正面評價：「馬克思列寧主義政黨……將繼續不屈不撓地加強其與黨內成員間的紐帶……絕不允許任何束縛共產黨人的創造思想和創造性的個人崇拜。」[25]

　　1961 年 10 月，對個人崇拜問題的爭議在莫斯科蘇共「二十二大」上越發激烈。這次大會經過考慮後決定停止向公眾展出斯大林靈柩並將其遺體火化。赫魯曉夫 10 月 17 日在這次大會上發言，他尖銳地批評恩維爾‧霍查 (Enver Hoxha)（阿爾巴尼亞勞動黨中央委員會第一書記）沒有履行他先前允諾的去斯大林化的政策。赫魯曉夫的批評同時也微妙地抨擊了中國自盧山會議後興起的毛澤東崇拜。霍查於 11 月 7 日對赫魯曉夫提出了強烈的、以個人名義進行的批評。他強調，儘管阿爾巴尼亞勞動黨一直在反對個人崇拜那「令人厭惡的觀念」[26]或其他違法行為，但是這樣的努力並不會削弱人民大眾對合法領袖的「熱愛和擁戴」。

　　更加糾纏不清的是，針對赫魯曉夫做出「秘密報告」的內心動機，霍查提出了一種解讀。他宣稱赫魯曉夫要「利用所謂的批判斯大林個人崇拜」來達到非馬克思主義的目的，從而提出修正主義理論，削弱工人階級持續階級鬥爭的意識。「反對所謂個人迷信」已經被轉變為威脅那些不同意赫魯曉夫修正主義路線的共產黨領袖們。進而，霍查指責赫魯曉夫在蘇聯反對所謂個人迷信的同時，又故意地培植對赫魯曉夫自己的個人崇拜，把他自己說成「領導反法西斯戰爭勝利」的「偉大軍事戰略家」與「設計家」。因而，赫魯曉夫關於個人崇拜的一切空談都只有一個目的：依仗其作為領袖的權勢引入修正主義的，甚至帝國主義的「因素」以便使其毀壞列寧主義。

　　霍查冗長發言的大部分內容於十天之後在《人民日報》上發表，包括「反對所謂個人迷信」那一部分關鍵內容。根據一份限制級別甚高的中共內部刊物，中共儘管當時決定儘量迴避對這一爭執發表公開評論，但是仍會在黨報中繼續刊登雙方觀點。另外，地方黨員在小組討論時也應強調社會主義陣營的基本團結。政治指導者們應從總體上把蘇聯領導

77

者與蘇聯人民區別開來。對於後者，應該保持更熱情的態度。《人民日報》應該發表署有筆名的評論文章來強調阿爾巴尼亞立場的基本正確性。「這樣做，有利於揭露修正主義的錯誤，支持正確的立場，以教育人民。目前，我們臨時不發自己的意見。」[27]

《人民日報》於1961年10月20日重新刊登了塔斯社發表的赫魯曉夫在蘇共「二十二大」上的報告，並於六天後全文發表了其針對阿爾巴尼亞的評論。然而，由於黨內刊物的保密工作做得不夠，事實上這份報告的內容早已在黨內機關向黨員傳達的過程中變得人盡皆知：「有時〔報告〕在寄送給指定的讀者之前已經被信件經手人、信件審查員和郵遞員先看到了。而有些指定的讀者甚至將《參考消息》隨意放在其他人可讀到的地方。」[28]於是，地方黨組織被要求注意保密，並被禁止就相關國際事務進行「無原則」的討論（尤其是與外國的居住者和訪問者）。在回答所有問題時，地方黨組織都必須嚴格依據中央領導同志已使用的辭令。正如一份內部參考讀物所顯示的，中國人民仍然對蘇共「二十二大」及其進程有着「強烈的關注」。[29]尤其是學生們，更是通宵達旦地討論中蘇政治。更有甚者，有些學生致信蘇共中央，試圖說服外國學生接受中國所申明的個人崇拜立場的正確性。

中蘇關係破裂的最終導火索是蘇聯、美國、英國三國1963年7月簽署的禁止核試驗條約。在早先的幾個月裏，儘管古巴導彈危機的解決使中蘇關係短暫緩和，但是形勢依然處在緊張狀態。在這一段時間裏，中蘇的相互指責也一直沒有停止，只不過轉換成了阿爾巴尼亞與南斯拉夫「代理人」之間的相互指責。中國在國際共產主義陣營內向蘇聯公開叫板的結果，特別是蘇聯使中國失去了核保護盾牌，都在某種程度上蒙蔽了雙方的公開言辭。無論怎樣，在各國共產黨之間會議的內部交流中，雙方可謂針尖對麥芒，甚至顯得滑稽。中國方面傾向於在馬克思列寧主義經典中尋章摘句來支持自己的觀點，而赫魯曉夫則隨即在1961年1月16日德國社會統一黨第六次代表大會上宣稱：「這些人想像，無休止地謾罵和詛咒帝國主義就是對社會主義國家的最大貢獻。這明明就是對咒語

和符咒巫術的迷信。」[30]直到1963年中期有待舉行的會議之前，中蘇雙方遂在往來的信件中各自闡明立場。蘇共中央在1963年3月30日的信件中強調和平共處、提高人民生活水平和應對熱核戰爭危險的重要性，而不是強調無休止地進行階級鬥爭。提高蘇聯人民福利水平的嘗試無論如何都不能被視為向帝國主義服軟的標記。[31]蘇聯共產黨反對資本主義政治的立場是堅定的，並且在與資本主義國家進行進一步文化交流的同時，也十分警惕將資本主義意識形態滲入到蘇聯制度中的「特洛伊木馬」計謀。蘇共要求中共摒棄個人崇拜，以顯示出兄弟黨之間的同心同德。團結一致的共產主義集團是預防先前曾發生的危害的唯一途徑。

　　中國方面整整花了兩個半月來準備答覆此信。與蘇聯的寫法不同，這封回信秉承了中方一貫的社論寫作方式：中共主席毛澤東親自監管了回信的擬稿過程，即擬稿任務由一個新成立的反修正主義寫作班子承擔，成員包括中共最為重要的宣傳家和最為新銳的「秀才」。劉少奇、周恩來和鄧小平等高層領導人也都參與了擬稿討論。為了對蘇聯的主張進行深刻的反駁以再現馬克思列寧主義正統，這個寫作班子準備了一系列寫作材料。令人驚訝的是，從學術事業的角度上來說，這些材料是十分豐富的，這些被用來撰寫公開信和後來的九篇評論文章的材料，囊括了主要引用的馬克思列寧主義經典著作和毛澤東自己的著作的全部索引材料，總字數在四百多萬字。[32]回信由陳伯達、左派作家王力（《紅旗》雜誌前任編輯，在文革初的歲月裏十分活躍）和范若愚（《紅旗》雜誌副總編輯）起草。[33]該回信定稿於1963年6月14日，三天後發表於《人民日報》。中國方面的這封回信比蘇聯來信長了一倍，並為雙邊會晤的議程提出25個具體問題。這封回信對蘇共的立場提出了嚴厲的批評，第20個問題直接針對個人崇拜，並且引述列寧主義關於黨的學說來證明蘇共就是要破壞領袖與人民之間的關係。非常明顯的是，中共這一回信中多次論及個人崇拜的唯一目標，就如霍查所指出過的那樣，蘇聯在國內培植赫魯曉夫個人崇拜的同時，又把個人崇拜用作推翻兄弟黨中不服從蘇聯的領袖們的工具。[34]

79

80

蘇聯方面對這封以公開信的形式所作的回覆放棄了任何外交辭令，宣稱中共沒有適應現實世界變化的能力。通過指責中方拘泥於不同經典但卻又斷章取義，蘇聯還聲稱中方「偽裝」的言辭[35]迴避了迫在眉睫的基本問題(諸如戰爭與和平、殖民主義、克服個人崇拜的意識形態等)。事實上，蘇聯指出，中國應當被視為在共產主義運動中公然支持領袖個人崇拜的始作俑者：「目前很難斷定中國同志支持個人崇拜的動機是什麼……值得注意的是，即使在我們國家個人崇拜最為盛行的時候，斯大林本人也被迫(起碼在言辭上)反對個人崇拜這一小資產階級理論，而將其說成有礙於社會主義革命。」[36]鑑於雙方的態度針鋒相對，兩國7月中旬在莫斯科舉行的高層代表團會晤上不歡而散也就在意料之中了。雙邊對話從此被擱置，論戰也旋即重新開啟。

1963年7月25日，中國代表團回國四天後，蘇聯與美國、英國簽署了部分禁止核試驗的條約，也就是說在中蘇7月中旬會晤的同時，蘇聯就並行同美、英進行了更加熱烈的討論。除去幾個少數忠誠盟國(如阿爾巴尼亞)之外，中國被完全孤立，並被排斥在核俱樂部之外。中蘇公開分裂導致宣傳活動極為活躍。與蘇共不同，中共將所有的批評言論刊登在《人民日報》上，甚至全文發表了蘇聯7月20日的公開信。中國對蘇聯觀點的批駁也因此關乎到中共的國內外聲譽，並被當作意識形態原則的大事。雙方在發展中國家進行大量游說來尋求支持的同時，中國方面還專門組織了一批黨內最有才的寫手向蘇聯發起論戰，這批寫手經過專門組織與分工，寫出了著名的九篇評論蘇聯公開信的文章即「九評」，來反駁蘇聯公開信的思想內容。「九評」先後發表於1963年9月6日至1964年7月14日的《人民日報》。由康生和吳冷西主管負責的寫作小組先將「九評」的初稿交與鄧小平討論，再由鄧小平把這些初稿送交毛澤東、劉少奇和周恩來，在這三人審閱之後，每篇評論文章還會由政治局會議詳細審議，最後由報刊與廣播電台發表。[37]

在「九評」中的「第二評」即〈關於斯大林問題〉中，中共表達了對個人崇拜的最終態度，這種態度一直保持到文革時期。在1963年9月13

日「二評」發表前，毛澤東親自將稿件改寫了三遍。〈關於斯大林問題〉反駁了蘇共公開信中的指責，把蘇共的論據定性為情感訴求，並以辯證的方式強調中共立場。在第一部分的論證中，中共試圖強調，批判斯大林早已不僅僅是否定斯大林本人，而是對無產階級專政本身的否定：赫魯曉夫否定斯大林在位30年來的個人崇拜，就等於說蘇聯人民還沒有從十月革命前的農奴制中解放出來，過着連封建社會都不如的生活。論證的第二部分針對的是赫魯曉夫本人搖擺不定的立場。赫魯曉夫本人不僅積極投入斯大林體制（「在斯大林領導時期也曾參與黨和國家的領導的赫魯曉夫，現在這樣捶胸拍案、聲嘶力竭地咒罵斯大林，究竟是把自己放在一個什麼樣的地位上呢？是把自己放在『兇手』、『強盜』的同謀者的地位上呢？還是放在『混蛋』、『白癡』一類人的地位上呢？」[38]），還對斯大林本人百般讚揚。更加令人作嘔的是，赫魯曉夫一邊公開譴責其他國家的個人崇拜，一邊卻在蘇共第二十二次代表大會上被冠名為「宇宙之父」[39]，實在是兩面三刀，口是心非。因而，赫魯曉夫發表「秘密報告」的動機何在呢？

揭穿來說，無非是：

一、藉口所謂「反對個人迷信」，把黨的領袖斯大林同黨的組織、同無產階級、同人民群眾對立起來；

二、藉口所謂「反對個人迷信」，醜化無產階級政黨，醜化無產階級專政，醜化社會主義制度；

三、藉口所謂「反對個人迷信」，抬高自己，打擊忠實於馬克思列寧主義的革命者，為修正主義的陰謀家篡奪黨和國家的領導開闢道路；

四、藉口所謂「反對個人迷信」，干涉兄弟黨、兄弟國家的內部事務，力圖按着自己的意願顛覆兄弟黨、兄弟國家的領導；

五、藉口所謂「反對個人迷信」，打擊堅持馬克思列寧主義的兄弟黨，分裂國際共產主義運動。

赫魯曉夫提出所謂「反對個人迷信」，是一個卑鄙的政治陰謀。這種人，正如馬克思所說的：「如果說他在理論上一竅不通，那麼他在陰謀勾當方面卻是頗為能幹的。」[40]

「二評」還引用了諸多批判斯大林及其個人崇拜的修正主義者（尤其是著名的托洛茨基〔Trotsky〕）的觀點，指出對個人崇拜的批判乃是一場赤裸裸的政治陰謀。中共因此認為，對斯大林蓋棺定論為時尚早，並且不可能在20世紀完成。[41] 赫魯曉夫無論怎樣竭力詆毀斯大林在人民記憶中的形象都是徒勞的：「赫魯曉夫可以利用自己的特權地位，把斯大林的遺體從列寧墓中搬走，但是要想利用自己的特權地位，把斯大林的偉大形象從蘇聯人民和全世界人民的心目中搬走，那是永遠不會成功的。」[42]

崇拜還是迷信？

一項在《人民日報》上發表的有關個人崇拜的定量調查，明確地顯示了「秘密報告」在國際與國內產生的巨大影響。這項調查的數據揭示出巨大的二元分歧。「個人崇拜」這一用詞於1953年出現，最初被翻譯為「cult of the individual」，後因赫魯曉夫的「秘密報告」而眾所周知，廣為應用。自1957年6月「百花齊放」運動終止後，這一詞的使用也幾乎以同樣的速度陡然遞減，到1959年幾乎在公共話語中銷聲匿跡。毛在成都會議上對兩種個人崇拜的區分給報社編輯們和黨的宣傳者們留下了語義上的難題。「個人崇拜」一詞現在既指好的崇拜也指壞的崇拜，所以好壞崇拜二者間必須有一個需要被重新命名。一篇1958年12月25日發表於《人民日報》的文章指出，俄文的中文正確翻譯問題已經越發明顯。該文作者林陵列舉了一系列因「譯不達意」而引發嚴重後果的俄文翻譯。俄文中「kul't lichnosti」一詞原義為「將某個個體奉為神明來崇拜」。因此，「個人迷信」或「個人膜拜」的譯法較之於「個人崇拜」——「崇拜」僅僅指宏觀意義的尊敬——被說成更能準確表達原詞宗教層面上的含義。[43] 因此，今後應該使用「個人迷信」一詞，以避免「因為在翻譯時缺少思考」[44] 而全面否定了對著名傑出人物的崇拜。

如圖表1所示，「個人崇拜」一詞在公眾言論中的使用頻次自大躍進開始便急劇減少。而接下來的幾年則見證了「個人崇拜」的新譯法「個人

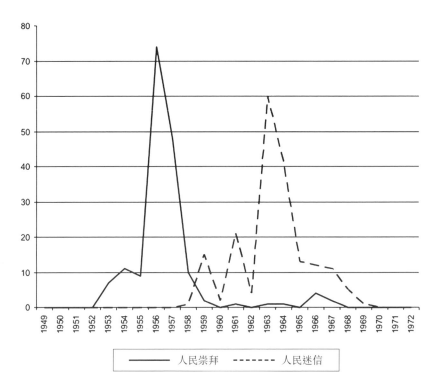

圖表1 《人民日報》1949–1972年間，對「個人崇拜」的翻譯用詞詞頻變化表

迷信」(用於指錯誤的個人崇拜)的崛起過程。這個新譯法經常在涉及到
中蘇關係分裂(蘇共自己將這一分裂稱為學術爭論)的激烈討論中被使
用。如上文所述，中共將不正確的個人崇拜以及教條式地追隨蘇聯模式
視為「迷信」。另一方面，「崇拜」一詞則一直維持着其曖昧含義，直到
文革時期才得以在大眾用語中復活(在文革時期，「無限崇敬」和「永遠
崇敬」等辭藻成為個人崇拜的標準詞彙的一部分)。「個人迷信」一詞的
新譯法則幾乎沒有用作褒義詞。它最常見的貶義用法最早是恩維爾・霍
查於1961年演講時提出「反對所謂的個人迷信」。1963年至1964年的中
蘇論戰期間每年大約能夠產出60篇關於「個人迷信」問題的文章。但
是，直到文革浩劫之際(文革時發起的對毛澤東的崇拜即使是高潮時期
的斯大林崇拜也無法望其項背)，無論是「個人迷信」還是「個人崇拜」都

從中共的言論中廣泛消失。個人崇拜作為一種歷史現象，並不依賴於媒體對其的理論解讀，而是通過大量多變的新機制來獲取力量。在本書第二篇中，筆者將着重探討這些新機制的相關細節。

84 對於個人崇拜持續不斷的重新定義成功地將其原義中的編譯成分移花接木，最終將個人崇拜變成了一個有利於破除對外國模式迷信的辯證法手段。對共產黨及其領袖的頌揚由此不再被宣稱是有害的，反而成了一種加強團結以及在全球範圍內吸引反對帝國主義追隨者的必要手段。自1964年10月14日赫魯曉夫被蘇共中央解除職務後，「個人崇拜」一詞基本上在中國言論中絕跡。[45]另一方面，對毛澤東的個人崇拜則達到了史無前例的高度。1964年10月1日國慶遊行隊伍中，一尊10米高的毛

85 的雕像首次亮相，並有16,000人儀仗隊的熱烈簇擁，於此同時，巨大的豬、鴨、大白菜等農產品模型也在遊行時展出，以象徵中華人民共和國經濟政策取得的成就。

差不多在赫魯曉夫被解職的消息公諸於眾的同時，中國第一顆原子彈在羅布泊附近的沙漠爆炸成功。原子彈的成功爆炸極大地提高了中國在世界上的政治地位，因為中國不用再依靠蘇聯的核保護盾牌，毛由於曾經失去蘇聯的核保護而長期備受懷疑與指責。為了慶祝這一舉兩得的成就，在原子彈爆炸成功的當晚，毛、周和其他中共領導人在人民大會堂出席觀看了音樂舞蹈史詩《東方紅》的第三次公開演出。《東方紅》是周恩來總理本人無微不至地執導的藝術作品，旨在「注重政治與藝術、形式與內容的統一」。[46]它的開場便是一段朗誦：「在毛澤東時代，祖國的人民多麼幸福，祖國的江山多麼壯麗。可是，我們怎能忘記過去的苦難，怎能忘記毛主席帶領我們跨過的萬水千山！」《東方紅》通過英雄史詩的形式來展現黨的歷史，它的演出再一次復活了毛最初在1937年6月被黨的雜誌《解放週刊》最早賦予的圖示和自選描述的形象：金光燦爛的太陽。在接下來的幾年中，《東方紅》在中國主要城市中不斷重演，其電視版本也應周恩來的要求出品，並且獲得了很大的關注。向日葵的圖

形也就此成為崇拜毛的標準圖像。直到今天，向日葵，而不是龍或其他傳統的帝王朝廷象徵，仍然是天安門城樓金色瓦片的裝飾。

1964年底，中國擁有了核武器力量，中共自信地宣稱其在中蘇爭論中擁有了理論權威。雖然越南的嚴峻形勢使中共不得不重新進行大規模的工業布局（中國稱之為「三線建設」）來為抵抗可能的美國入侵提供更加安全的工業力量基礎，但是，國際前景看起來是一片光明。因此，毛認為主要危險來自國內。在赫魯曉夫被解職後，毛發表了多次講話，告誡地方幹部警惕黨中央內部可能出現的修正主義，毛澤東稱之為「中國的赫魯曉夫」。如果連社會主義國家的發祥地蘇聯也在斯大林死後被修正主義攻陷，那麼相同的事件很有可能也會在中國出現。毛因此密切觀察其候選接班人的舉動，仔細思考着中國成功免除於修正主義威脅的新可能性。對毛而言，其最大的反修正主義保障來自於在林彪指導下的人民解放軍所進行的政治訓練，這種訓練是通過不斷提高警惕、揭露潛伏的敵人和糾正錯誤的思想來實現的。因此，人民解放軍的工作作風和由此而來的對毛的崇拜也就在1964年被倡導為全國的模式，被推廣到社會的每一個角落。這場學習人民解放軍運動為毛兩年後親自對他自己的黨反戈一擊備好了基礎，兩年後，在毛澤東思想「精神原子彈」[47]的武裝下，中國陷入了文革。

第二篇

卡里斯馬式的動員

在中華人民共和國成立前，中共就開始培植對毛澤東的個人崇拜，並且與國民黨推出的蔣介石形象分庭抗禮，以爭奪中國唯一合法領袖的地位。然而，斯大林去世和赫魯曉夫「秘密報告」發布後，個人崇拜便從一種無可置疑的統治手段變成了一種需要闡釋的理論概念。雖然對毛的崇拜的最初根源能夠追溯到中共延安時期，但是文革中的領袖崇拜顯然在崇拜形式上更多地源自於林彪1959年後在解放軍中所做的倡導。在解放軍中以「毛主席」隻言片語為框架來指導自己言行的高度儀式化的崇拜方式，對毛崇拜的進一步發展產生了重大的影響。毛有意地在60年代中期利用對他的崇拜動員群眾來反對黨的官僚體制。然而，隨着列寧主義政黨的體制及其明確的階層劃分被破壞，不同人利用個人崇拜及其象徵物的目的和策略開始日益分化。伴隨着個人崇拜而來的無政府狀態顯示出了多種多樣的對個人崇拜象徵物斷章取義的引用，說明了僅以象徵符號來操控政治運動的嘗試也是徒勞無功的。

在接下來的三章中，作者將討論毛澤東儀式崇拜的產生與發展及其作為卡里斯馬式動員的工具化過程。在解放軍中開展「活學活用」毛澤東著作的運動提供了這一動員進行的基本模式。儘管這一運動沒有總體上的計劃，但是，它是通過在軍隊中十分有效地壓倒了大躍進災難性的結果而形成的。「活學活用」毛澤東思想運動的一個重要副產品，就是個人崇拜中最為著名的「聖物」——紅寶書。第五章對「毛聖經」複雜的創

造過程(這個過程主要歸因於林彪)進行了概述,並揭示其出現的非制度性的形式。最後,則論及把毛澤東思想中的原有碎片當成討論真理的唯一標準,試圖在學校、大學和黨內動員青年來反對修正主義傾向的做法。宏大壯觀的崇拜景觀(諸如毛澤東在北京八次接見一千兩百萬紅衞兵)在文革期間變得比比皆是,對毛的崇拜也滲入中國的每一個角落。然而,由於缺少明確的交流目的,崇拜毛的運動中也浮現出了一些不同的思想觀點,所使用的崇拜物與崇拜符號也不盡相同,這也在紅衞兵組織「聯動」中顯示出來。

第 **4** 章

活學活用

　　毛澤東本人在1958年成都會議上所倡導的「正確的個人崇拜」與其追隨者在第一次盧山會議之後的幾年內所説的個人崇拜並不相同，主要區別在於具體的崇拜對象。在成都會議上，毛倡導崇拜真理，即以領袖崇拜和思想解放的辯證關係為先決條件。在盧山會議之後，這一辯證關係的兩端——領袖崇拜和思想解放——都不再被提及。有關「毛主席」和毛澤東思想的話題充斥着媒體，尤其是解放軍的出版物。甚至按照毛的標準來判斷，這樣的崇拜都已轉變為不正確的崇拜，因為它要求犧牲別人來完成對某一個人的崇拜。它的主要功能也不再是思想解放，而是確保個人忠誠、黨內團結和加強控制軍隊。彭德懷對民眾崇拜領袖的反對態度被當成其派別活動的證據。彭德懷的繼任者林彪因此便一有可能就推進個人崇拜，以便避免重蹈彭的覆轍，林彪也利用個人崇拜產生的凝聚力來抑制大躍進造成的災難性後果。

　　林彪是中國現代最為高深莫測的政治家之一。他是抗日戰爭中受眾人擁戴的軍事戰略家和英雄，但卻在中共勝利後退出公眾視線去養傷（他於1938年背部受傷，並導致嚴重後果）。林在1956年被重新選入政治局後，於1958年成為了中共中央副主席。鑒於林彪作為十大元帥中最年輕一員的卓越革命聲譽，毛選擇林彪接替彭德懷並沒有受到黨內最高層領導的質疑。林彪在過去的言行中證明了自己對毛的高度忠誠，而毛選擇林彪也反映了毛希望保證解放軍的政治穩定。

　　以前人們認為，林彪是毛澤東崇拜的策劃者，發明了這種崇拜最為著名的象徵：紅寶書，然而他的出發點卻是他個人的野心。這樣的看法同樣也由於1981年〈關於建國以來黨的若干歷史問題決議〉而被奉為黨的官方觀點。新近的研究並不認同把林彪説成一個覬覦政權的野心家。[1]相反，他被看作一個神經過敏的權術家，不關心甚至無法從事日常的政治工作。憑藉一些既有病症又假裝病症（例如怕熱、怕風和怕雨），林彪將自己疏離於新中國建國後十年的政治漩渦。考慮到50年代的中共「集體領導」的事實——泰偉斯更貼切地稱之為「宮廷政治」（court politics），林彪的警惕是無可置疑的。關於中國是否應該解決個人崇拜問題的討論活動，許多都是在毛澤東的私人臥室裏進行的，這就是「宮廷政治」的絕佳例子。[2]

　　林彪是毛澤東統治權術的機敏的觀察者。在1949年，林彪就已在個人筆記中寫道：「他先為你捏造一個『你的』意見，然後他來駁你的意見。並無，而捏造——老東的慣用手法，今後當注意他這一着。」[3]在出山後，林彪試圖最小限度地保持與中共領導層其他人的私交（例如，休長假；例如，除非毛澤東明確同意，他不提出任何政治指導意見）來避免政治陷阱。甚至對一些話題發表個人意見時，只要毛澤東首肯拍板，他就迅即隨之附和。林彪採取「高舉」毛澤東思想的旗幟與「緊跟」毛的政治路線，儘量避免提出一些只會被毛暫時認可或至少容忍的獨立觀點，以防中共黨史上屢見不鮮秋後算帳的危險。無論怎樣，林彪都知道如何利用崇拜毛來剪除其在軍中的政敵。

　　雖然林彪在文革的每一項重要工作中都非同小可，但是他在鼓動崇拜毛中所做的工作卻鮮有人注意。通常觀點往往雜亂無章地根據林彪1966年前後的隻言片語來斷定其「偽君子、野心家、陰謀家」[4]的特性。如果我們要了解崇拜毛澤東在文革時期的崛起及其象徵形式，就必須更加仔細地分析林在解放軍中發起「活學活用毛澤東思想」運動的必要性。作者認為，林彪既高效地運用崇拜毛解決了軍內矛盾，又通過崇拜毛作為他個人向毛澤東表示忠誠的手段。然而，林彪既不是想要加強與毛的

卡里斯馬式關係的唯一者，也不是其中善於言辭的佼佼者。[5]對於林來説，在政治操練中長袖善舞並非像軍事上排兵布陣那樣輕而易舉。

解放軍的政治教育

　　1949年後，解放軍的政治教育工作由總政治部（中央軍委下轄的三個主要單位之一，其他兩個是總參謀部、總後勤部）承擔。軍事政策的實施由軍事長官和政委的共同領導來進行監管，而政委領導的政治部則遍布軍中所有的建制。在50年代早期，中國設立了一系列致力於培養政委和其他軍事高層幹部的軍事教育院校和軍事研究機構。1956年，中國人民解放軍南京政治學院接替了教育解放軍領導人的任務，羅榮桓元帥任院長。該院的辦學目標是使軍隊高級幹部精通基本政治工作，加強黨的精神，加快解放軍的現代化建設。[6]到1958年，政治學院培養了超過17萬的解放軍幹部，涉及專業包括中共黨史、蘇共黨史、政治經濟學和有關理論，因而強化了蘇聯模式的影響。

　　「秘密報告」的影響和接下來發生的蘇聯異化使得一些解放軍領導人質疑之前的蘇聯模式。奴隸般地追隨蘇聯經驗在軍中被指責為教條主義，這種教條主義會扼殺中國軍事傳統所具有的創造力。成都會議結束後，林彪了解到關於在軍事訓練中如何應對教條主義的爭論。一些爭論者強調繼續系統地學習蘇聯軍事經驗的重要性，認為不應該把批評意見與教條主義相混同。林彪進而力勸毛將教條主義問題納入即將到來的5月中央軍委擴大會議上（這次軍委會議的日程在成都會議上已經決定）。在這次軍委會上，林彪發表了他1949年後（目前已知的，仍然有材料可以研究）的第一次講話，強調有必要破除對外國模式的迷信和對馬克思主義經典著作書呆子式的膜拜。就如毛澤東在過去所做的那樣，林彪進一步強調了把馬克思列寧主義的普遍真理與中國革命實踐相結合的重要性：「毛澤東同志的軍事著作就是軍事科學，是馬克思列寧主義在軍事方面創造性的發展，我們要好好學習。我們不僅要學習，而且要創造，

只有把這兩方面結合起來，才能學得好。」[7]

　　林彪對毛澤東的溢美言辭通常都被用來證明其險惡用心，但這些實例卻基於相互矛盾的語境。一個很好的例子就是林彪與譚政（譚政在1956年12月接替羅榮桓元帥擔任總政治部主任一職）之間關於政治學習指導作用的爭吵。在1959年5月的一次軍事會議上，譚認為毛對教條主義的反對不能意味着完全放棄理論學習。在譚看來，在沒有理論基礎的條件下談論時局問題會有導致「思想混亂」的危險。[8]譚既反對用簡短的標語來簡化複雜概念，[9]也反對忽視因地而異的重要性的錯誤做法。因此，譚倡導系統地學習毛澤東思想。然而，令林彪最為不滿的是，譚居然越過林直接向毛請示以上相關問題具體應該怎樣落實。[10]事實上是譚政與毛建立的排除林的直接關係，使林開始害怕自己在公共場合苦心經營的毛主席最親密學生的形象受到抵觸。

　　雖然譚在這次會議之後不久便表示讓步，但林仍然質疑其真實性，因為譚是出了名的把務實置於個人忠誠之上的。將譚從總政治部廢黜並非易事，因為譚還有一些像羅榮桓之類的強力支持者。1960年9月至10月，中央軍委召開擴大會議之際，正是慶祝《毛澤東選集》第四卷出版的活動前夕，在當時的政治氣氛下，要想誣陷一個人阻礙了毛澤東思想的發展是輕而易舉的。林彪在此次會議上發言，詳細闡述了其整頓工作作風的觀點，指責有人反對他所提出的「活用」毛澤東思想的觀點。[11]他不斷地在毛澤東思想上增加自己的賭注，甚至把毛澤東思想進一步抬高，稱它為「當代思想的頂峰」。[12]所有與林彪工作方式有分歧的人便因此被扣上反對毛澤東的帽子而被置於高度危險的境地。譚被指責大搞宗派主義，陰謀組建「獨立王國」。[13]林彪接着強調資本主義復辟的危險以及在政治教育中提高階級意識的必要性，他迎合了毛在延安時期倡導的「精兵簡政」思想。譚在這次會議後被降為副職，並在文革期間因反對毛澤東思想的「反革命罪」被監禁九年。

通向馬克思主義的捷徑

《毛澤東選集》雜亂無序的特點給主管政治教育的幹部們留下了難題。一般來說，有兩種方法可以避免這些著作本身系統性不足的問題：或是擴大學習範圍，引入其他馬克思列寧主義經典著作；或是只着重學習重要的思想，通過不斷重複記憶來採用這些思想。林彪選擇了後者，並且將其發揮到了極致。雖然林並不是「活學活用毛澤東思想」的始作俑者，[14]但他十分堅定地將這場運動推到了無人可及的地步。在1959年9月林彪升任國防部長後的第一次對軍隊高級幹部的講話中，他詳細討論了政治學習問題。儘管林彪強調的確有必要學習馬克思列寧主義經典（「不學馬克思列寧主義就等於醫生不學醫學一樣」[15]），但是刻苦研讀經典需要囊括一些外文名字和外文地名，這不免過於麻煩，於是他就提出了一個理論上的捷徑：

> 我們學習馬克思列寧主義怎樣學呢？我向同志們提議，主要是學習毛澤東同志的著作。這是學習馬列主義的捷徑。……毛澤東同志全面地、創造性地發展了馬克思列寧主義，綜合了前人的成果，加上了新的內容。……我們學習毛澤東同志的著作容易學，學了馬上可以用，好好學習，是一本萬利的事情。[16]

在60年代早期，通往馬克思主義的捷徑被林進一步簡化：學習毛的著作只要背誦毛著作中最為重要的句子便可。[17]林彪提出這個指示僅僅是因為他個人有用小卡片收集並背誦中國重要哲學家語錄以備後用的習慣，而這個指示卻給文革時崇拜毛的發展產生了深遠的影響。自此，系統學習毛的認識就可以不用系統學習馬克思列寧主義本身。毛的信徒們只需要在適當的時機引用毛的語錄，乞靈於毛作為中共主席的權威，就能在辯論中佔據最高點。

在林彪庇護下建立起來的政治工作方式實際上與其前任在諸多方面一脈相承，唯一不同的就是政治學習方法上的不同。[18]林所倡導的學習

94

95

理論建立在以下前提上：理論沒有必要在認知上去理解，而應當被認作
一種內化於生活習慣中的儀式化了的方式。1961 年 4 月，林彪在視察部
隊時區分了教育的「身教」方法與「言教」方法，[19]這二者都必須定期實
行，就像練習打乒乓球。「言教」是身體訓練的補充，能夠為戰士們提供
思想上的指導，能夠給戰士們提供適用於任何情況下的語錄。這樣雙向
的教育必須落實在士兵的日常訓練中，這樣才能夠防止懷疑觀點的產
生。如果有人用崇拜儀式的觀點來解讀林彪的政治教育方法，就不難看
出，上面描述的日常崇拜行為和人類學家所常用的儀式崇拜這一術語是
不一樣的，即對毛的日常崇拜行為不斷變得更形式化，而不是超越為經
驗界限之外。這與人類學家常說的宗教儀式崇拜不同。即使到了文革時
期，對毛澤東的儀式崇拜中也不含宗教成分。林既對習慣性行為的形式
化能力高度重視，也十分明白內容與形式的相互依賴。在 1944 年一次
軍事訓練上，林彪就認為應當將成功的訓練經驗、禮儀和軍隊序列標準
化，以達到具備克敵制勝精神的重要作用。軍隊的工作方式並不應該被
簡單地視為空洞的形式主義。[20]

　　強調政治學習的原因源於當下緊張的時局：即農村災難性的蕭條和
毛熱衷於培植他的個人崇拜。德高望重的彭德懷被解職使得黨和毛澤東
個人在解放軍中的形象動搖。1959 年末大躍進的嚴重影響甚至蔓延到了
專門負責黨的最高領導人保衛工作的中央機構即中央警衛局。內部參考
資料《動態》將這種影響稱為「思想波動和情緒不安」，[21]正如絕大多數有
農村背景的年輕戰士紛紛對黨的農業政策表示了不滿一樣。很多新戰士
在與家人通信或者回家探親時了解到了食物嚴重匱乏的情況。戰士們也
帶來了公社社員們流傳的言論：「現在農民吃的東西簡直豬狗不如」，也
有的婉轉地反問道：「毛主席難道會讓我們餓死嗎？」[22]

　　如果意識形態工作沒有跟上，那麼以上思想傾向會潛在地威脅到解
放軍內部的穩定。林彪為了抵制這些思想傾向提出了兩套基本方案。第
一是總綱式的辦法，即「三八作風」，這是對毛為 1939 年抗日軍政大學
(林彪在抗大當了幾個月的校長)兩條題詞的歸納。這種工作方式主要強

調上下級的交流通暢，力爭各項命令「嚴肅，活潑」[23]地得以執行。這種方式也是為了防止核戰爭危機到來時可能產生的無序或者遲滯。第二是「四個第一」，即人的因素第一、政治工作第一、思想工作第一、活的思想第一，將這些因素置於武器裝備、非政治工作、非意識形態工作和教條主義之上。通過把毛澤東思想說成「精神原子彈」，一個忠誠的、政治穩定的解放軍在不斷地思想改造下應運而生。因而，林彪也同意毛澤東對上層建築與經濟基礎之間關係加以改造的觀點：

> 馬列主義是唯物主義，但是這個唯物主義是辯證唯物主義。它承認物質是第一性的，思想是第二性的。但是，有些人常常是在這個地方誤會了，認為第一性的就是第一等重要，第二等的就是第二等重要，這是大錯特錯……在一定條件下，精神的東西超過物質的東西，超過物質的力量。精神的東西它可以轉化為物質的力量……像原子彈爆炸以後，就爆發出很大的力量一樣。[24]

97

然而，林彪這一「發明」[25]在貫徹上卻是模糊的，這也給政委們提供了多種可能性，即政委們經常傾向於表彰那些在抽象理論應用方面取得突出成就的模範戰士或單位。因此，接下來的「活學活用」運動在很大程度上以中央與地方之間的交流為特點：成功的模範事跡被刊登在《解放軍報》上，並通過媒體網絡的傳播被塑造為值得全軍學習的典型。

「活學活用毛澤東思想」運動在軍隊之所以具有廣泛的重要性，還在於1959年後，中共為了保證這場運動在大躍進激流中仍然能夠成功實施所設計的方法。儘管這其中的很多方法早已在整風運動早期小試牛刀，但是「活學活用」運動對毛澤東語錄的關注可謂空前。在文革時的軍事管制階段，所有這些方法就通過軍隊的管制影響到了更大的範圍。在這些方法中，最重要的當屬以下三條：其一，嚴格限制可能與官方觀點不一致的信息資源；其二，通過解釋學聯結和情感聯結的手段來統一對當下時局的認知與描述；其三，引入一套激勵體制，即通過公開宣傳政治模範英雄人物來大力獎勵毛所教導的勤奮的學生。

信息控制和解釋學的聯結

由於解放軍的兵源主要來自於廣大農村，因此解放軍內部的穩定特別容易受到大饑荒的影響。雖然只有軍中的最高領導們才有資格閱讀新華社發行的《內部參考》，並從中了解全國範圍內的大饑荒，但是農民瀕臨死亡和地方幹部用野蠻手段防止農民反抗的消息，也從不同渠道傳入了戰士當中。這其中最為常見的渠道，如上文所論，便是家書和返鄉探親。其他渠道還包括一些地方媒體，因為這些媒體沒有中央媒體管制那樣嚴格。因此，在60年代中期河北省的所有黨政幹部臨危受命，對一些地方的出版機構進行秘密審查，更加注意對地方報刊和廣播電台的監管。畢竟許多外國的情報機關據說為了了解大躍進運動「日益增長的偉大成就」[26]而越發關注地方媒體。一些偶爾提及饑荒和由營養不良導致災害的報道，以及提及食物儲備來源不穩定的省級黨內出版物也被以類似的方式嚴格審查。[27]

第一項限制措施，就是嚴格限制藉由家庭關係和人際關係網傳播的一切未經審查的信息。所有軍隊各個單位尤其是家在重災區的官兵，書信與來訪都必須受到嚴格關注，以「主動採取措施，避免戰士受到不良影響的侵害」。[28]然而，防範的方式卻不是(像以前偶爾發生的情況)那樣直接地進行，即這樣的防範並不沒收戰士的家書，也並不禁止親戚探訪戰士。簡單粗暴的做法無疑不是長久之計，不利於給戰士的行為實施正面的影響，也不利於提升本已受損的解放軍在人民群眾中的形象。政治部將這些嚴峻的情況轉化為教育的活教材，而不是訴諸暴力。家書和其所表露的情緒受到嚴格控制。整個形勢被歸咎於自然災害引起的饑荒和部分地方幹部對正確路線的背離。通過向普通戰士們灌輸這些觀點，所有含糊不清的思想都被有關「三面紅旗」(大躍進、人民公社和中共社會主義建設總路線)的一致的、正面的評價所取代，而戰士們也從過去被動地接受變成主動地、自覺地接受黨對一系列事件的解說。根據時下報道，這類事例式的教育的宣傳效果超出通常正規的課堂教學十倍之多。[29]

如果要在軍隊內完成共產主義教化，必須根據軍隊不同的等級採取多種手段和特定手段。軍隊領導們在被要求不斷自我學習、小組討論的同時，也從低級的軍隊人員中尋找有效的模範，這能帶來新的、不斷被強調的有感性的解釋學聯結。以蘭州軍區為例：1960年7月，蘭州軍區在黨政幹部中發起了整治工作作風的運動，並採用了一種加強無產階級立場的方法；這一方法通常被稱為「兩憶三查」。[30] 應林彪的要求，蘭州軍區的經驗以試點的方式推廣到全軍。劉志堅（自1957年10月以來擔任總政治部副主任）在1961年1月7日的一次電話會議中概述了非常成功的蘭州經驗。以蘭州經驗進行的教育運動能在很短的時間（通常為三到四週）內使戰士們產生很強的階級意識，激起對社會主義事業的「強烈熱愛」。[31] 根據蘭州經驗的報告，即使在時下困難時期，戰士們在受教育後都會把他們的現狀同舊社會的苦難相比較，並會因此對黨心存感激。在毛澤東思想的指導下，戰士們能夠克服「和平麻木思想」，[32] 進一步端正責任態度，最終形成了團結一致的力量。基於412處蘭州經驗的試點，情感聯結終於作為政治工作的核心於1961年最初的幾個月裏推廣到全軍。

一份北京軍區的報告詳細地描述了蘭州經驗這些高度戲劇化的執行過程和必要準備。下屬的連排首先必須摸清各自連排的情況，然後詳細地分析具體的不滿，最後在戰士中選出值得信賴、無工作污點記錄並善於言辭表達的模範。由於「兩憶三查」運動在大程度上依賴所選的模範的信譽，因此這些模範並不需要被「臨時製造或模仿」，[33] 只需要小心培養就是了。這種運動的一般指導是由部隊政治部做出的，而各大軍區政工和管理幹部仍然負責低級幹部的培訓。毛澤東的一些短篇著作（最著名的就是〈紀念白求恩〉和〈為人民服務〉，都記述了為社會主義事業而獻身的犧牲者們的故事）成為了上述運動的核心文本。

上述運動本身分為三個基本步驟。第一個步驟是通過回憶舊社會的苦難來激發情感，並用中共的歷史經歷來銘記中華民族所受的壓迫。由於這場運動的成功很大程度地依賴於環境和所選擇的模範，因此基層幹

100

部們被要求使用莊嚴肅穆的裝飾風格，選擇出色的模範，並關照參會者的物質生活。這樣的會議必須在充滿悲傷的氛圍中循序地召開；然而幹部們卻不必拘泥於形式，例如不必要求參與者以哭泣來表明其誠意：

> 憶苦時的氛圍並不應該讓人覺得是被強迫的。不過，鑒於憶苦的嚴肅性，因此必須要有一個特定的氛圍（必須寫標語喊口號），但不能過了，比如「吃憶苦飯」。另外，也不應該要求在「憶苦」的時候所有人都不能穿皮鞋，不能隨意進出，不能藉口上廁所。對「哭」的要求也不能過了。情到深處自然會哭，但這不能被視為標準；也不應該有類似「在哭夠之前不許散會」這類的規定。[34]

101　　　在憶苦活動中，政委的任務是把憤恨引向帝國主義侵略者和國內階級敵人。採取的常用方法通常包括口頭演講、學習毛著作中有關階級分析的內容和新近報刊文章。通過「復仇」，使得參加憶苦的人們能夠明白過去的壓迫主要來自於兩個原因：資本主義的剝削和私有制。在政委們把這一切都歸咎於蔣介石和其美帝國主義支持者後，戰士們必須通過揭露資本主義和美帝國主義這一「世界上一切反動派的總頭子」[35]來鏟除舊社會苦難的根源。最終，基於學習毛關於勤儉節約和無產階級團結的文章，精神的淨化通過過去與現在的順利比對得以完成。

　　　憶苦這種生動教育的目的在於引導戰士們「思甜」，即在中共和毛澤東正確領導下的「甜」。為了達到這一目的，地方領導必須竭盡所能，利用一切可用之材。常見的有效教化形式包括電影、漫畫、大字報、演出、對舊社會受苦的勞動者的訪談、展覽會和現場參觀模範公社等。在最後的階段，所有人必須仔細自查其階級立場、鬥爭精神和工作記錄，並按照給定的模式來規劃自己的人生。另外，把仇恨聚集在特定敵人的身上提供了宣泄挫敗感的機會和施加虐害的源頭。然而，林彪本人很快明白了這樣的對比教育所蘊含的毀滅性潛能。因此，在1961年1月，林彪就禁止憶苦的受教育者們把他們的階級仇恨投射到某個犯有個人錯誤的幹部身上，禁止對這些幹部進行公開批鬥。[36]在灌輸情感聯結過程中所使用的粗暴言語並沒有引起毀滅，而是轉化成了對那位中共主席和黨

中央的狂熱愛戴。然而在幾年之後的文革期間，卻並沒有這類不得傷害他人的禁令。

據報道，即使在大多數戰士家庭都受到饑荒影響的連隊中，「兩憶」運動具有的訓誡性與很強的工具性特徵也並不影響運動的成效。1961年3月，總參謀長羅瑞卿前往數省視察，正如他對毛澤東和林彪所作的報告，根據他的說法，「兩憶」運動的成功在於把日常軍事問題與毛澤東思想結合起來。羅機敏地察覺到，大多數時下「憶苦思甜」的比較教育都能夠與土地改革時期較好地契合，然而對大躍進的評價卻「傾向於抽象且缺乏根基」。[37] 羅的報告暴露出了中共宣傳活動的局限性，也顯示出在真實的正面經驗中植入解釋學聯結以激發公眾情緒的必要性。1961年3月30日，在中央軍委簽署並發布的最終報告中，「兩憶三查」運動被認定為為部隊引入鮮活教育的轉折點。[38] 這場運動在90%至95%的基層單位中成功進行，並喚醒了「生在舊社會，長在紅旗下」的青年戰士們自己的階級出身意識。根據這份報告，只有一小部分人仍然沒有認識到時下生活條件的優越性，仍然需要被反覆改造。

中共提供了一些例子來證明「兩憶三查」運動的成功和戰士們對階級敵人的無比憎恨，青年戰士雷鋒則是其中最著名的例子。雷鋒出生於湖南省望城地區的一個窮苦農民家庭，據說其父親被日本侵略者活埋，哥哥被國民黨富豪迫害致死，母親則因為受盡了地主的凌辱而選擇自殺。[39] 雷鋒的故事感動了聽眾，同時向聽眾們注入了對敵人的強烈仇恨。1962年雷鋒英年早逝，年僅22歲，去世後的雷鋒享譽全國。總之，至1961年中期，「兩憶三查」運動成功地推行，解放軍的政治教育也從此走上了一個新階段：培養模範單位和模範戰士。

效仿個體和積累經驗

建立情感聯結這種方法，雖然在克服饑荒對部隊士氣造成的直接不良影響上頗有成效，但卻不是長久之計，也不具有很強的持續效力。一個妥當的、持續性的社會主義教育因此必須依賴一系列的方法來達到目

的。在與蘇聯的關係破裂後，中共一直鼓勵尋找值得效仿的民族傳統和模範。毛澤東著作作為馬克思列寧主義應用於中國國情的成功模範，體現了某種必然的選擇結果。因此，作為遺產，40年代早期對毛澤東的崇拜和毛澤東在中共領導層被廣泛接受，現今都是興起新一輪崇拜毛的重要因素。在毛的著作能夠提供基本的思想框架之際，省市地方黨組織仍然需要尋找一種能夠在全國範圍內推廣的地方模範。

　　表彰某個人的運動在新中國早期便有跡可循，這種運動最直觀的事例就是在國營工廠、解放軍或共青團中培養各種「積極分子」。積極分子的與眾不同在於他們是根據中共所控制的、由思想統一的成功人士所構成的階層的一個主要工具，他們既能夠為中共提供當地的具體情況，又能夠肩負由一向人丁稀少的基層黨組織書記制定的某些職責。其他表彰個人的方式還包括解放軍或共青團經常舉行的公共競賽和聚會，以及獎勵在軍事訓練、理論學習和共產主義道德方面表現優秀的人物。在文革之前的幾年中，最具有代表性的表彰是解放軍中的「四好—五好」競賽。「四好—五好」榮譽在50年代中旬就已開始使用，只是獎項的具體內容有少量變化。對這種榮譽的競爭在大躍進中遍及全國，1961年初開始成為保持個人自我美德的激勵體系內增強紀律的方法。「五好」榮譽主要與個人行為有關，即政治思想好、軍事技術好、三八作風好、完成任務好、鍛煉身體好。與其對應的「四好」運動則主要與連隊有關，要求連隊的政治教育方針，即一抓政治工作、抓活的思想，二抓作風，就是三八作風，三抓軍事訓練，四抓生活。

　　雖然這一對孿生運動於1961年在全軍範圍內被倡導，但是這兩項運動成功與否的判斷標準與各自所要達到的目標都是含糊不清的。各個單位被要求制定自己的獲獎標準，並保證這些標準是戰士們經過多方努力可以達到的。[40]1962年4月，總政治部宣布了1961年「四好」運動的結果。超過5,800個連隊和地方單位獲得「四好」稱號；520,000名戰士獲得「五好士兵」稱號；並有185,000名戰士獲得優秀射手、優秀投彈手和技術專家稱號。[41]1962年，評比運動開始定期舉行，稱號的授予也開始根據由總政治部制定的系統化標準來執行。

學習雷鋒的運動是中國所有學習模範運動中最為著名的主題，這個主題在文革前也被大量地用以塑造日益高漲的毛澤東崇拜。這場運動也同樣是為了加強戰士的紀律和政治覺悟。雷鋒的非凡角色早在「兩憶」運動中，即在他出名之前，就在媒體中獲得了很高的展現。雷鋒在1962年8月15日因意外悲劇早逝，他是被一輛行駛的卡車撞倒的電線桿壓倒致死。模範戰士雷鋒的英年早逝使其生前所在的瀋陽部隊的領導於1963年1月18日決定開展學習雷鋒事蹟的運動。三天後，國防部授予雷鋒生前所在連隊「雷鋒連」稱號。《解放軍報》2月8日發表題為〈學習雷鋒那樣做毛澤東思想的好戰士〉的社論，直至3月初，以民眾為主要讀者的中共報刊（其中最為著名的是《中國青年報》），紛紛開始在全國範圍內傳播這一無私的、無限忠誠於毛澤東的事例。[42]雷鋒的日記摘錄，無論是否真實，也隨着中共領袖們撰寫的紀念雷鋒同志的一系列題詞一同出版。雷鋒之後還出現了許多模範戰士，而「南京路上好八連」則是第一個享譽全國的模範連隊。全國上下都在學習解放軍的經驗，因而林彪的政治工作方法也隨之延伸到了軍隊之外。

當時的批評

中共軍事領導層已經就打破對外國模式的迷信和對西方軍事理論的巨大畏懼基本達成共識。然而，並不是所有人都認可林彪的政治工作方式。在解放軍中政治工作的建立和監管一直是由羅榮桓領導的總政治部和政治學院正式管轄的，基於羅對毛的忠誠，毛給了他極大的信任。[43]羅在1958年4月的一次改進工作方法談話中就已經強調，無論學習的文件是中共中央指示、毛主席著作還是馬克思列寧主義著作，其核心都是要領會其中的精神而不是簡單地引用背誦。[44]正如羅認為，一味地強調應用是危險的，因為如果沒有理解馬克思列寧主義的基本真理就有可能導致錯誤的應用。1961年1月3日，在其長期信任的親密戰友譚政被林彪降職後，羅榮桓重新擔任總政治部主任一職，對林彪進行激烈的批評。他既反對林彪提出的學習作風，也反對關於馬克思列寧主義在毛澤

東思想中達到頂峰這種提法。在羅看來，林彪所提出的學習作風最危險的一面在於只反覆背誦隻言片語而缺乏與馬克思列寧主義或與毛澤東思想精神的結合。羅還特別批評了林彪在1960年10月下旬提出的「帶着問題學」的指示：「帶着問題學，就是要到毛選中去找答案。這樣提不適當。比如兩口子吵架，發生了問題，如何到毛選中去找答案？還是應當學習立場、觀點、方法。」[45]

在行政管理方面，鄧小平也提出了類似的批評。在1960年3月25日於天津召開的一次黨的會議之前的講話中，鄧專門強調了時下宣傳工作如何正確宣傳毛澤東思想的幾個問題：

> 第一，現在的主要問題是把毛澤東思想用得庸俗了，什麼東西都說成是毛澤東思想。例如，一個商店的營業額多一點就說是毛澤東思想發展了，打乒乓球也說是運用毛澤東思想。第二，馬克思列寧主義很少講了。……為什麼要提出這個問題呢？因為按照我們對毛澤東思想的正確理解，一個是要堅持馬克思列寧主義；一個是要發展馬克思列寧主義。毛澤東思想同馬克思列寧主義是一回事。毛澤東思想堅持了馬克思列寧主義的普遍真理，並且在馬克思列寧主義的寶庫裏面增添了很多新的內容。所以，不要把毛澤東思想同馬克思列寧主義割裂開來……光講毛澤東思想，不提馬克思列寧主義，看起來好像是把毛澤東思想抬高了，實際上是把毛澤東思想的作用降低了。[46]

鄧的批評直接針對林彪關於馬克思主義捷徑的觀點及其對毛澤東思想公式化的讚揚。兩種水火不容的關於對待馬克思列寧主義理論遺產的方法在這裏發生碰撞。鄧小平堅定地把馬克思主義理論視為真理，並真誠地探索着把共產主義模式付諸實施的方法；而林彪則更多的是把馬克思主義視為工具。林深諳毛澤東過去取得策略的優勢，即選擇性地改造一些概念，並因而取消其他概念合法性的來源。鄧在天津談及集體領導的問題時，語焉不詳恰恰提供了又一個例子，即他堅持事實應該服從於

理論，而不管已經在中共政治內部佔據主要地位的權宜之計：

> 還有一個集體領導問題，也要在適當的會議上説一説。我們黨是集
> 體領導，毛澤東同志是這個集體領導的代表人，是我們黨的領袖，
> 他的地位和作用同一般的集體領導成員是不同的。但是，切不可因
> 此把毛澤東同志和黨中央分開，應該把毛澤東同志看作是黨的集體
> 領導中的一個成員，把他在我們黨裏頭的作用説的合乎實際。毛澤
> 東同志是尊重集體領導的。他昨天講，提法要合乎實際，不合實際
> 就站不住腳。我們應該本着這種精神，去做好毛澤東思想的宣傳工
> 作。[47]

陸定一在1961年4月的兩次講話中繼續鄧小平關於毛澤東思想的描述，特別提出了馬克思列寧主義「通俗化」一詞，在文革時期，這種「通俗化」的提法被曲解了含義，並用來指責中共中央宣傳部和文化部的存在意義，最終導致這兩個部門被撤銷。陸警告道，用高度簡化的觀點來向青年一代教授十分複雜的事物是十分危險的。「毛澤東思想」一詞並不能被隨意延伸至所有現象：「如果我們採用了這個標籤，那所有東西都能是『毛澤東思想』……貼標籤就像是義和團運動，覺得念了咒語後就能刀槍不入。」[48]

在1961年4月30日的中央軍委會議上，羅榮桓直接與林彪交鋒，羅指出「帶着問題學毛選」的提法不正確，因為這「有毛病」，應該重新考慮。[49]林問羅具體應該怎麼改，羅答道應該主要學習「毛選」的精神實質，並建議將「帶着問題學」這種提法在即將編成的文件中刪去。林彪無法容忍與他常年合作的這位政委如此與他爭論，不等羅把話説完便宣布散會離場。羅沒有説完的觀點是強調經典的毛思想的立場、觀點和方法的有機和諧。在這次會議上所形成的林與羅的敵對在兩年之後以羅的去世而告終。羅於1963年12月16日去世，享年61歲。毛澤東當晚稱讚羅的忠誠、正直，稱讚其直言批評所具有的頑強精神，稱讚其不暗箭傷人、傳播謠言的氣節。正因如此，即使在文革中，羅也並沒有在死後受

107

到批判。然而，羅已死，林從此在解放軍中難逢敵手，他開始在軍中培植自己的黨羽，這些黨羽支持林的政治觀點，並將林有關政治學習的指示付諸實施。因此，不難理解，為什麼羅死後僅一個月，第一版內部紅寶書這種崇拜毛的最重要的象徵，就被迅即編纂完成並發行。

第5章

紅寶書

《毛主席語錄》的歷史可謂是一部令人嘆為觀止的出版界傳奇。據
估計，1966年至1969年三年內，「語錄」的官方印刷量超過十億冊，僅
次於《聖經》——這個數字還不包括地方版本、外文譯本、軍方內部版
本和無計其數的油印本或手抄本。[1]到1971年9月林彪去世前，紅寶書
已經被翻譯成了36種語言，甚至包括盲文，並在國外出版超過一億一
千萬冊。除了官方版本的「語錄」外，目前所知還有440個地方版本。在
文革十年中，由官方發行的毛的文章和海報約有18萬億8,000萬份之
多，加上1949年至1965年發行的約7,830億件毛的飾品，[2]都使得毛成
為史上最為暢銷的作者。毛澤東著作，尤其是紅寶書如此驚人的出版，
致使毛的著作在文革及其特定話語的演變中起到了至關重要的作用。在
本章中，作者將介紹這種紅寶書在1966年5月前編纂和流行的政治運動
背景。

林彪通常被說成是「語錄」編纂的幕後推手，[3]林彪創立的儀式化學
習和應用語錄的方式代替了苦讀馬克思列寧主義經典的方式，這顯然為
「語錄」最後的編纂完成過程鋪平了道路。然而，本書將要表明的卻是，
林在「語錄」的內容和形式的定稿過程中僅僅起到了邊緣的作用。1961
年4月，林彪在視察部隊時要求《解放軍報》經常刊登毛澤東語錄，以保
證「使每一個戰士在各個時期、各種情況下都能及時得到毛主席思想的
指導。」[4]自1960年11月起，《解放軍報》開始時常刊登一些語錄。引用
的語錄來源範圍很廣，包括魯迅作品、革命烈士日記，也包括毛澤東和

林彪的語錄。自1961年5月1日起，《解放軍報》開始每天在頭版頭條刊登毛的語錄。《解放軍報》下轄的參考資料部和一些專門收集馬克思、恩格斯、列寧、斯大林和毛語錄卡片的編輯人員負責根據社論文章的主旨，選用合適的毛澤東語錄。雖然選用特定的規則來為論證提供權威性一向是馬克思列寧主義的一大特徵，但是每天都必須選擇一條合適的毛語錄來和有關社論相匹配，無疑是一件十分困難的工作。報社編輯選用的語錄資料庫來源於權威的、已出版的四卷本《毛澤東選集》，這一至四卷包括了毛澤東1926年至1949年期間所寫的著作。除了對工作與學習態度發表一般性評論外，報社還要宣傳對共產主義理想無私的、不懈的堅持，宣傳勤儉節約和時刻對敵人的侵犯保持警惕的觀念。因此，這些語錄資料庫是遠遠不夠用的，其中的一些語錄也無法指導如何面對去斯大林化以及如何面對大躍進所造成的經濟災難這些問題。

由於當時沒有任何毛澤東著作的用語表或索引，時任《解放軍報》總編輯的李逸民代表報社編輯人員向總政治部主任羅榮桓詢問如何嚴格按照林彪的要求行事，尤其是如何找出合適的卻又是從未在正式場合記載的毛語錄條目。羅的回答也相當實用。他建議學習毛關於新聞工作的指示精神，這其中最重要的就是〈對《晉綏日報》編輯人員的談話〉，而不要將毛的著作奉為聖經。[5]編輯人員自然不敢像這位老元帥一樣如此冒天下之大不韙，因而也不敢落實羅的建議。《解放軍報》指派副總編輯唐平鑄向其他面對同樣難題的報刊取經，他很滿意《天津日報》所採用的方法。《天津日報》將《毛澤東選集》中最著名的篇章摘錄下來，按照主題裝入卡片盒中。[6]這種按照主題檢索的方式來選用合適的語錄條目就容易多了。唐平鑄指派四名編輯抄錄了《天津日報》整理的整個目錄。這四名編輯足足花了一個星期才完成了這項工作，並且簡化了選取毛語錄的工作。這種從《天津日報》引進的、用卡片盒主題來檢索的方法為之後紅寶書的編纂工作提供了重要基礎。

政策的經常變化可以解釋為何毛的語錄不僅在解放軍中而且還在黨政幹部中得到了很大的普及。如果一篇地方的報告能夠召喚出毛主席的

權威，那就可以避免被扣上「獨立王國」的罪狀或者極大地降低被扣上「錯誤路線」帽子的風險。學習解放軍的運動在社會主義陣營中是獨一無二的，因為它號召共產黨去學習軍隊，進一步促進了地方和國家官僚中那些學習軍事的積極分子以自我為榜樣的做法。大慶油田和大寨農業生產大隊是最初把學習毛的語錄應用到新領域而享譽全國的地方單位。因此，他們各自所在的省地宣傳部門也迫切地把這兩地所追蹤報道的學習例子推廣到縣或生產大隊，進一步提高黨員和群眾的馬克思列寧主義知識。

河北省委1964年3月制定了新的學習馬克思主義理論的大綱。不僅高級幹部必須學習中共中央宣傳部選編的30本馬克思列寧主義著作文集，而且連村支部書記都被建議在兩年內通讀完《毛澤東選集》。因此，許多區縣重新恢復在大躍進時期學習毛主席著作的研讀小組，每個小組成員都要詳細列出閱讀的進展計劃。[7]縣級以下單位的幹部則必須閱讀由河北省委彙編的毛的短文和新聞稿文集《階級、階級鬥爭、反對修正主義和防止修正主義》。[8]對於廣大群眾，學習的方法則因地方幹部的牽頭方式不同而各異。然而，廣大群眾對毛著作的日漸理解也使得許多幹部陷入了理論上的危險境地。如果村民們都能準確地識別出村幹部的哪些行為背離了毛著的基本思想，那麼地方幹部的處境經常「很尷尬」[9]。因而，理解毛的語錄就在理論上授予了一種權力。

由於並不是所有人都能夠讀到《毛澤東選集》，因此人們經常用個人筆記本從《解放軍報》上摘錄毛澤東語錄，並用從其他地方摘錄的語錄加以補充，人們通過個人努力甚至建立起了毛的「理論寶庫」。[10]同時，媒體也在樹立學習模範上起着重要的作用。一批如廖初江那樣的班長們因為不斷努力學習並創造性地宣傳毛澤東思想而成為傑出範例。以廖初江的例子來說，他將軍隊教學用的黑板變成了毛主席語錄黑板，以便行軍和訓練時攜帶。[11]其他的模範人物則以各種特定的主題將毛的思想編成了諸如《學習方法》或《毛主席論政策》等文集。於是，出版官方毛澤東語錄集的想法就這樣隨着背誦式的學習方法應運而生了。

111

沒有證據顯示林彪本人親自下令編纂《毛主席語錄》，這與一般看法相左。也沒有證據顯示，用反覆印刷刊載短文的小冊子來激勵部隊士氣這種做法是中共的獨創，因為類似的做法早已被國民黨和北洋軍閥用濫。[12]中共的這種做法是在1963年12月總政治部工作會議上由唐平鑄首次提議的，他提議把他手下的編輯所彙集的毛語錄作為書籍出版，以供軍隊內部使用。這個提議得到了熱烈的擁護，唐本人指示編輯們在這次會議結束前編成一本樣書。兩週之內，第一版《毛主席語錄二百條》就編成了，並於1964年1月5日發給與會人員審閱，這項工作最終獲得了認可。1964年1月10日總政治部最終發布的版本，則又擴充了一些語錄主題，加入了67條新語錄。[13]在接下來的四個月中，「語錄」的最初版本在毛澤東思想學習積極分子(如廖初江和其他軍界專家)的建議下加以修改。這一樣本也同時被送至中央軍委，得到了軍委的大力認可，軍委命令發給所有解放軍幹部，並規定每一個解放軍班裏都要有一本紅寶書。

1964年5月16日，《毛主席語錄》的第一正式版本發行，被劃歸為軍界「內部讀物」。根據積極分子的反饋，為了學習方便，這一版本的尺寸被縮小到剛好能夠放入軍服口袋中的大小。「語錄」的通行本有兩種：一種是適合普通讀者的平裝本，封面白底紅字；另一種是特裝本，裹着紅色的塑料封皮。[14]中共領袖們，包括毛澤東、朱德和周恩來，都通過秘書得到了此書。1964年5月1日，該書上加進了總政治部的序言，之後又加入了林彪的題詞。《解放軍報》請林彪題寫雷鋒日記裏面的四句短語：「讀毛主席的書，聽毛主席的話，照毛主席的指示辦事，做毛主席的好戰士。」然而，林彪卻不知為何在寫了前三句後就停了下來，並不打算寫最後一句。唐平鑄最終決定按照林彪所寫原樣出版。直到該書本發行後，在許多不同的讀者來信的提醒下，編輯們才發現林彪不止少寫了一句，還寫錯了「聽」字，多加了一點。由於這一版已經下發給了部隊，因此這個錯誤一直到1965年的第二版才得到改正。

與此同時，毛的其他著作選集也陸續出版。1964年6月，人民出版

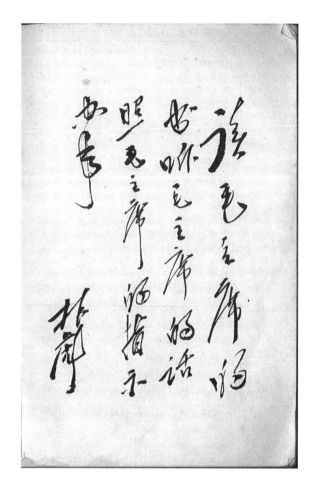

插圖 3　首版《紅寶書》扉頁上林彪的題詞，其中「聽」字多加了一個點

社以《毛澤東著作選讀》為題為黨政幹部出版了兩卷本的毛的著作；中國青年出版社也同時同樣以《毛澤東著作選讀》為題，為工人和農民讀者出版了毛的主要著作的簡寫本。這套選集選入了四篇毛以前未出版的文章，其中就有最近才重新發現的 1930 年〈反對本本主義〉和著名的〈人的正確思想是從哪裏來？〉。這些文章的出現直接顯示了讀者對第一版「語錄」的修改訴求，一大批讀者致信《解放軍報》編輯部表達這樣的修改訴求。其中的多數請求都是希望這本語錄能夠增補一些特定的主題。

例如，周恩來的夫人鄧穎超就請求「語錄」中宜包括有關婦女的主題。要求刪減「語錄」的訴求是極少的。康生與毛的秘書田家英提醒過編輯，指出其中的三條語錄雖然出自毛本人，但卻曾以他人名義發表過，因此在《語錄》的後續版本中需要刪除。[15]

負責編纂「語錄」的編輯們甚至前往北京衛戍區進行實地考察，向著名的學習毛澤東著作的積極分子們請教，從大眾階層那裏了解進一步修改毛的語錄文本的訴求。一位毛澤東思想積極分子孔祥秀建議選用1960年中央軍委決議與林彪講話的有關部分來增加毛澤東思想與當今國際事務的相關性。[16]因而，在這次實地考察後，這本語錄的序言經過修改加上了一段對毛澤東思想的評價：

> 毛澤東同志是當代偉大的馬克思列寧主義者。毛澤東思想是在帝國主義走向徹底崩潰、社會主義走向全面勝利的時代，創造性地發展了馬克思列寧主義⋯⋯毛澤東思想是最高最活的馬克思列寧主義。[17]

不久，總參謀長羅瑞卿刪除了以上引文的最後一句，也成為羅本人在文革中被斥責為反毛澤東罪名的一大「罪狀」。這次的修改文本使得「語錄」包含了33個部分和427條語錄，受到總政治部領導層和林彪、賀龍、聶榮臻、劉伯承和葉劍英五位元帥的贊同。毛澤東本人也似乎更喜歡這個版本。在1965年11月同地方幹部的一次談話中，他將這一版的「語錄」與其他短小精煉且影響深遠的著作（諸如老子和孔子的著作）相提並論。1965年8月1日，在解放軍建軍38週年紀念日之際，《毛主席語錄》第二版出版。這一版語錄再次只限於軍隊內部發行。這次，所有語錄本都裝上了紅色的塑料封皮，使得這種「語錄」別具特徵；而為了滿足戰士們的使用需求，第二版的「語錄」又進一步地縮小了尺寸。之後，主要因為林彪的緣故，序言部分有些許修改，又因為其中很多的形容詞都做了最高級的變化，因此這部第二版紅寶書不得不在1966年12月重新印刷，並傳送到中國的每一個角落。

　　1965年「語錄」軍隊版本的成功激發了其他機構「語錄」的編纂。但是，只有兩種版本具有能夠與軍隊版本匹敵的機構背景。在中共中央書記處的支持下，中共中央宣傳部、文化部和人民出版社自1965年4月起開始聯合發行另一版本的「語錄」。根據羅瑞卿的繼任者、代總參謀長楊成武以及總政治部副主任劉志堅的建議，毛澤東本人要求陳伯達藉由《紅旗》雜誌編輯部的幫助牽頭出版一部權威性的「語錄」。[18]第四版「語錄」旨在對那些閱讀能力不強的讀者發行，定名為《毛主席語錄一百條》，於1965年11月應中共中央宣傳部要求由《人民日報》編纂而成，但卻從未付梓印刷。

　　中共中央辦公廳在1966年初將以上三個版本下發各級省（市、區）委並徵求意見。軍隊版本：已為所有幹部所知，通常稱之為「小本」；人民出版社最終校對版本：因尺寸相對較大，稱之為「中本」；未署名稿本：由陳伯達牽頭，超過30萬字，遠遠超出軍隊版本的8.8萬字，稱之為「大本」。[19]反饋回來的意見強調「語錄」受到極大歡迎。一些人能夠通過軍隊獲取了軍隊版本；還有人主動編輯自己的「語錄」版本。根據多種反饋，「語錄」發行的最大便利在於其實用的形式，即工人和農民可以帶着「語錄」去工作，可以隨時向「毛主席語錄」尋求指導。另外，「語錄」的簡短引用使得語錄很容易耳熟能詳，甚至讓人們不需要閱讀大段毛澤東文章就可以領悟毛澤東思想的精髓。

　　河北省委在報告中建議為了應對不同的讀者加印兩個「語錄」的正式版本。第一個版本是基於陳伯達主持修訂的綜合版，可用作縣級以上單位和黨政幹部的參考資料。第二個版本比較簡短，主要應對地方幹部和一般人民群眾，這一版本可以從綜合版中縮寫而來，也可以直接基於「中本」「語錄」編成。[20]軍隊版本在出版不久之後，就已經在全國範圍內獲得了壓倒性的關注，於是明確不被選為再版樣本。不過，即使是軍隊的「小本」也包括了一些河北省委認為十分重要且可用作長處的優點，特別是這本序言體現的毛澤東思想本身的當代性與該語錄本能夠讓讀者隨時隨身攜帶的實用性這兩方面。這兩種優點都被河北省委的報告明確

提及，報告建議在加印的版本中繼續保持這兩項優點。河北省委進一步建議，未來加印的版本應該收錄更多毛近期的即將被編入《毛澤東選集》五、六兩卷的講話。這份報告還明確建議單列出三個主題，即反修正主義、1956年毛定義的「十大關係」和階級鬥爭，以供進一步劃分目錄。畢竟，儘管許多毛的近期講話作為學習文件而下發，也因此成了「幹部與群眾的共同話題」，[21] 但是還沒有被收錄到毛著作的正式典籍中。

116　　在所有類似的報告送至中共中央辦公廳之前，鄧小平和彭真1966年1月29日在釣魚台國賓館召開了一次會議，這次會議討論了哪一個版本的「語錄」應該被視為權威版本的問題。與會人員包括中共中央宣傳部的領導人陸定一、許立群、姚溱、毛澤東的前任秘書田家英和前上海市委書記石西民 (他此時剛剛被委以在陸定一的領導下主持文化部工作重任)。通過對「語錄」三個版本各自的優缺點進行評論審查，鄧小平決定將「中本」進行修改並付梓，畢竟「中本」是由中共文化單位牽頭編纂的。[22] 不過，這個版本從來沒有問世過。對黨內高層官員的清洗開始於1965年11月中共中央辦公廳主任楊尚昆的落馬，他曾負責黨的文件傳發，一個月後，羅瑞卿被解除解放軍總參謀長的職務，再到後來劉少奇和鄧小平在1966年8月八屆十一中全會上被解職，這讓中共最高領導層無暇顧及編輯「語錄」的事情。無論如何，鑒於「語錄」一書所固有的指導功能與圍繞着「語錄」所做的宣傳 (尤其是在部隊所作的宣傳)，對於「語錄」的大量需求並沒有減少。

　　「語錄」第一版預估發行量約為420萬冊，但是，這離每個班至少一本的最初目標相距甚遠。戰士們對「語錄」的極大需求不僅使印刷量增加了兩倍，還促使解放軍在軍中建立了新的「語錄」分發機構。在1965年8月第二版問世前，「語錄」的印刷量已經達到了1,210萬冊。即便解放軍報社的印刷工人們日夜加班，該報社也仍背負着「語錄」高量需求所帶來的壓力。為了緩解壓力，總政治部副主任劉志堅找到羅瑞卿，商量是否能將「語錄」的印刷模具下放到地方和非軍方的出版社，羅表示贊同這個建議。在此前的1965年9月，中共中央宣傳部長陸定一、康

生、賀龍元帥分別在不同的場合中討論並贊同了類似問題。11 月 19
日，中共中央辦公廳電話通知解放軍報社，傳達了毛澤東本人對將「語
錄」模具下發安徽省委這一提議的贊同。[23] 因此，甚至在鄧小平決定以
「中本」作為未來的「語錄」本之前，與軍隊版本旗鼓相當的「語錄」版本
的重印工作就已經展開了。然而，工作的展開並不源於中央計劃好的決
定，更大程度上是源自於大眾對「語錄」的大量需求。

　　在文革之前，「語錄」並沒有按照文化部的計劃在分配文章與其他資
源的程序中起到作用。到 1966 年 2 月，大約 7,500 萬冊《毛澤東著作選
讀》被印成，根據文化部的統計，這基本滿足了目標群體的需求。[24] 然
而，《毛澤東著作選讀》的處境卻遠遠不能令人滿意。自中華人民共和國
建國以來，發行了大約一億套《毛澤東選集》，六億一千萬冊單行本講話
和文章。根據文化部內部新聞機構《文化動態》的統計，在同一時期，
毛澤東著作和文章的印刷量達到了七億八千三百萬冊。[25] 即便如此，隨
着全國人民學習解放軍運動和農村中社會主義教育運動的興起，新華書
店發行的四卷本《毛澤東選集》仍然供不應求，尤其是在農村地區。

　　在農村地區分發毛澤東著作一向是令中共出版機構感到十分棘手的
問題。早在 1953 年，新華書店通過採取「雙軌制」系統繞過其銷售網點
來向農村擴展銷售渠道，即「雙軌制」要求商場、地方零售點和供銷合作
社按照 8% 的提成比例銷售書籍。[26] 這些「經銷商」依賴於全新的供貨渠
道，極大地擴大了客源。例如，至 1956 年，河北省共建立了 147 個合作
點。通過其在當地的分支，這些合作點接觸到了 82% 的當地人口，僅在
1956 年上半年就提高了 56% 的圖書銷量。即便如此，在偏遠地區，情況
仍然不容樂觀。1957 年 7 月，河北省 118 個地區建立了流動銷售單位，
圖書銷量進一步增加。這樣的書籍銷售方式在大躍進後被重新啟用，到
了 1962 年後，新華書店甚至為這種銷售方式專門培養流動銷售人員。這
樣的發行模式在 60 年代早期雖然極大地提高了書籍的銷售量，但是在不
斷擴大的需求量面前仍然捉襟見肘，正如宣布《毛澤東著作選讀》出版
後，新華書店總店 1964 年 7 月 10 日宣布的一條訊息中所指出的那樣：

唐山、保定、石家莊、張家口等店，從清晨開始，來店購書和電話
訂購的讀者整天未斷。僅保定一天接待近千名讀者。有的農村讀者
跑幾十里買書，不少門市部從早晨6點就排隊等候買書。[27]

全國其他地區的銷售情況都與河北省類似。1965年，人民出版社
接到了超過2,500封來信，其中63%的來信都在抱怨沒有成功地訂到《毛
澤東選集》。根據新華書店地方分店的報告和在四個城市展開的統計調
查，即使僅僅分配給最重要的單位，諸如黨政機關、學校和工廠，《毛
澤東選集》在全國範圍的供應缺口仍然高達1,100萬套。自中華人民共和
國建國以來，想要在一年內完成這1,100萬套《毛澤東選集》的印刷總量
幾乎是不可能的，因此，文化部不得不將原本在1966年印刷500萬套的
總目標合二為一。[28]文化部還建議新華書店優先考慮最重要的客戶，並
同時要求地方印刷廠保質保量地印刷《毛澤東選集》。對於暫時買不到該
書的顧客，可以這樣加以解釋：考慮到當前政治大形勢特別是在言行上
反對蘇聯修正主義的形勢和國家可能存在的紙張短缺問題，毛澤東的著
作必須優先保證在黨內和軍內的分配，所引起的不便還請給予諒解。

在此期間，1966年3月13日，文化部給中共中央宣傳部和中共中
央遞交了一份關於國家印刷和分發《毛主席語錄》的初步報告。[29]即使
「語錄」仍然被定為內部資料，即使「語錄」的印刷量在將印刷模具下發
地方印刷廠的情況下增長了2,800萬冊，這樣的發行規模對於黨政幹部
和人民群眾的大量需求來說仍然是杯水車薪。國家第一輕工業部為了
「語錄」的出版專門追加了5,100噸紙張（大約能夠印刷出5,100萬本「語
錄」）的供給，但是「語錄」仍然供不應求。不過，同意將印刷模具下發
至地方出版社的決定也導致了「語錄」分發上的缺陷，因為有些單位既
從當地渠道獲取樣書，也從中央渠道獲取樣書，這更加浪費了本來就稀
缺的書籍資源。為了解決這個問題，文化部明確區分了由北京市委專供
的中央單位和地方單位。按照這種區分，地方單位的分配量只能由各自
的地方文化部在地方黨委的監督下決定。分發工作實際上都由新華書店
來落實。「語錄」的內部售價可根據地方實際情況進行調整，每冊不超過

三、四角錢。為了抑制住自由市場分配機制在「語錄」分配過程中可能造成的破壞性影響，除了本來就被嚴格規定的出版計劃之外，「語錄」的分配遵循着「計劃供應為主，不在報紙上發消息，不登廣告，不公開陳列，不賣給外國人，門市部可以少量零售一部分」的原則。[30]另外，雖然僅僅被用作內部學習材料，「語錄」依然被要求保證極高的印刷質量。最後，這份報告重提了以往關於印刷兩版「語錄」的決定：一版是較貴的塑料封皮的版本，一版是較便宜的平裝版本。這份報告的內容在十天之後就獲得了中共中央的批准。

　　與此同時，國務院下屬的外交部頒布通知，要求所有外國人士歸還他們擁有的《毛主席語錄》，理由是這個版本無法完整地體現毛澤東思想，只能用作內部教育。因此，根據國務院的說法，這部紅寶書也不便於外國人閱讀，甚至不便於在與外國人士的對話中提起，但是想要收回已經分發給外國人士的「語錄」本是十分困難的。例如，一位天津南開大學的學生將自己的《毛主席語錄》贈送給了來自越南的留學生，而這名越南學生打算將《語錄》帶回越南並將其翻譯為越南語。從這名交換學生中收回該「語錄」本的工作十分困難，南開大學校長甚至作了干預。[31]4月20日，中共中央宣傳部適當地放鬆了這條規定。因為借這項規定收回所有「語錄」本的可行性不高，在回收《語錄》的過程中也會偶爾對毛澤東的形象產生不好的影響。因此，從這以後，所有「外國專家及留學生都可以通過所在單位要求借閱或者購買一本《毛主席語錄》」。[32]之前已發下的「語錄」可以不用交還，但之後要想獲得新的「語錄」則必須提出明確的申請。另外，在給外國人士發放這些「語錄」時，當地幹部應該強調這本「語錄」本身是一種內部學習的參考材料。

　　為了促成「語錄」分配渠道的統一，人民出版社在4月22日聯繫了由康生領導的毛澤東著作修改小組，並獲准由人民出版社負責向地方印刷機構提供紙版模具。[33]自此，人民出版社在與中共中央宣傳部自己編輯的「語錄」競爭失敗後，終於打破了解放軍報出版社出版「語錄」版本的壟斷。「語錄」依然被作為內部讀物分發。然而，地方黨委仍然可以決

120

定以下問題：是否在扉頁上加入毛的畫像、「語錄」的確切售價、地方機構用哪一種方法分發「語錄」等。所要參考的需求指標被詳細地做過計劃，[34] 而「語錄」兩個版本的價格則分別被定為 0.6 元和 0.32 元，僅僅比成本價略高一點。[35]

121 　　在將有效分配學習資源的重任轉交到地方黨委後，省一級的人民出版社和印刷廠的領導人需要承擔制定目標和印數的任務（這項目標和印數當時由地方文化廳局制定，這使得一個省內不同城市有所不同）。由於缺乏現代印刷技術，直到 1966 年 7 月，僅僅有 12 個省能夠印刷「語錄」。畢竟，毛澤東著作的出版，即使是內部讀物，也是一項具有高度政治性和莊嚴性的工作，是不能夠因技術不足而受到阻礙的。河北和天津大約加印了 1,200 萬本「語錄」。按照兩地的印刷能力，「語錄」的印製工作分別交由 13 家印刷廠承擔。由於出版大量的「語錄」需要增加工人（尤其是裝訂工人），於是印刷廠徵用了 835 名臨時工，每人每天必須負責 50 本「語錄」。[36] 由於中國持續的紙張匱乏，印刷「語錄」的紙張來源問題必須通過減少其他圖書的印刷來解決。成書之後，所有的「語錄」都被直接送往省級新華書店，由那裏向不同地區分發。對於縣級新華書店來說，這意味着他們必須僱用更多的人員來給沒有書店的農村和村鎮送書。在 1966 年，河北省新華書店就僱用了 1,049 名工人來協助全省範圍內的毛澤東著作的銷售與發放工作。[37]

　　對「語錄」的大量需求源自於許多因素。日益增多的政治學習運動，諸如在農村中重新喚起共產主義道德的社會主義教育運動和全國性的學習解放軍運動，就為「語錄」需求的增長提供了史無前例的政治背景。但是，影響因素也不止這一個。由於「語錄」為平民百姓提供了一個可以引用的權威，它實際上就有可能給非黨員們授予權力。鑒於其出版本身所具有的保密性、獲得「語錄」的困難和「語錄」的樣式設計是基於普通顧客的反饋而來這幾個方面，這些因素綜合起來就創造出了紅寶書這種受戰士、黨員和普通群眾共同追捧的崇拜物。對「語錄」的大量需求給計劃經濟提出了一個嚴峻的挑戰，並對整個出版行業內出版毛澤東著

作的幾乎所有資源都進行了大規模重整。1966年6月30日，文化部宣布，在1967年底前全國將出版2億本「語錄」和2,300萬套《毛澤東選集》。因此，在1966年中期，幾乎整個出版界都集中所有人力物力，並以犧牲其他出版物（甚至包括教材課本）為代價全力印製毛澤東著作。這些著作的大量普及極大地提升了毛本人的光輝形象，與此同時，文革通過針對黨內高層幹部的清洗運動而得以逐漸成形。

忠誠之辯

　　1966年5月4日至26日，中共中央政治局在北京召開擴大會議，討論前總參謀長羅瑞卿、中共中央辦公廳主任楊尚昆、北京市委第一書記彭真和中共中央宣傳部部長陸定一的問題。會議期間，自1965年11月楊尚昆因在大躍進期間對毛的私人車廂進行了竊聽而落馬開始，伴隨着掌控國家媒體部門的曝光，精心羅織的清洗活動達到了高潮。自赫魯曉夫1964年10月垮台後，毛就時常擔心會有政變發生。毛之所以擔心政變，是因為他認定他與其長期接班人劉少奇的公開衝突已經使黨的機器第一次變得不再可靠。這次公開衝突始於1962年對導致大躍進嚴重後果的政治錯誤的相關評估，而毛本人不願意一個人承擔責任。因此，他重新強調階級鬥爭的重要性，堅稱必須反覆強調資本主義滲透所導致的危險，對這種危險要「年年講，月月講，天天講」。[38]

　　到了20世紀60年代中旬，毛確信，中共官僚體制本身（包括中共中央委員會）已經成為滋生資本主義復辟的主要溫床。1965年1月13日在與黨的地方領導人進行的非正式談話中，毛警告地方領導人警惕中共中央可能存在的修正主義傾向。毛在1965年9月和10月中共中央工作會議上重提了這段話題，重新強調階級鬥爭與敵我矛盾在社會主義階段仍將持續存在。毛愈加幻想着可能發生的政變，幻想着自己有可能重蹈類似幾個月前赫魯曉夫的覆轍，因此他更加堅定地相信，更換他的接班人很有必要。為了避免斯大林的命運，毛決定將新一代共產黨人改造得能

123

夠抵制資本主義的誘惑，以此確保他的革命遺產。這樣的改造則只有通過改變時下的教育體制，將其核心替換成體力勞動和積極的階級鬥爭（而不是以崇拜書本和培養專家為核心），才能實現。

因此，從中共中央和解放軍領導層的政治言論和文章中去揭露催生資本主義萌芽的論述片段，就成為一個既直觀又容易取得成效的征服共產黨人官僚體制的手段。毛本人通過實行「分而治之」的策略來為這個做法推波助瀾。他越來越傾向於使用非正式渠道來實現他的目標，並且越來越依靠體制外的組織與個人（如康生、陳伯達和毛自己的夫人江青）——這些組織與個人僅僅唯毛的個人意志為轉移來實現他的指示。毛在首都長期深居簡出不僅使政治局的幹部們捉摸不透他的意見，而且還使他們在處理那些經常可能惹惱毛本人的微妙事件上如履薄冰。文化轉而成為最為複雜的領域，進而最為敏感地表現人們的內心情感和階級立場。毛曾鼓動並且三次親自修改上海激進文人姚文元對歷史劇《海瑞罷官》的批判。這部讚美明朝官員海瑞的歷史劇，約在六年前1959年4月應毛的要求，由北京市副市長、歷史學家吳晗編寫。[39] 姚文元尖銳地抨擊海瑞作為農民利益代表去反對封建制度殘暴的形象。姚宣稱，歷史唯物主義不同意把某些個人過分拔高以至於超出其階級背景的局限。海瑞雖然反對殘酷的專制，但他仍然是封建權威的「忠實奴才」。因此，《海瑞罷官》一劇應被視為「毒草」[40]，是一個用以證明階級鬥爭有必要在上層建築繼續開展的鮮明表現。

姚的尖銳批判可謂一石二鳥。姚的文章表達了毛對其潛在接班人們的不滿，尤其對他們不按照毛的意願制定政策的不滿。雖然中共中央領導層仍然賦予毛本人必要的榮耀，並事無鉅細地向他通報，但他卻仍抱怨自己被排除在決策圈之外。毛進一步表達了他本人對黨的宣傳體制總體上的不滿，尤其是對宣傳工作的不滿，因為他認為當時的宣傳工作缺乏真實性、理論性和階級特點的內容。姚的批判也為後來批判彭真、陸定一這兩位黨宣傳工作的負責人所在的北京地盤提供了很有利的機會。姚文元〈評新編歷史劇《海瑞罷官》〉一文最初於1965年11月10日刊登

在上海《文匯報》上，並未在全國其他地區獲得多少關注。應毛的要求，上海人民出版社將這篇文章編為一本小冊子，由新華書店發行。直到11月30日，《人民日報》才發表了姚的文章，並刊登了彭真與周恩來鼓勵在文化界應有不同聲音的編者按。對此，轉發〈評《海瑞罷官》〉所受到的阻力使得毛確信他有必要通過之前的中共反修寫作班子發起批判攻勢。在接下來的幾個月裏，由於對中共高層官員的批判日益高漲，形勢也隨即變得十分緊張。

　　長久積聚的矛盾終於在1966年5月北京舉行的中央政治局擴大會議上爆發了。前北京市委領導班子被指控犯有政治路線方面的原則性錯誤，密謀資本主義復辟。兩天後，林彪開始解讀「政變」概念：他對他的政治局同志們發表了一篇意味深長的講話，提醒他們獲取政權和繼續保衛無產階級專政的重要性。他提到，近年來政變多發（「每年平均十一次」[41]）並警告不要在政權已經旁落到資產階級手中時還自我感覺良好。蘇聯出現的赫魯曉夫顛覆，匈牙利出現的伊姆里・納吉（Imre Nagy），這些都是修正主義復辟的鮮明例子。因此，一場思想領域的徹底革命化和一場在上層建築繼續進行的階級鬥爭就是不可避免的。林彪引用天文學和微生物學的例子來證明他關於「鬥爭是生命的基本原則」[42]的觀點：「鬥爭就是生活，你不鬥他，他鬥你嘛！你不打他，他要打你，你不殺他，他要殺你。」[43]因而，中國應當謹防像蘇聯在赫魯曉夫上台後發生的那種「變色」。

　　林在指責其過去的同志時，實際上並沒有提出一些事實上的證據。相反，他把對毛澤東、對毛的思想至高無上地位無異議的認可，以及對毛的大力宣傳當成真正可以分別真假共產黨員的準則。來自林的所有指責，都是或多或少地指責對方阻礙了毛主席思想的宣傳，指責對方試圖從人民群眾手中奪取這種思想「銳利武器」。林也從此自居為最堅定的毛澤東支持者，提出了史無前例的對毛澤東的讚頌，這一讚頌被設定為文革中對毛澤東言辭崇拜的標準：

125

> 毛主席是我們黨的締造者，是我國革命的締造者，是我們黨和國家
> 的偉大領袖，是當代最偉大的馬克思列寧主義者。毛主席天才地、
> 創造性地、全面地繼承、捍衛和發展了馬克思列寧主義，把馬克思
> 列寧主義提高到一個嶄新的階段。……毛主席的言論、文章和革命
> 實踐都表現出他的偉大的無產階級的天才。有些人不承認天才，這
> 不是馬克思主義。不能不承認天才。[44]

反對不斷宣傳毛澤東思想教育的行為被視為罪大惡極，是隱藏的敵
人已經滲入中共內部的最終證據。然而，我們不難看出，毛明顯面臨着
一個潛在危險：他可能某一天也避免不了斯大林的命運，但是林彪的講
話立即解決了這一危險，即他多次提到毛的長壽，並在四個小時的講話
中最後做出了威脅：

> 我們現在擁護毛主席，毛主席百年之後我們也擁護毛主席。毛澤東
> 思想要永遠流傳下去。……毛主席活到那一天，九十歲、一百多
> 歲，都是我們黨的最高領袖，他的話都是我們行動的準則。誰反對
> 他，全黨共誅之，全國共討之。在他身後，如果有誰做赫魯曉夫那
> 樣的秘密報告，一定是野心家，一定是大壞蛋，全黨共誅之，全國
> 共討之。毛澤東思想永遠是普遍真理，永遠是我們行動的指南，是
> 中國人民和世界革命人民共同的財富，是永放光輝的。[45]

林的講話將「正確階級立場」狹義地規定為一條簡單的標準：擁護
並宣傳毛澤東思想。那些沒有能夠對毛展示出足夠支持，甚至批評他的
某些著作的人都被認為有叛逆罪的嫌疑。通過將毛澤東思想神聖化，林
確定將對毛、毛的著作或者對林所倡導的學習作風有所批評的人都判為
潛在的叛徒和篡權者。因此，搜尋某人過去的犯罪證據（如在過去言論
和文章中對毛澤東的批評）成為了文革早期進行鬥爭的第一要務。由於
階級立場「體現在人們的言論和行動中」[46]，因此一個人的言論、行動和
行為一旦脫離毛澤東著作的準則，就會被上綱上線到類似摩尼教中「紅」
與「黑」那樣水火不容的地步。這樣尖銳的二元對立從根本上破壞了中

共黨內的統一，使中共四分五裂，把對主席的個人忠誠置於對黨、對國家甚至對馬克思主義本身的忠誠之上。

很難解釋為什麼劉少奇和黨內其他領導人對北京市領導層的落馬袖手旁觀。林彪新提出的標準新奇而又有很大的可塑性，以至於幾乎所有人都對這一標準握有解釋權。然而，毛的革命遺產也由於其建立的基礎過於牢固，消除了公開持異議的可能性。一個主要的例子就是周恩來總理提出的，他在三天後就走上了這一套路，即他在會議上完全贊同林彪的講話並依此來表達他自己的觀點。他不但接受了階級鬥爭在上層建築中壓倒一切的重要地位，而且還響應了對毛的天才的讚頌。周甚至稱讚林彪，因為林彪指出了是否反對學習毛的著作就是區別毛真假支持者的主要標誌。在周講話的最後一部分，他加入了一個觀點，這個觀點赤裸裸地表達了他對一大群黨內元老的態度。通過闡述保持革命者始終一致的必要性，周對黨的紀律的強調甚至達到了即使坐視中共自我滅亡也不能違背這種紀律的程度：「要跟着毛主席，毛主席今天是領袖，百年以後也是領袖。晚節不忠，一筆勾銷。」[47]周的講話主要是針對中共前領袖瞿秋白，由於瞿秋白放棄了共產主義學説，他的遺骸很快從八寶山革命公墓中移出。不過，周恩來在講話中只是附和了關於「忠王」李秀成是否在兵敗之後投敵的一段歷史討論。毛將李秀成的行為定性為叛變投敵，創造了一個「晚節不忠，不足為訓」的説法[48]來蓋棺定論。總之，絕大多數中共領導人沒有向受到清洗的同志伸出援手，大致可能有以下三個原因：堅持共產主義信仰的完整性；真正篤信並延續毛澤東作為中華人民共和國創立者的政治遺產；還有，很簡單，恐懼。隨着林彪講話的發表並於1966年5月由政治局通過，毛的地位在事實上已經無可撼動了，或者按照林彪的説法：「毛主席的話，句句是真理，一句超過我們一萬句。」[49]因此，如果有人不想使自己被逐出人民的隊伍，那麼進一步表現忠誠或者表現革命的正直就勢在必行了。

第6章

個人崇拜的景象

文革中最為深刻的公共記憶就是毛澤東站在天安門城樓上接見數以千萬計狂熱紅衛兵的形象。與其他活動不同，1966年8月至11月毛澤東對紅衛兵的八次「大規模接見」，象徵着個人崇拜在動員中國青年上所具有的卡里斯馬式的力量。雖然接見紅衛兵這類事件在回憶錄或者學術文獻中被大量提及，但是目前的研究既沒有關注這類事件的特殊環境，也沒有關注它們背後隱藏着的邏輯背景。在這一章中，作者將嘗試提出一個用於分析接見紅衛兵事件的大綱：包括該事件的特點、組織、紅衛兵崇拜毛澤東以及將文革的火種播撒到全國的「經驗交流」或「大串連」所產生的影響。最後，本章還將考察運用個人崇拜象徵的政治策略，這種策略不同於圍繞着江青而來的中央文革小組政策。為了進一步探索這些策略，本章將以「聯動」(在文革第一年裏如日中天的紅衛兵組織)為例進行個案研究。

無可爭議的是，如果持續不斷的學習毛澤東著作運動和佔據絕對優勢的媒體覆蓋率(不僅僅是《解放軍報》，還有中共喉舌《人民日報》)沒有將毛的公眾形象提升到如此之高的地步，那麼上述對人民大眾的卡里斯馬式動員便不會取得類似的效果。雖然毛的形象與地位自1964年全國人民學習解放軍運動開始就只升不降，但是，到此時為止，毛個人崇拜的滋長主要限制在擁護活學活用毛澤東思想的新方法這個範圍之內。諸如雷鋒、歐陽海和王傑等革命積極分子和革命烈士，因他們所展現了

129 「新共產主義者」的基本特點即無私奉獻和信仰堅定不移而備受關注。對毛澤東個人的讚美限定在媒體不斷刊登的外國讚揚者的信件和詩歌上。

雖然沒有納粹德國那樣的「一體化法案」之類的法律，但是中國仍然強行把大眾傳媒按照中共宣傳部門提出的標準進行了調整。中國新聞自我審查制度和納粹德國稱之為「向元首靠攏」而工作的事例[1]表現出同樣的反應。在中國，正如《北京日報》在 1965 年 5 月進行的自我審查所顯示的那樣，許多不同的新聞單位都必須按照《解放軍報》的樣本對新聞內容進行自我審查並對報樣進行改版。[2]到了 1966 年初，《人民日報》就已經走上專門強調這位中共主席重要性的報道路線。對毛澤東思想的報道比先前三年增長了十倍多。圖表 2 顯示，對毛澤東思想的報道數量在文革開始時較之於半年前大幅上升，漲勢達四倍左右。

值得關注的是，在 1966 年 6 月前，有關中國其他領導人的報道，尤其是照片資料，都能夠與毛澤東的話語主導平分秋色。比如，劉少奇在 1966 年上半年對一些國家進行的國事訪問都在《人民日報》上的顯著位置登載和報道，其中，劉少奇攜夫人王光美出訪印度尼西亞，王光美身着旗袍站在國家主席劉少奇身邊的照片十分顯眼。然而，在 1966 年 5 月政治局會議召開之後，在毛更換了《人民日報》的領導班子而令其前任秘書陳伯達擔當主管之後，陳伯達迅即肩負起了批判修正主義傾向和反對錯誤權威的重任，極力鼓吹毛澤東的英明領導，因而，中共媒體對個人崇拜的吹捧也隨之大規模上升。

雖然在 1966 年中期，毛的形象在中共媒體中無出其右，但親身看見毛的機會很少，僅局限於參加五一節、十一節遊行活動的積極分子。因此，毛在公共場合八次大規模接見紅衛兵的活動正好為宣傳毛的公共形象創造了一個史無前例的絕佳機會，這個形象就是林彪所說的「天才

130 地、創造性地、全面地繼承、捍衛和發展了馬克思列寧主義，把馬克思列寧主義提高到一個嶄新的階段」[3]的那個偉人。1966 年 8 月 18 日毛澤東在天安門廣場上第一次接見紅衛兵，大概有一百萬來自全國各地的學生和群眾參加。許多外地學生從不同省市趕來首都北京學習文革經驗。雖

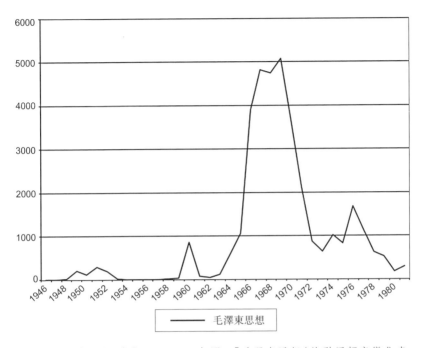

圖表 2　　《人民日報》1946–1981 年間，「毛澤東思想」的引用頻率變化表

然之前已經告知人們陳伯達會主持這次接見活動，但是對毛親自參加的消息還是加以保密。不過在學生中也確實流傳着毛將要出席此次集會的傳言，因此在接見活動開始的前一夜，大量人群已經聚集甚至通宵達旦地等待在天安門前。一位《人民日報》記者用下列文字描述了此景：

> 今天清晨五時，太陽剛從東方地平線上射出萬丈光芒，毛主席便來到了人群如海、紅旗如林的天安門廣場……毛主席穿一套草綠色的布軍裝。主席的軍帽上一顆紅星閃閃發光。毛主席走過天安門前金水橋，一直走進群眾的隊伍當中，同周圍的許多人緊緊握手，並且向全場革命群眾招手致意。這時，廣場上沸騰起來，人人雙手高舉過頂，向着毛主席跳躍着，歡呼着，揩着眼淚，他們歡喜地說：「毛主席來了！毛主席到我們中間來了！」廣場上，萬眾放聲歡呼：「毛主席萬歲！萬歲！萬萬歲！」歡呼聲浪一陣高過一陣，震盪着首都的天空。[4]

131

　　雖然這次活動的組織者和安保人員早已習慣了類似大型活動的誇張方式和共產黨人的壯觀遊行，但是在毛一大早來到天安門廣場所受到的歡呼下，還隱藏有給這些人員帶來的災難。毛出席這次活動的消息，僅僅在開始不久前才告知周恩來總理領導的接見活動組織小組。更有甚者，毛本人還比預計時間提前到了現場。毛徹夜未眠，另外，根據毛的貼身警衛回憶，在聽說廣場的人群中大多是紅衛兵時，他要求身着軍裝參加接見活動。由於毛幾十年來都沒有穿軍裝，他身邊的工作人員不得不向一位北京衛戍區的人員尋找與毛本人體格匹配的軍裝。最終，工作人員找到了一位名叫劉雲堂的幹部，他的軍裝在外型上正合毛身體的尺寸。[5]凌晨4點左右，毛出發前往天安門廣場，他到達的時候距遊行開始的原定時間還有幾個小時，因此連周恩來事先安排的安全保衛人員都尚未就位。然而，毛在凌晨5點後不久就登上了天安門城樓，在受到了人群狂熱的歡呼後，他決定走下城樓親自面對人民群眾。安全保衛人員的噩夢由此開始，毛出現在人群中時引起了巨大的混亂，多虧了毛身邊人員反應靈敏，將毛隔離在金水橋附近一處鐵欄杆圍成的景點內，才將這位主席和狂熱的人群分開。[6]經過許多人的努力，毛很不情願地走回天安門城樓，等待原定於7點半舉行的大會正式開始。

　　集會遊行的人群本應從廣場上迅速通過，但是毛的突然到來使群眾瘋狂不已。陳伯達（他首次稱毛為「偉大的領袖、偉大的導師、偉大的舵手」）、林彪（他在上面的稱呼之後加了一條「偉大的統帥」）和周恩來的講話不斷被「毛主席萬歲」的呼喊所打斷。林彪用他特有的嘶啞嗓音號召學生們在「當代最偉大的天才」[7]毛主席的領導和統率下，通過「改造人的靈魂，實現人的思想革命化」來消滅資產階級思想，樹立無產階級的思想。為了彌合天安門城樓上領導人與城樓下激昂群眾間的距離感，周恩來在徵得毛的同意後，授意北京衛戍區司令員傅崇碧挑選1,500名最為傑出的紅衛兵在接受安檢後登上天安門城樓。[8]這1,500名紅衛兵按照周恩來的指示被安排在天安門城樓的東西兩側，毛這位中共領袖在一群警衛人員和負責記錄這次盛況的記者的簇擁下，親自接見了

他們。能夠在如此近的距離親眼見到毛，甚至可能和他握手，這樣的機會在人群中引起了極大的騷動。毛就像天王巨星一樣，被邀請在眾多的紅寶書上簽名，也有一些紅衛兵會越過警衛人員，揮舞着印有各自組織名號的袖章。至少有兩名學生將自己的袖章戴在了毛的左臂。在摘下了印有「毛澤東主義紅衛兵」的袖章後，毛接受了北京師範大學女附中學生宋彬彬給他戴上的袖章。由於這一舉動，宋本人隨後和毛進行了一段簡短的對話之後，將自己不夠「革命」的名字改成了宋要武（「彬彬」在中文中的意思是「溫柔文靜」或「文質彬彬」，而「要武」則是「崇尚武力」），宋本人因此無意中成為了媒體名人。在向人群連續招手致意六小時之後，中共領導人才最終離開這場集會。

在這八次大規模的活動中，毛澤東大概檢閱了 1,200 萬人。[9]每次接見集會的具體安排都不盡相同，但每次安排都旨在既要盡可能為毛節省時間，以免其勞累過度，同時又要盡可能使得更多的革命群眾近距離地見到這位主席。由於有人抱怨在第一次接見時天安門廣場上的革命群眾與毛相距甚遠，看不清毛，因此在 8 月 31 日舉行的接見集會就採用了不同的方式。毛澤東搭乘一輛敞篷轎車從人民大會堂出發，在通過了群眾的一場「榮耀之旅」（tour d'honneur）之後才登上天安門城樓。活動組織者擔心的還是毛的個人安全。第四次接見活動剛好定在國慶節，這次接見活動產生了一個不小的混亂：在去人民大會堂的路上，毛的車隊居然被群眾攔下。第五次接見活動中包括了一段 25 公里的車程，範圍延伸到了今天的東三環路和北三環路。在這次活動中，150 萬紅衛兵就這樣在一個小時的車程中受到了檢閱。

雖然說幾次接見活動的效率不斷提高，並且符合毛所期望的以最小的個人介入來發動群眾，周恩來還在不停地進行實驗。就第五次接見活動看來，要完成 25 公里車程的警衛工作，靠常規的由解放軍戰士和挑選出的紅衛兵組成的三層警戒線就不太可能。因此，第六次接見活動仍然在天安門廣場舉行。這一次，200 萬紅衛兵乘坐 6,000 輛卡車經過天安門城樓。選擇卡車的優勢在於能夠保護那些最為虛弱的被接見者，即能

133

夠防止狂歡的人群由於激動引發踩踏致死致傷的事件。[10]但是，這一次同樣遇到了意料之外的難題：與排演時的情況大相徑庭，在接見活動中，為了更好地看到毛，所有紅衛兵在經過天安門廣場時都擠向了卡車的一邊，這迫使司機減速慢行以避免事故發生。[11]因此，最後兩次接見活動回歸了最初的模式，第七次還在天安門廣場，而第八次接見活動則在西郊機場舉行。

與法西斯展示政權的景象不同，1966年間中國接見紅衛兵的活動具有無政府主義的特點。對於納粹來說，有組織的領袖崇拜極大地依靠話語手段與禮儀所營造的一種氛圍導向，從而展現人們誓死追隨元首的個人意願。明確的目標和嚴厲的種族主義世界觀賦予了阿道夫·希特勒(Adolf Hitler)或其主要宣傳家約瑟夫·戈倍爾(Joseph Goebbels)的講演以特殊的凝聚力，而這些講演在出場之前是要加以細心練習的。領袖作為卡里斯馬式的演說家在法西斯領袖崇拜中發揮着重大作用，但是在文革的毛澤東崇拜中卻不存在這個因素。毛從未對群眾做過公開演講，即便是偶爾的三言兩語也是轉由媒體發表的。即使通常由林彪、周恩來、陳伯達所做的簡短歡迎辭和講話，也並沒有煽動群眾去崇拜領袖的傾向。毛沉默的到場反而將其本來就高高在上的神秘形象抬得更高了，直至成為了沒有任何個人具體化特質的中共主席。毛實際上成為這場運動至高無上但卻空洞無比的符號。

然而，接見紅衛兵的大規模活動對文革的影響非常巨大。毛在首都以接待紅衛兵的方式公開表達了對紅衛兵的支持，這實際上象徵性地賦予了紅衛兵砸碎舊文化、舊習慣、舊思想的合法性。接見活動不僅在全國的報紙上刊載，而且在全國的電視和電影院裏播映，這都再度加強了這一動員活動的影響力。因此，同毛的直接接觸，即使是實際上再邊緣不過的接觸，也能激起極大的情感回應。對毛的崇拜在這個層面上並不僅僅是一個媒體現象，而且也是一種大眾的巨大訴求。當時的一些紅衛兵日記和後來的一些回憶錄都以極大的喜悅和讚美來表達見到毛本人的情感。[12]紅衛兵對毛的個人崇拜，在許多方面與當今社會的熱門明星崇

拜非常相似，這與延安時期在黨內培植的對毛的崇拜(把毛視為中國共產主義的標牌象徵以促進內部團結)有所不同，也與大躍進時期毛所宣揚的崇拜真理有所不同。紅衛兵代表了新一代人，這一代人成長的環境強調毛作為新中國國父與作為一切革命智慧最終來源的無與倫比的地位，並且這一代人由於年輕尚未受到政治因素的污染。因此，有些回憶錄後來強調這種「極權主義的社會化」誤導了整整一代人，使他們盲目服從毛的指示。

在第一次接見活動後，一些紅衛兵立刻響應林彪在這次接見大會講話中號召的肩負起破除一切可能代表資本主義或封建主義影響的重任。北京隨即變成了「極度革命化、極度軍事化」[13]的首都。最為明顯的變化來自於所有口號、街道名稱和店舖名稱的更換，凡是與封建主義或資本主義文化相關的名稱都被更換。一個鬆散組織起來的同盟甚至要求把北京更名為「東方紅市」，想要把天安門前的華表和獅像換成毛澤東的銅像。[14]紅衛兵們全力以赴地想要確定新的毛澤東思想的革命文化成為可見的形象。在誓師大會上，他們發誓無條件效忠毛主席，承諾要為從資本主義的枷鎖下解放被壓迫階級而不懈奮鬥。原北京26中紅衛兵組織「衛旗」印發了破除舊文化、樹立新文化的一百例目錄，其中包括以下幾例：

1. 由居委會負責，每條街道都要設立語錄板，家家戶戶都要掛主席像和毛主席語錄。

2. 公園裏要多設立主席語錄，汽車售票員、火車列車員應把宣傳毛澤東主義，讓毛主席語錄當作自己的首要任務。

5. 毛主席語錄要人手一冊，隨身攜帶，時時學習，事事照辦。

7. 現有自行車、三輪車，要掛主席語錄牌，汽車、火車要掛主席像和漆上毛主席語錄。[15]

然而，除了毛的語錄和畫像以外，這些紅衛兵對還有什麼能真正成為新的軍事行動和言論的文化難以達成共識，這種新文化隨之引發了新

135

的着裝規則，即用褪色的綠軍裝來配上標示革命信念的徽章。除了佩戴軍帽、紅袖章、銅頭寬皮帶以外，紅寶書也成為標榜新式的、好戰的軍裝風格的必需品。在文革初期，由於「語錄」這時還是軍方的內部出版物，大多數學生只擁有《毛澤東著作選讀》或者《毛澤東選集》來湊合着用，正如從文革初期有關集會的登報照片中就可明確看到這一點。不過，「語錄」隨後迅速成為紅衞兵最有力的武器之一。通過在街上設立臨時的「審問處」，紅衞兵可以隨意查問行人對毛著作的了解程度。如果有人沒有背誦出足夠的語錄，紅衞兵就可以隨意刁難這些人。因此，崇拜毛成為公共空間的主導並不源自於國家官僚機構的命令，而在很大程度上恰恰源自於草根組織的推動。值得一提的是，1966年8月26日，中共中央下達了兩條指示，一是下令將各人民團體帶有「主席」字眼的職務全部換成「主任」，以強調毛本人至高無上的地位。[16] 二是下令把所有公共場所的其他畫像全部換成毛的畫像。[17]

破除舊文化的運動從毛第一次大規模接見活動以後就以瘋狂的形式鋪排開來。8月18日晚，周恩來不得不調集北京衞戍區的一個營來阻止學生們闖入紫禁城。[18] 毫無指向的暴力活動能夠被導向任何事物，甚至連蘋果樹種植園都被以「鏟除修正主義的根子」的名義遭到破壞。[19] 雖然從古典繪畫到宗教圖像等物質實體也被定為破壞的目標，但破壞的矛頭主要指向的是「黑五類」代表，即中華人民共和國建國以來就不斷成為絕大多數政治運動替罪羊的地主、富農、反革命分子、「壞分子」和右派分子。在北京東南部的崇文區，僅從8月24日至9月2日，就有137人被打死。[20] 紅衞兵還把735人抓進其在崇文區的機構加以監禁，藉口大都是這些人擁有資本家的名聲。一段時間內，紅衞兵隨意進行抄家、抓人的活動，時間雖短，但這種無政府主義的暴力行為無疑能夠迅速而有效地製造恐怖氣氛，打消了試圖批評文革的做法。

對「壞分子」和「假紅衞兵」進行監禁是新成立的「西城區糾察隊」的主要目標之一，這支糾察隊是一個紅衞兵的精英組織，8月25日在一次由31所中學參加的集會上成立。[21] 該糾察隊協助控制當地的群眾運動，

這已經成為中共經常使用的一個傳統。西城區糾察隊大約有 1,000 名隊員，大多都是初中學生，其核心成員是大約 200 名積極分子。在其成立的宣言中，該糾察隊將自己稱為紅衛兵運動中的「中堅力量」，把宣傳和捍衛毛澤東思想定為其最主要目標。[22] 不管是該糾察隊的建立還是其影響力的持續擴大，其崛起都少不了國家官僚機構的支持。破除舊文化這場動亂的爆發，使國務院和國家安全機關開始考慮如何以秩序化的選擇方式來控制紅衛兵運動的影響。在天安門廣場舉行第一次接見活動的兩天後，雍文濤 (北京市委書記處書記及瀋陽軍區政委) 找到了王任重 (中央文革小組副組長、前中共中南局第一書記) 詢問如何建立嚴密監管的紅衛兵機制。最後，600 名解放軍戰士被指派到紅衛兵中去，協助建立聯絡站。[23]

由於「西糾」大多數成員都出身於高級幹部家庭，他們或許可以為國家官僚機構提供一個既能保全黨的領導人和中央機關，又能密切聯繫文革的先鋒隊伍的良好契機。國務院，尤其是國務院秘書長周榮鑫，為「西糾」提供物質資源，包括車輛、電話和袖章。[24] 來自政府的物質支持的確在很短的一段時間內使「西糾」超越了其他學生組織，最著名的就是一些 9 月 6 日由大學生們的「小派系」[25] 組成的領導他們的「紅衛兵第三司令部」，這「三司」由北京地質學院朱成昭和清華大學學生領袖蒯大富領導，迅速崛起，很快與「西糾」分庭抗禮，並獲得了中央文革小組的支持，該小組給予「三司」物質上和信息上的支持。不過，學生紅衛兵組織的派系爭端到 1966 年 11 月才達到高潮。在文革的最初幾個月，邀請全國各地群眾來首都學習文革經驗從根本上動搖了國家的組織能力，使得學生們忙於在全國範圍的流動，為的就是掀起造反運動並高舉毛澤東思想旗幟。

交流革命經驗

1966 年 8 月 18 日舉行的接見紅衛兵活動和該活動在刊物、電影上的媒體報道，是一次卡里斯馬式動員的巨大成功。這次活動直接將紅衛

兵組織推向全國，推動了革命的高漲。在「世界革命中心」[26]北京舉行中共中央主席接見群眾的活動，其工具價值最明顯的地方就在於表明那些主動來北京的大批學生就是為了受到毛的一瞥。9月5日，學生和革命分子正式收到以中共中央的名義發出的邀請來到首都。[27]在每次平均四天的學習中，來訪者們都應該有組織地了解不同重要機構（如清華大學）的形勢，親身參與文革活動，受到「黨中央領導幹部的接見」。[28]這些來訪者的差旅及食宿費用則由國家和省市承擔。

發起交流經驗的免費旅行極大地擾亂了中國國內原有的運輸日程。到了1966年11月，大約有1,000萬「革命接班人」來到首都，受到食宿接待。雖然官方在11月20日終止了免費旅行，但仍有大約50萬人徒步來到首都，另有大約60萬不同的革命公社代表，這些人也到達首都，向官方尋求指導。[29]同時，大量北京的學生也從北京走向全國各地，傳播革命火種，享受革命旅遊，抑或與其他紅衛兵組織建立聯繫。另外，還有帶着飾有毛的圖像和旗幟的少年政治鬥士，想進行重走長征路的英雄壯舉，或者想去共產主義的革命聖地，即除了首都外，還包括之前的革命根據地，如井岡山、瑞金、遵義、延安和毛的出生地韶山（見地圖1）。由於許多學生在各地表現出的狂熱勁頭比在家裏要高漲得多（因為在家鄉他們畢竟還需要考慮其他人的利益），發起交流經驗即「串聯」最終導致革命活動空前擴張。

沒有任何其他因素能比整個交流經驗運動更能促進崇拜毛和破除舊文化的運動在全國範圍內的普及了。具有諷刺意味的是，如果不是國家機構及其下屬機關的高效運轉，這場運動還上升不到如此高的層面。第一次接見紅衛兵的遊行活動剛結束，周恩來便在國務院辦公廳的協助下，討論出了一套更有利於進行大規模接見的新機制，決定在呂鴻（國家保衛部門成員）的牽頭下建立紅衛兵接待站。許多工作組被專門指派負責串聯者的食宿，而與此同時，全市主要單位和旅遊部門大約4,000個接待點把這些指派任務付諸了實踐。

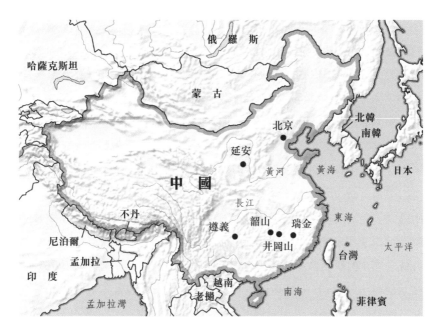

地圖 1　中國革命「聖地」：北京、井岡山、瑞金、遵義、延安、韶山

接待蜂擁而至的群眾的任務遇到了另一個麻煩。第一批帳篷群在天壇設立，建成耗時 17 天，能夠讓大約 40 萬人安身。但不久，尤其到了國慶節時，實際人數大大超出了設計指標。在 1966 年 9 月到 11 月，平均每天有 13 萬學生到達北京火車站，另有大約 12 萬人每天從永定門火車站乘車離京。[30] 而在 10 月，以上數據全部翻倍，接近最高峰，大約有 300 萬人同時需要被安排食宿。為了解決這個問題，政府要求所有北京居民通過街道居委會來接納學生們。周恩來甚至開放了黨中央駐地中南海來臨時安置 10 萬人。負責食品與供應的相關部門提供了大量物資，僅食物大約有 5,000 萬公斤，還有其他衣物和藥品，並撥出專款組織首都四日遊。[31] 總之，在首都的串聯高潮之際，大約有 100 萬人參與了接待或者服務工作。[32]

雖然北京由於毛澤東進行接見活動而穩居旅行目的地之首，但是像上海之類城市的接待量也穩步上升，不過這些上升較之於北京略顯滯

140

後。1966年8月19日，上海市領導按照上海自己的方式舉辦了擁護文革
的集會活動，不過，之後就有報告指責上海市委趁着夜色和大雨撤入了
室內，而「把參加保衛工作的幾十名機關人員分成兩批輪流調上檢閱
台」。[33] 入京的學生數量在10月的第一週（尤其是國慶節）達到頂點，入
滬的學生數量則在10月中旬後才開始劇烈增長。不過，上海直到10月
18日才建立像北京聯絡站那樣的接待機構，此時，學生的到來已經超出
了由上海學生聯合會和上海鐵路局組成的當地聯絡機構的接待能力。上
海市委最終成立了專門接待小組，預計接待30萬至50萬人。然而，在
兩週內，進滬的學生就已經超過了原來的估計，因為北京和廣州開始限
制接待學生，上海就大大吸引了學生們。10月15日，國務院宣布要臨
時減少進京的學生數量，但實際上毫無作用。因此，中共中央和國務院
在1966年10月31日下達指示宣布：為了緩解早已混亂不堪的交通狀況
和造成公共交通無窮無盡延遲的鐵路行程，1966年11月1日至5日所有
紅衛兵搭乘的進京方向列車全部取消。[34]

　　雖然上海的接待機構建立較晚，但是上海的接待工作完成得十分出
色。上海與毛澤東1927年第一次建立蘇維埃地區的荒原井岡山不同，
井岡山是革命旅遊的主要目的地之一。井岡山也和上海一樣，學生旅行
的人數在11月達到頂峰。由於傳言毛澤東會在井岡山舉行一次接見活
動，大約有20萬人湧到了井岡山附近地區。[35] 當年冬天，井岡山地區面
臨食物短缺，只得調度軍糧來解決這個問題。國家下達的局部疏散命令
給附近軍區帶來了很大的困難，因為許多紅衛兵不願撤離，有一些人甚
至因誤入叢林而迷路，最終死亡。[36]

　　官方宣布結束交流革命經驗即串聯活動後不久，入滬的學生數字達
到了最高值。根據上海接待辦的統計資料顯示（見表格1），到1966年11
月22日，有997,692名學生在上海停留，有些人只是在回鄉的路上在上
海做短暫停留，其餘的人則打算在上海過冬。

　　一項11月25日對四列入滬列車的調查顯示，70%的學生並沒有遵
守中央下發的「立刻返回原學習單位」的指示。很多學生根本沒有按時

日期	到達人數	離開人數	在上海的學生人數	總計
1966年8月15–25日	352	0	/	352
1966年9月1日	2,514	406	/	8,079
1966年9月17日	>13,500	/	>50,000	>134,500
1966年10月20日	50,671	22,207	202,620	374,851
1966年10月25日	79,301	>38,000	>347,000	1,056,145
1966年11月1–3日	238,559	109,596	568,587	1,801,186
1966年11月14日	96,526	75,421	764,495	2,698,276
1966年11月22日	71,898	80,658	997,691	3,511,127
1966年11月28–29日	58,792	220,763	526,909	3,778,740
1966年12月12日	/	/	115,405	4,035,825

表格1　1966年學生出入上海數量表

來源：上海市接待各地革命學生辦公室編：〈外地學生來滬情況反映簡報〉，上海，1966年8–12月。

下車，甚至換票繼續旅行。其他人則根本沒打算離開上海，並繼續在其接待單位打着籃球和板球。[37]為了鼓勵學生回去，上海接待機構在11月27日想出了一個高明的點子：所有想回原學習單位的學生都發放一隻「毛主席語錄杯」（一塊嵌着紅金字的玻璃杯）。這種對個人崇拜符號的創造性運用很有效。當天就有大約24萬學生領了回程票，其他學生也隨後跟上。[38]到了12月中旬，上海已經從入滬學生潮的壓力中大大緩解過來。三個月後，上海接待機構全部摘牌。

例子：「聯動」

　　1966年10月9日至28日，中共中央領導和地方領導在北京討論文革的當下形勢和未來前景。這次會議給文革運動帶來了新的轉折，即把運動的中心從摧毀舊思想、舊文化轉向了清除「黨內走資本主義道路的『當權派』」。會議第一次點名批判劉少奇和鄧小平，批判他們壓制革命群眾，在他們負責的黨的日常政治工作中沒有執行反對修正主義的政

策。根據毛的估計，這場運動已經大致度過了高潮，但應該還會持續五個月或者更長時間，因為他感覺只有這樣才安全，即在他「見馬克思」[39]後這個國家仍能保持正軌，以便使他自己能夠擺脫和斯大林一樣的命運。

然而，這場運動非但沒有停止，反而變得越發暴力。中央文革小組在很多場合公開批評紅衛兵糾察隊。它公開支持曾經作為少數派系的首都紅衛兵第三司令部，因此助長了紅衛兵組織中不同的派別傾向。1966年底，一批中學生組建了「首都紅衛兵聯合行動委員會」（簡稱「聯動」）。「聯動」是現今所指的「老紅衛兵」的最後陣地。隨着11月底交流革命經驗的活動結束，許多前糾察隊員在周遊中國後回到首都。由於不滿10月間紅衛兵「三司」受到領導階層的關注而帶來的變化，這些中學生為沒有獲得中央文革小組成員（當時中央文革小組已經指派戚本禹和關鋒來負責聯絡工作）的支持而感到憤怒。

老紅衛兵對文革進程和以江青為中心的中央文革小組所扮演的角色日益不滿，第一個明顯結果就是一系列批判當前形勢的大字報。北京林學院學生李洪山，因為敢於宣布脫離中央文革小組不要它的保護而鬧革命而名聲大噪。他還在12月2日參與了在天安門廣場觀禮台繪製「中央文革小組執行的是資本主義反革命路線」巨幅標語口號的活動。[40]不過，中央文革小組並不是唯一受到攻擊的部門。劉握中和張立才（北京農業大學附屬中學的兩名學生）在公眾場合公開質疑林彪神聖化毛澤東思想的方式，他們於11月15日在清華大學貼出的署有伊林（劉握中）・滌西（張立才）筆名的公開信中，指責用毛澤東思想取代馬克思列寧主義經典的做法，而這種做法無疑是「敬愛的林彪同志，我們的副統帥，毛主席唯一最親密的戰友和毛主席的接班人」[41]所倡導的，有趣的是，他們對林彪的質疑恰恰建立在對斯大林和毛澤東本人語錄的大量引用上。

不同的批判思潮促使「聯動」的建立，在其12月5日的成立宣言中，「聯動」重新乞靈於毛「造反有理」的格言，來反對試圖恫嚇和壓制群眾的「新型」[42]走資派。「聯動」成員宣誓忠於黨和毛主席，「為粉碎一切違

反毛澤東思想的行為，時刻準備施行必要的行動。」[43] 想要在諸多紅衛兵組織中證明自己組織的能力，最好的方法就是組織大規模的集會。為了彰顯「聯動」對那位中共主席的無條件忠誠，「聯動」成員打算在 12 月 26 日舉行為毛祝壽的第一次大型活動。早在 40 年代的延安時期，毛就禁止其追隨者為其祝壽。因此，在「聯動」之前，12 月 26 日這一天尚未在文革時期受到追捧。然而，「聯動」正是利用這一天，在北京展覽館會議廳召開了大會，以這個日子來表示他們對毛的忠誠。

除了之後的聲明外，這次集會原本並沒有打算對中央文革小組進行影響深遠的批判。事實上，這只是「聯動」表達自己具有持續影響，並與中央文革小組進行討論，甚至可能促使中央文革小組進行自我批評的嘗試。[44] 由於沒有任何中央文革小組指定的演講者參加這次聚會，因此中央文革小組幾乎是公開挑明了它反對「聯動」的態度，「聯動」和文革小組之間的氣氛陡然緊張了起來。一些前糾察隊員重提了自己被公安部關押的慘痛經歷。另一些人乾脆公然宣稱：「中央文革小組某些人不要太狂了。」[45] 會上播放的兩部電影短片又極大地增加了「聯動」學生的信心。第一部電影是關於毛在 1966 年 8 月接見紅衛兵活動的，再現了中學生紅衛兵運動影響的鼎盛時期。第二部電影《縣委書記》則展示了一次會議，在這次會議上，中央軍委成員鏡頭的出現引起了鼓掌歡迎，而中央文革小組成員鏡頭的出現則受到了敵視。在毛生日當天舉行的這次集會因此演變為第一次反對中央文革小組政策的大規模示威活動。

在接下來的幾天乃至幾個月，「聯動」成員開始攻擊中央文革小組、地方公安局以及「三司」成員，其手段既採用野蠻的暴力，也採用象徵性的手段諸如標語、歌曲及謠言。1 月 4 日，在一次衝擊「三司」的集會上，「聯動」成員控制了話筒並且宣告：「主席回到北京了 …… 文革小組分成了兩派，毛主席在早上六點做出指示。」[46] 由於盜用了毛的權威，這次宣告激起軒然大波。「六點鐘指示」是「聯動」於 12 月 26 日在北大附中集會後捏造的，但這條「指示」和其他諸如「毛澤東批評了江青」之類的謠言一起傳遍了整個北京城。[47]

146

雖然「聯動」直到1967年夏季還在繼續抨擊中央文革小組，還在抗辯它所犯下的刑事罪行，但它對中央文革小組的批評並沒有在大眾中獲得更大的響應，這很大程度上歸咎於「聯動」在1966年「紅八月」中對它認定的階級敵人進行的暴力行動。這種行動疏離了更大的一批群眾。政治領導層1967年2月通過《紅旗》雜誌將「聯動」定為「反動組織」。許多「聯動」成員在今日已經躋身於黨的第四代領導集體，但這些今日如日中天的人們當時卻受到了公安部門的懲治，直到毛在4月22日干預此事，這些成員才被釋放。儘管「聯動」試圖重組，並試圖從中央文革小組重新獲得支持，[48]但它已被邊緣化了，在其原先的重要根據地之一──八一學校── 一場名為「打倒『聯動』的展覽」已經進行。事實上，這次展覽的重要性並不在於它揭示了「聯動」組織本身的罪行，而在於它把「聯動」與劉少奇、鄧小平的「資產階級反對路線」聯繫起來，把它當成這條路線的政治工具化。[49]隨着「聯動」的垮台，新一輪對「聯動」所謂「後台老闆」（即劉、鄧）的抨擊也隨之展開。中央文革小組1967年3月8日集體參觀了這次展覽，康生漫步在寬敞的花園和精緻的建築間，做出了以下評論：「一看就知道聯動、修正主義是怎麼分裂出來的！」[50]

到了1966年底，由於群眾組織在政治路線上變得扭曲不堪，並且捲入了爭奪政治支持與政治權力的日益混亂的鬥爭，致使個人崇拜的特性有了很大的改變。個人崇拜不再用來進行卡里斯馬式的動員，而逐漸被用來證明抨擊敵對的群眾組織或者清洗共產黨高級幹部的合理性。在中央文革小組某些成員的鼓動下，一些特殊的小組成立，為的是審查中共某些領導人過去的講話和行動，以便為指控提供罪證。自1月底起，由諸多紅衛兵組織組成的委員會開始收集編纂一些反革命言論，包括反毛澤東、反林彪、反中央文革小組、反文革、反大躍進的言論和其他言論。通過印刷馬克思列寧主義、毛澤東思想和林彪語錄的「正確觀點」來與上述指控的罪證進行對比，這些委員會實際上是在鼓勵把每一種異端思想都視為潛在的反革命罪。由於之前發表的批判性言論現在都成為政治上的定時炸彈，甚至能夠決定某個人未來的命運如何，因此，在派

別鬥爭時，人們都積極使用話語崇拜和符號崇拜來盡可能地保護自己不受指控，而這類崇拜也就代替了之前1966年秋季對毛歌星式的瘋狂崇拜。自1967年起，對毛的個人崇拜逐漸被地方組織利用以達到特定目的，最終導致了個人崇拜的無政府狀態。

對各級黨委的清洗開始的標誌是1967年1月上海人民公社的建立，雖然該公社十分短命，但卻破壞了「黨─國」的組織基礎、地方黨組織的機構和地方黨委會。因此，想要操縱文革的導向就必須依賴更多的象徵機制，諸如舉行演講和交流有關中共中央最新指示的學習會。隨着從黨內所有「走資本主義道路當權派」手中奪權的呼聲越來越高，中國墜入了新中國建國來最為混亂的時期，而個人崇拜在這段時期中的作用也可謂登峰造極。

第三篇

崇拜與屈從

1967 年的前幾個月裏，文革影響急劇擴大。初中生與高中生在文革運動的早期發揮出支配性的作用。在 1966 年 12 月官方的禁令廢除後，文革的影響便開始擴展到工廠與農村。中共領導層默許互相敵對的群眾組織的成立，引起了群眾組織為了爭奪權力資源（諸如黨的機構、宣傳機關和軍事設施）而產生的暴力衝突。與此同時，紅衛兵也開始進行短期軍訓，確保根據文革的目的來統一他們的思想和行動。兩個平行的趨勢——讓個人崇拜起到紀律性的作用和國家控制力量的日漸式微，使得把毛澤東形象工具化地運用於不同目的的方法層出不窮。雖然此時毛主義的話語仍然是闡釋個人崇拜的主要標誌，但是有關毛的偶像的物質體，諸如毛的塑像、像章和畫像，已獲得了不可忽視的地位，儘管中共中央竭力阻止類似「形式主義」的東西蔓延。文革象徵符號具有的開放結構的本質，導致了自 1967 年中期之後不同的場合出現了日益清晰的象徵符號。為了重新取得對已經高度派別化的各種革命組織的控制，平息日益增長的民眾不安，中共中央重新採取了情感的和解釋學的聯結方法。簡單說來，每個中國公民都必須參加有組織指導的毛文本學習，而這類學習則幾乎涵蓋了從中央學習班到家庭學習班。

本書第三篇試圖說明對個人崇拜的卡里斯馬式動員力量如何被其規

訓功能所代替，而文革也正是在此時從群眾運動變成了「運動群眾」。[1] 本篇在追溯 1967 年上半年解放軍介入平息個人崇拜所導致無政府狀態

的史實後，論述特殊形式的話語崇拜和儀式崇拜。無論是歌功頌德的話語還是崇拜的儀式都在特定的形勢下形成，並在很短的時間內迅速滋長。這些崇拜形式都是在某種由極端混亂、恐懼主導的氛圍中形成的表忠形式，表現出文革話語和儀式所具有的逢場作戲的特徵。最後一章將簡要回顧抑制崇拜毛的最明顯痕跡的過程（尤其是在 1969 年中共「九大」後）。因為有關文獻檔案（如「批林批孔」運動的檔案）仍然處於保密狀態，本篇不能像前面所述的那樣來評述林彪事件對崇拜毛本身的信譽造成的嚴重危害和群眾當時對林彪事件的反應。不過，個人崇拜最狂熱的支撐者之死對崇拜毛的災禍是無法估量的。[2]毛澤東去世後，雖然對毛個人崇拜的痕跡已經日漸淡化，但是文革時期的基本交流方式卻安然地潛伏下來，以至於現今在中國，這種交流方式依然為新一輪的領袖崇拜敞開着大門。

第7章

模糊的象徵

在八次接見革命群眾期間沉默不語的露面，使得毛澤東作為中國革命的「偉大的舵手、偉大的領袖、偉大的統帥、偉大的導師」這個形象變得比以前更加高深莫測。與此同時，中共最有威望的品牌象徵變得不甚清晰。毛本人既沒有給如何進行文革提供一個指導性的藍圖，也沒有在公共場合中做出一個能表達其目標前景的講話。黨的幹部與群眾都只能依靠中共出版物上經常模糊不清的官方指示行事，否則便冒險給出自己的闡釋，或者等待毛的心腹親信給出極少的公正解讀。在運動的進程中，個人崇拜被用於動員群眾以衝擊官方機構當權者，其工具性特徵體現得最為明顯。在對黨的高官進行抄家的過程中，紅衛兵組織獲得了許多未經黨的當局審查和修訂的毛的原初文稿。由於公開了許多毛的常用粗話和尋思性的評論（這些話語在官方版本中被刪除），這些文稿從諸多方面豐富了中共媒體塑造出的毛澤東神聖形象，也給基於直接的政治工具性的解讀提供了依據。為了重新恢復黨的政權，確立所要學習的文本和政治路線的指導變得至關重要。由於黨組織在很大程度上已分崩離析，建立秩序的唯一途徑就是依靠解放軍的組織力量。

「三支兩軍」

要統一對當前形勢的認識，指導紅衛兵組織的行動，首要的措施是通過短期軍訓來進行規範。[1]毛澤東於1966年12月中旬在同林彪的談話

中要求學生加強學習「四個第一」和「三大紀律八項注意」。在為期20天的時間裏，學習毛澤東思想的軍隊積極分子們被要求把紅衛兵的思想改變到與黨的最新指示相一致的方向上來。因而，1967年1月20日至2月10日，4,105名軍隊幹部為大約22,685名全國最著名的五所大學的學生進行了軍訓。[2]這些學習積極分子並沒有為了此任務而接受特別軍訓，而是要與軍內政治教育保持一致。一本由「東方紅學校」1966年12月印製並於1967年特為軍訓重印的小冊子能夠給我們提供一些線索，來説明這些政治教育工作是如何進行的。[3]通過一系列意識流式的文本和圖畫，毛澤東思想和政治教育的主要內容與一些正確的行為準則一起被教授。另外，軍隊幹部還應用「活學活用」運動中數年積累提煉的所有寶貴方法，從今昔對比到參觀革命模範公社和文化演出來進行教育。很短的時間內，軍訓就在中學生間流行開來，但一些年齡稍大一點的大學派別領導人 (例如蒯大富) 很快就開始批評軍隊幹部對他們的限制，就如同1966年夏天他們批評劉少奇派駐到大學的工作組一樣，他們批評這些軍人「比工作組還工作組」。[4]

毛支持這些重建秩序的努力。他下令將一篇天津延安中學的經驗報告發布到全國，該中學將軍訓所建立的學習班級用於聯合那些對立派別的基礎力量。[5]因此，軍隊介入的程度更加廣泛了。1967年4月，53,000多名解放軍幹部在3,091個教育單位進行軍訓工作。[6]毛對天津經驗加以批示，他建議首先建立試點單位，然後實行由革命幹部、解放軍和群眾聯合組成的「三結合」的新領導體制，並將這種體制當作所有單位的新指導原則。毛的簡短批示在1968年3月8日紀念天津經驗報告發表一週年之際被公諸於眾，並被追溯性地稱為毛關於如何有效團結對立派別的「偉大戰略部署」。[7]但就一年以後重新公布的該報告來看，由於該報告給出了迅速將毛的指示付諸實踐的明確說明，因此，重新公布該報告就表明當時對毛的上述「偉大戰略部署」在運用上並沒有獲得很大成功。

軍訓只是1967年初期解放軍重要職責的一小部分。1月上旬發出的從當權派手中奪權的號召已經使政治局勢分崩離析。在1967年1月的前

三週內，未經抑制的派別奪權鬥爭遍布全國。所有這類鬥爭的主要目標必然是權力資源：政治機關、廣播網絡、軍事設施、金融機構、倉庫。毛要求解放軍幫助真正革命的群眾奪權，但卻並沒有給出將「真正」的革命群眾與其對立派別區別開來的方法。由於不論哪一派都是文革的產物，因此軍隊只有選擇犯什麼錯誤的自由，卻不可能不犯錯誤。[8] 解放軍的參加，被視為奪權鬥爭取得勝利的最可靠保證。在一些當地軍隊指揮員公開支持重要派別的省份如黑龍江、山西和貴州，由軍方人員擔任領導的革命委員會在幾週內就成立。文革初期建立的革命委員會與1967年後建立的革命委員會在規模上大相徑庭，前者能夠從對立的派別中吸收更多的成員。因而，黑龍江革命委員會由1,470名工作人員組成，而一年之後建立的湖北省革命委員會雖然向中共中央請求給予1,500人的職位，卻僅被批准了200人的職位。[9]

中共黨內對日益混亂的局勢也不乏批評之聲。1967年2月16日，在一次非正式碰頭會議(這類集會實際上已經開始取代政治局會議的地位)上，元老級幹部如譚震林、陳毅和葉劍英激烈地抨擊了文革政策，點名批評中央文革小組逐步清洗老幹部的陰謀。姚文元及其激進派同夥張春橋當晚就把這些所謂懷仁堂會議的情況彙報給了毛澤東。毛龍顏大怒。他召開政治局會議(事實上也是政治局最後一次正式集會，之後它便被一種非正式的「中央碰頭會議」所取代)，明確表明自己的意見：誰再抨擊文革小組，就等於抨擊他本人。如同之前很多次一樣，毛對他潛在的對手們宣稱，若是他們一旦大權在握統治了中國，那他和林彪則會重上井岡山，建立新軍隊。

與此同時，中共中央軍委於2月26日至3月25日在北京開會，討論解放軍新近任務所產生的影響。1967年3月19日，一條新的指示將新近的任務定名為「三支兩軍」，即支左、支工、支農以及軍訓、軍管。黨─國體制受到衝擊之後，解放軍在社會的各個層面都擔負起了管理的作用。僅「支左」一條就已引起極大的政治麻煩，在生產方面支工、支農還急需大量人手和大量資源。1967年3月和4月，大概有十萬多戰士加

入地方單位來監督工業生產，[10] 而更多的戰士則被派去幫助農業生產。同時，幾乎所有重要單位，包括廣播電台、公共交通單位和軍事研究機構，都建立了軍事管制，這也使軍隊對一些軍事單位機關（例如，對總政治部）的軍管變得模糊。

到 1967 年 5 月，軍事管制擴展到 7,752 個單位，而受到軍隊特殊保護的單位大概還有 2,145 個。[11] 如果沒有解放軍為了重建秩序而付出的全方位努力，中華人民共和國甚至根本不能行使一些最基本的國家功能。直到 1972 年「三支兩軍」運動結束，大約有 280 萬軍人參加了這一運動。[12] 林彪於 1967 年 3 月 20 日把解放軍在文革中的介入與之前參加戰爭或介入抵抗瘟疫的行動相提並論。儘管當時文革形勢動盪不堪，似乎天下大亂，林還是聲稱，文革的「損失可以說，最小最小最小，而得到的成績是最大最大最大」[13]。然而，文革的暴力階段，才剛剛開始。

信仰的紀念品和個人崇拜的無政府狀態

156 　　自 1967 年 4 月以來，儘管解放軍在文革中的影響日益增大，但是肩頭的政治壓力也越來越重，因為它無法正確地支持革命群眾。之前幾乎從未有過對解放軍的直接批評；而現在解放軍的領導人被指責壓制革命群眾組織。衝擊軍區總部和偷竊武器的事件日益增多。1967 年 8 月前，據報告有 1,175 起盜竊案發生，其中被偷的包括 21,600 枝步槍和 78 挺高射機槍。[14] 在湖南，軍工廠失竊了 28 噸火藥，然而，面對這些衝擊，解放軍卻無能為力，因為嚴禁他們對群眾使用武器，他們除了揮舞「精神原子彈」即「紅寶書」和高喊語錄外，別無所能。

動盪不安的局勢實際上使個人崇拜及其象徵的利用，成為一種證明某個派別革命信譽的重要工具。雖然說以前公眾性宣示活動被證明是最有效的表忠方式，但即將到來的文革一週年紀念日以及諸多有關紀念的重要指示，卻為當時的紀念活動形式提供了背景。到 1967 年 5 月，即使沒有來自國家領導層的最初支持和資金扶助，一些派別也已經開始建造

大型的毛的塑像，以彰顯各自的革命信譽。毛的第一座塑像於1967年5月4日在清華大學校園內揭幕。這座塑像與五四運動的聯繫僅僅在講話中被粗略提及。這座塑像是由清華大學井岡山兵團決定建造的，僅用了四週多一點的時間完成。該兵團正式發布的宣言強調了建造這座塑像所表達的崇高目標和建造者的決心：「我們井岡山人最熱愛偉大的領袖毛主席！我們要摧毀修正主義的舊清華！要建設共產主義的新清華！我們就是要大立毛澤東思想，大立毛主席的絕對權威！」[15]

　　清華大學毛的塑像高度標準的確定不是任意的：該塑像高8.1米，這個數字既象徵八一建軍節。該塑像的建造過程被稱為對政治決心的檢驗，總共有大約5,000名學生、教師和工人等參與建造，儘管並不是所有人都直接參與了建造過程。文藝演出，諸如唱毛主席語錄歌、與其他組織串聯匯演 (特別是在文藝圈內) 和搜尋相關圖片材料，也是一種促進建築的過程。林彪題寫的「四個偉大」(即「偉大的導師、偉大的領袖、偉大的統帥、偉大的舵手」) 被鎸刻在上述塑像的基座上。建造毛澤東塑像的工具價值在於它是堅定信仰毛澤東思想的象徵，這種象徵能夠經常直接用來與清華大學其他派別作鬥爭。在清華大學，有一個叫做「井岡山兵團四一四總部」的派別試圖與井岡山兵團[16]分庭抗禮，一爭高下。這場爭奪最終變成了「清華大學百日大武鬥」的武裝衝突，直到1968年中期，清華園才得以恢復秩序。

　　通過建立塑像來表忠的方式迅速在其他大學蔓延開來。已經建成的塑像為前來觀摩學習的代表們提供了模式。然而，大多數的組織都不想只是複製原有的塑像，而是想用各種方法標榜自己建造塑像的非凡之處。北京地質學院第一次用鋁鑄造的毛雕像可謂一大創新。這尊雕像於1967年12月26日毛澤東74週歲生日時落成，並表現出了各種象徵革命的數字學的極大匯合。雕像本身高7.1米，底座恰好高5.16米，正好與《五一六通知》(這一通知最終標誌着文革的起點) 相吻合。但是，最神奇的是底座高度與雕像高度相加為12.26米，恰恰象徵着毛的生日。[17]北京地質學院這尊雕塑別出心裁的設計，為之後毛雕像的建造提供了靈

感；這些設計上的數字標記在1968年中期第二波建造毛雕像熱潮（這是由於新成立的革命委員會而導致的）中得以沿用，也最終使得大部分的毛雕像有了12.26米的標準高度。

158 　　如果我們以北朝鮮的金氏家族和伊拉克的薩達姆為例，我們便會想當然地認為，建造領袖雕像是極權主義國家政權的表現和統治者追逐虛榮的體現。但在中國，事情卻要複雜得多。如前所述，毛澤東在新中國建立初期曾三令五申禁止建造領袖雕塑以及其他視覺形式的領袖崇拜物。雖然在毛看來，個人崇拜顯然具有工具價值，能被用於吸引追隨者，打敗中共黨內敵手，但是毛認為這類東西並不含有美學內涵。即使在1958年毛有效地確證「崇拜真理」作為一種繞過官僚的統治方式之後，他也對真正忠誠和逢場作戲分得一清二楚。1966年6月，毛與胡志明談話時驕傲地宣稱，與越南不同，越南人在胡志明面前都必須稱萬歲，而中國人卻不這樣做：

> 我勸你，你們的人不都忠誠於你的。忠誠的可能是大多數，但小部分人可能是只嘴頭上叫你「萬歲」，實際上是希望你早死。他叫你「萬歲」時，要注意，要分析。越是捧你的越是靠不住。這是很自然的規律。[18]

　　如果毛真的私下進行過這樣的分析，即他建議胡慎重對待當面的溜鬚拍馬，那麼他的結論就應該是他可利用林彪對他的個人忠誠，而不管林怎樣公開對他阿諛奉承。就在會見胡一個月後，毛在一封著名的寫給其妻子江青的信中，表達了對林彪在公共場合使用個人崇拜用語的懷疑，並聲稱鼓動個人崇拜已經違反了他本人的意願：「在重大問題上，違心地同意別人，在我一生還是第一次，叫做不以人的意志為轉移吧。」[19]他聲稱自己已經被利用為20世紀的鍾馗（一位傳說中的打鬼人），來達到反對修正主義威脅的目的。如果說這封信是真實可信的，[20]那麼毛就非常清楚地知道他的形象如何被用作革命象徵符號來鼓動大眾情緒。因而，即使個人崇拜實在令毛厭煩，但那時他也忍受了這種個人崇拜的存在。

到1967年中期，個人崇拜象徵的工具化已不由毛本人直接操控。
他似乎僅在7月初對建造其塑像的新風潮表示過關注。在1967年7月4
日，由中共中央辦公廳秘書局一處所編輯的一份內部刊物《文革信訪簡
報280期》(這份刊物使得普遍輿論的動向能夠傳達到中共中央領導層)
報告了建造毛塑像的熱潮。毛對當時這個現象做出了反應，他對該報告
作了批覆：「此類事勞民傷財，無益有害，如不制止，勢必會刮起一陣
浮誇風。」[21]他進一步指出應該停止出版他先前未公開出版的講話，尤其
是在北京地質學院應停止此事。地方紅衛兵即使受到了指責，他們也樂
此不疲地派代表去長沙，編輯他們的《毛澤東思想萬歲》文集，並想在
毛的故鄉出版這本文集。[22]根據毛的要求，中發〔67〕219號文件在7月
12日的中央碰頭會上起草，並於次日下達：

> 廣大革命群眾強烈要求建造毛主席塑像，確實是出於對偉大領袖毛
> 主席的無限熱愛。但是，建造毛主席的塑像是一個嚴肅的政治問
> 題，每一座塑像都應當保證政治上、藝術上的高質量，傳之千秋萬
> 代。這只能由中央統一規劃，在適當時機，適當地點建造，才可能
> 做好。現在某些群眾組織那種匆匆忙忙的做法，不僅會造成經濟上
> 的損失，而且會造成政治上的損失。……此外，各地編印了一些毛
> 主席沒有公開發表過的講話材料，甚至將別人的講話、詩詞也編進
> 去了。中央重申：毛主席沒有公開發表過的講話、文章、文件、詩
> 詞，未經毛主席和中央批准，一律不得編印，不得出版發行。[23]

有意思的是，林彪在前不久剛好對這類建造塑像的事情做出肯定，
並得出了頗為不同的結論。面對興起建造毛塑像的熱潮，林彪認為解放
軍在公共場合所做的崇拜遠遠不夠，拖了後腿，因而擔心失去解放軍和
他自己作為毛澤東思想最好的學生這個先鋒角色。6月28日，林建議總
政治部和總後勤部緊跟新近為毛建造塑像的潮流。[24]林的指示於7月1
日傳達到全軍後，軍方為毛建造塑像的準備工作也隨之開展。通常，林
都會將自己的決定提前送交毛以求毛的支持，但此次他卻推遲了十天才

上報了一個草案。毛將這份草案退給林彪，並附上了即將發表的中央文件。雖然林通常都能十分機敏地預測出毛的裁斷，但這次他沒有敏銳地察覺到，在毛看來，對個人崇拜的日常普及走得太遠了。各個派別對個人崇拜象徵的利用給他們提供了某種象徵性權力，但卻抑制了來自上層的直接干預，致使毛大為惱怒。一個通過僅僅依賴個人忠誠與信賴毛澤東思想而運作的機制，幾乎使得中共失去了對個人崇拜的控制，即使是林彪也不例外。

　　林號召解放軍建造毛塑像前不久，曾試圖壓制自1967年5月以來對他本人愈益高漲的個人崇拜。6月16日，在一封給周恩來和中央文革小組的個人信件中，林彪指出，在最近的幾次文藝演出中，不但出現了常見的頌詞「祝毛主席萬壽無疆」，而且還出現了關心林脆弱體質的頌詞「祝林副主席身體健康」。他聲稱，「樹立毛主席的絕對權威」是完全正確的，但為了「符合客觀實際」，[25]在公眾的崇拜活動中不應提及他本人。林請求中央文革小組和國務院協助注意，以避免「祝林副主席身體健康」這類話語在公共文件或者演出中再度出現。他還進一步要求起草一份正式文件，將他的意見傳達到縣級基層。林的這個要求並不尋常，因為他作為中共中央副主席兼國防部長，可以輕易地直接命令總政治部下達此類指示。[26]無論周恩來還是中央文革小組成員最終都沒有同意他，因為他們或許意識到公眾對林彪的崇拜這個事實，後來很可能會成為反對林彪的把柄。因而，林彪在1967年12月又寫了一封信，這封信不過像是以他名義簽發的正式文件。林彪在一次會議前，以他個人名義把這封信分發給了與會人員，信中特別禁止為他編纂語錄、演出、回憶錄和文集的行為，還反對「樹立林副主席的崇高威望」[27]的口號。這些抑制個人崇拜的初步措施並沒有中斷所有建造活動，也沒有終止有關的林彪口號的出現。唯一可見的結果，反而是提供了一套批准與規劃建造毛塑像的官僚機構程序。[28]此時，培植中共領導層內強力庇護者的政治聲望仍然具有價值，但這時依靠的已不是從該庇護者那裏獲得指導公眾崇拜的支

插圖 4　一本文集的封面，顯示了對林彪日益增長的崇拜

持；相反，它要依賴的是從庇護者的形象中獲取他本人面對大眾的合法
性。如果毛或者林公開他們對各自崇拜的不滿，這類不滿很容易被理解
為領袖所表達的謙虛。

　　文革小組成員戚本禹和陳伯達曾經在 1967 年 9 月 8 日午夜和天津不
同群眾組織的代表長談，談論的有關議題就是中央能否支持建造毛的塑

像，甚至能否提供原材料。儘管戚引用最近中央文件回答了這個問題，但是他還沒有說完就被打斷，並被詢問他個人是否支持建造毛的塑像。戚答道，中央是否支持和他本人是否支持並沒有直接關係：「問我，到處見到主席像我才願意呢，但主席不同意，要按主席說的辦。毛主席的話一句頂一萬句，我們都要按最高指示辦事。」[29]

建造塑像問題只是這次中央文革小組和天津的眾多權力爭奪者們長談的一個小方面。根據許多直達中央文革小組的書信來看，天津實際上已經淪為無政府狀態。頻發的搶劫和公開的性侵擾被報告給該市當權者，但卻沒有得到處理。在這次討論中，氣氛時常變得十分緊張，對毛的講話、毛的形象以及對中共其他領導人的講話和形象加以利用的工具性價值，也成為了辯論的一大內容。陳伯達尖銳地批評了一位天津代表，指責這位代表曲解了他本人講話的原意。還有幾次，代表們打斷中央文革小組成員的講話並引用毛的語錄來證明自己立場的正確。一些派別試圖通過樹立自己的「名牌」來在公共認知中證明他們才是真正的左派，陳伯達對此特別感到氣惱：「『名牌』就是商標。無產階級革命派變成商標了？」[30]在陳伯達這位毛的前任秘書之前，幾乎沒有人對類似樹立政治名聲和樹立商品名牌的行為有過如此尖銳的批評。

接下來的幾個月裏，保持中央在重制最重要的象徵機制（即毛的形象和話語）一事上的權威變得越來越難，即使中發〔67〕219號文件及其9月修訂稿的下發都沒有使其停止。[31]到了1967年中期，造反派建立的訊息網傳播甚廣，足以收集大量毛未公開發表的講話和文章，並把這些講話和文章單獨刊印及分發，用於支持毛的「絕對權威」，並相應地提升這些造反派的地位。在很多情況下，這些由地方刊印的毛文本甚至帶有「打倒某個革命委員會」之類的口號和對某些特定派別的斥責（例如「一·二七臭氣薰天」）。[32]直到年底，中共中央不得不印刷兩套流通本，以抑制未經黨批准的文本的重印和影印。上海逮捕了「一小撮奸商」，[33]指控他們為了錢財，以《重要文件》為標題印製了大約兩百份毛未發表過的

插圖5 毛主席的「日常生活照」。1958年4月6日,毛在武漢接見科學技術工作者

164　　講話。有的單位印刷了毛的日常生活照，[34] 這與媒體塑造的那位無所不知的舵手所呈現的一成不變的公共形象很不相符 (見插圖 5)。至此，個人崇拜的象徵具有了意識形態的、政治的甚至金錢的價值。中國西南省份貴州，為進一步說明個人崇拜的象徵如何被利用於地方衝突，提供了一個例子。

大方事件

　　貴州是一個多山的省份，也是最早建立省級革命委員會的省份之一。1967 年 2 月 13 日，李再含 (前貴州省軍區副政委、貴州省文革領導小組成員) 上台掌權。李本人瞞着省級領導班子與中央文革小組乃至林彪取得了直接聯繫，並得到了毛的公開支持，擔任 1967 年 12 月 17 日成立的貴州省革命委員會的新領導人。毛的支持給予李極大的革命信譽，而李也確實極盡所能地利用了皮埃爾·布迪厄命名的「象徵資本」。[35] 李從來不錯過任何展示其革命委員會對毛澤東奉獻忠誠的機會。儘管該革命委員會在成立之日給中共中央發送的致敬電並沒有什麼特殊之處，但是李卻在對毛的稱號抬頭中加入了四個最高級形容詞：「最最最最敬愛的偉大導師、偉大領袖、偉大統帥和偉大舵手毛主席。」[36] 不過，在李機警地對毛表達個人的忠誠的同時，他也在塑造了名副其實的對他本人的崇拜。1967 年中期前，李下令把他本人的語錄和毛澤東與林彪的語錄一起下發學習。有幾次，他甚至為了防止對自己政治地位的不利影響，甚

165　　至否定毛語錄的有效性 (當然他後來也因此獲罪)。[37] 傳說，當時在貴州舉行會議之際，除了祝毛主席萬壽無疆和林副主席身體健康之外，還需要加上「祝願李再含同志身體比較健康」。因此，李再含那時被當地的對手批判以犧牲對中央領袖的崇拜為代價來建立自己的地位。[38]

　　在貴州省革命委員會建立不久之後，李再含就因鎮壓不同意其政策的派別而遭到指責。1967 年 4 月 10 日，在貴州省當局的支持下，由不同的「保皇派」和「造反派」組成的紅衛兵聯席會議成立。結果，一批造反派組織襲擊了會場，並在次日舉行了大規模的抗議遊行，成立了所謂的

411戰鬥隊。[39]這以後，411戰鬥隊與支紅派這兩個最強的對手之間的衝突，迅速演變成了一系列的暴力衝突和相互謾罵，貴州省當局顯然支持後一派別。411戰鬥隊派遣了20位成員赴京尋求中央文革小組的支持，抱怨自己受到了省當局的壓迫。他們還想與已經焦頭爛額的黨領導人會談，這或許還不是一件壞事，因為省當局支持的派別[40]抓住其沒有被接見的把柄而繼續對411戰鬥隊進行謾罵與攻擊，而且這次行動招來一封署名為「地理化學研究所戰士」的匿名信。這封信於十天以後即1967年5月15日在省當局紅衛兵委員會的喉舌《紅衛兵》上發表，此信建議造反派：「放棄幻想，準備鬥爭。」[41]匿名信的作者通過對比貴州與四川兩省，從國家的角度，指出這兩個省都有實行「白色恐怖」的可能，極富洞見地指出了一種能夠引起中共中央關注的方法。只要貴州沒有大事件發生，中共中央就不會將貴州視為一個問題，從而繼續優先解決其他省份的緊急事件。想要中央對貴州當地態度有重大轉變，就只能通過團結造反派力量，集中製造一些小矛盾，使省當局露出真實本質，並且創建特別的宣傳力量來展現造反派組織的力量，從而獲得更多的公眾支持。雖然這封匿名信作者倨傲不遜的態度不是所有人都能接受的，但是他勾勒的方法卻被迅速採用。省當局在其喉舌刊物上登出這封信件原本是用於批判其反革命罪行，但卻無意間擴大了這封信的影響。

　　1967年5月下旬至8月間，各個派別也因為各自不同的目標利用對毛的個人崇拜，從而捲入了一系列激烈的武鬥。7月初，第一波敵對行為最終積累成了聞名遐邇的「大方事件」。大方是一個位於省會貴陽西北方約150公里的小鎮（見地圖2）。1967年6月30日，雖然官方已經明令禁止免費的串聯活動，但貴陽師範學院411派的38位成員仍然以慶祝建黨日為理由，串聯畢節市同一派別組織進行聯誼活動。李再含領導下的革命委員會則不認為這僅僅是一場旨在宣傳毛澤東思想的活動。該革命委員會擔心暴力與派別鬥爭蔓延至農村地區，因此依照毛的三條「最高指示」（「抓革命，促生產」[42]、「復課鬧革命」和「停止串聯」）來揭露這次聯誼活動的邪惡本質。[43]

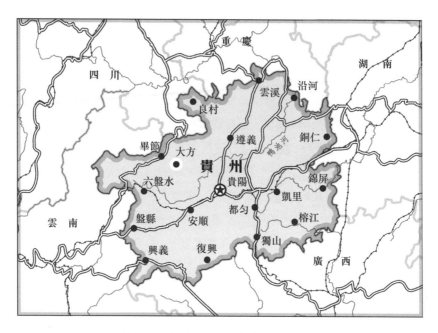

地圖2　貴州省及「大方事件」的地點

省當局向地方黨的機關通告了造反派即將到來的消息。當造反派的
大巴車剛到大方，就被一群當地黨的領導機構組織的人群截住。根據一
位411戰鬥隊的成員所說，他們因為敵對的暴民圍車而不得不停止計
劃，這些暴民向大巴車扔石頭，在一個工人不顧手傷而砸開了駕駛室的
玻璃後，暴民便開始對他們進行侵擾。不過，對於該事件的描述，從支
持當局一方內部流出的小道消息卻與411的說法大相徑庭。根據當局一
方的報道，411一方的大巴車並不是被迫停駛的，而是因為「違反了當
地的交通法規」。[44]由於司機並沒有按位停車，因此已經損毀嚴重的大
巴被一輛拖拉機拖出了貫穿大方的主路。

在接下來五天對已損壞了的大巴的圍攻中，兩派都通過朗讀毛的語
錄展開了宣傳活動，以證明自己觀點的正確性。411的宣傳人員引用了
毛的格言：「馬克思主義的道理千條萬緒，歸根結底，就是一句話，造
反有理。」[45]於是，雖然411沒有成功參加畢節市的建黨日紀念活動，但
他們卻在大巴車上表演了許多讚頌毛主席的歌曲和詩詞，不過一幅名為

《我們心中最紅最紅的紅太陽——毛主席》的畫作和一些「閃金光」版的
毛語錄本的失竊最終激怒了他們；「一個暴徒居然毀壞了一本語錄。」[46]
圍車人群的領導人也在道路的對面設立了一輛宣傳車，與411的宣傳分
庭抗禮，宣傳毛的最高指示「復課鬧革命」，告誡411不要管當地農民的
事。[47]除了兩派的口水仗以外，一些農民受到「造反派根本不理解真實
狀況」[48]的鼓動，每天幹完農活後也進城參與這場混亂，而他們的竭盡
全力使411戰鬥隊在城裏吃盡苦頭。這些農民會在晚上敲打物品使得造
反派無法入睡，還會打開411大巴車的天窗讓大雨淋入車內，往車內小
便，甚至在大庭廣眾之下對使用洗手間的411女隊員進行性騷擾。由於
雙方都能找到各自有力的權威語錄，形勢一度陷入僵局，直到四天後當
地一派取得了決定性的勝利。7月3日中午，一位農民發現411戰鬥隊一
面旗幟上的毛的形象是黑色印刷，且面向旗桿，而411戰鬥隊自己的標
誌卻以鮮紅色印刷。[49]用修正主義的顏色（黑色）展現毛主席的頭像被視
為罪不可赦，大逆不道。根據官方的指控，411學生在試圖藏起這面旗
幟時，居然將這面旗幟「放在屁股下面」，這最終激怒了圍車群眾，事件
也最終演化為肢體衝突。

　　由於現場的局勢十分緊張，圍攻大巴車的消息傳到了貴陽，貴陽方
面的411立即派出了救援部隊。7月3日，大約400至500名411戰鬥隊
隊員在少數工人的協助下奪取了12輛公共汽車，但他們的結局和在大
方的戰鬥隊員一樣，只不過這次他們被困在黃泥塘這個地方。[50]第三組
救援隊（只有7名造反派成員和造反派以免費搭車為名騙上車的24名農
民）在7月10日渡過鴨池河時翻車，導致22人死亡。[51]

　　與此同時，在省會貴陽，411戰鬥隊從其據點貴陽師範學院出發開
始了抗議活動，他們在貴州省革命委員會前席地而坐來示威，大聲給省
革命委員會下達解決大方事件的最後通牒；否則，便會考慮「更大規模
的革命活動」。[52]由於沒有得到領導人的接待，憤怒的411戰鬥隊闖入省
革命委員會大院，儘管解放軍戰士們向他們宣讀語錄並試圖阻止他們衝
入大門，[53]但並沒有效果，隨後，411戰鬥隊在政府大樓庭院裏絕食示

威。第二天，絕食示威運動的參與者還佔據了貴陽市內最主要的十字路口。在78小時的靜坐運動中，省會的學生們以及其他同情者加上當地造反派總計達到了5,000人之眾。普通市民向示威者提供了「好幾百本《毛澤東選集》和《毛主席語錄》」[54]以示支持。直到7月10日，省當局答應派遣調查組調查大方事件並且保證大方411成員的安全返回，示威活動才宣告結束。但是，暴力活動並沒有就此停止，類似的事件也越演越烈。

1967年7月至9月間，中國的形勢已經失控，連毛澤東本人之後也不得不承認這一點。解放軍當時作為唯一有足夠人力來控制無政府狀態的力量，也被指責暗中支持「保守」派別，因為沒有上級的命令，它就無法介入運動。正如7月中旬的武漢事件所顯示的那樣，在當地軍區司令陳再道支持下的「保守派」群眾組織扣押了兩名中央文革小組的成員，即使中央對解放軍的控制也大不如以前有效。毛澤東甚至考慮「武裝左派」。[55]一些群眾組織（例如北京航空學院「紅旗」戰鬥隊）被認為是可信的，這些組織因此也從北京衛戍區領取了槍枝。

正如貴州這一事例所顯示出的總體形勢，對毛澤東的形象和著作的控制已不是中共中央力所能及的事情了，這導致的是個人崇拜的無政府狀態。所有爭鬥的派別都援引不同毛著作中的不同話語來為自己辯護，因為遠離這些話語的最初語境，它們就能相互矛盾地加以引用。中央文革小組成員王力（曾在武漢事件中被「百萬雄師」抓獲，並在之後不久就為持續衝擊解放軍的事件當了替罪羊，遭到清洗）在一次與四川省代表的談話中嚴厲批駁了「中央已經失去對這場革命運動的指導」的謠言。他認為「樹立毛澤東的絕對權威」是這場運動的主要任務，任何反對毛的人都應被清洗。然而，由於有關毛澤東思想的註解太多，確立毛澤東思想的普遍準則也越來越困難。王力明確批評了對毛語錄的矛盾引用：

> 現在有個不好的風氣，把學習毛主席語錄變成語錄戰。毛主席反覆講，宣傳馬列主義毛澤東思想一定要從內容上，領會精神實質。用毛主席思想考慮問題，眼界要開闊，不要只看見鼻子底下的的一些小問題，誰打了一下，誰瞪了一眼。[56]

　　儘管分崩離析的政治形勢可用某種方法加以解決，但只要誰是毛政策的主要受益人這個問題沒有明確，那麼解決派別爭端的前景就始終遙遙無期。即使在中共高層，不同的政治派別也紛紛開始爭奪毛的支持和政治利益。即使已近乎獲得絕對權威，毛在文革的高潮時期也沒有依靠命令的頒布。他會審時度勢，並在做出決策之後，利用高層的權力鬥爭將其政策付諸實踐，竭力在不同派別中維持機敏的平衡。鑒於無政府狀態的背景，任何想要控制政治形勢與黨的權力政治象徵符號的努力都變得十分困難。如果毛真的使用強力命令解放軍重整秩序，那麼整個文革的目標以及緊緊與之相連的他本人的命運都將成為一場鬧劇。另一方面，如果讓群眾在持續不斷的階級鬥爭中進行自我教育，那麼就無法產生一個能夠接受的新統治形式，這也會給中國的可統治性帶來威脅。為了使自己了解地方經驗，並對形式有一個總覽，1967年7月至9月，毛澤東去華中、華南地區開始了一次為期三個月的視察，他要找到一種能使文革最終成功的方法。

　　到不同地區進行視察，在文革爆發之前就是中共領導經常採用的措施。在視察途中，政治局同志參觀當地公社並與群眾進行交談，這種行程從理想上來說應該給中共領導人提供一些關於形勢的直觀印象，加強中央與地方的紐帶關係。很自然，地方領導人只會選定一些有利的方面給中央領導人看，但毛的視察則是出了名的隨興所至。不過，即興的訪問在文革期間已不如從前那麼容易了。毛在很多場合都很反感周恩來為了保護他而設置的種種措施。尤其是武漢事件期間，毛就在武漢，但並未知會當地領導人。毛離開後，官方對形勢的評定是「大好，不是小好」，[57] 進一步闡述了毛在未來幾個月內要把形勢變得更好的計劃，即沿用延安整風運動模式的遺產。學生、幹部和群眾組織領導人被編入學習班，教育他們放棄錯誤的、以自我為中心的活動。通過不斷的政治教育，被教育者們能夠把握毛的訓示的本質，摒棄存在於人們之間的對立矛盾，最終到達一切革命力量的大團結。這樣的方法在過去很有效，因此可繼續沿用。但是這次，政治教育的範圍已經不僅僅是像延安那樣的孤城小鎮，受教育的對象也不是像解放軍這樣受到毛的著作指導並有階

層劃分的群體，而是幾乎所有的人民群眾。在軍隊監管下的解釋學聯結因此被擴展到了巨大的範圍，並把儀式化了的學習方式推向前台。

從1967年10月起，輿論號召在社會各界建立毛澤東思想學習班。[58] 那些還沒有成功組建革命委員會的省區的派別領導人被召集到北京，參加所謂中央學習班。學習班的性質明確地顯示出其促進紀律的目的。在學習班開始前，群眾組織領導人和軍區的代表們下榻高級賓館，享受免費通勤待遇，有些人用上了豪華轎車，正如康生與寧夏回族自治區代表談話時氣憤地指出的那樣，需要樹立艱苦樸素的生活作風。[59]

為了給代表們施壓，並產生良好的教育結果，中央學習班的學習地點一般選在北京近郊的軍營。學習班的日常學習議程對學習者的管制十分嚴格。集體學習毛的文本，通常以毛的最高指示為指導對自己省內的形勢重新評估。中央學習班最終都以相互對立的派別代表握手言和而收場。[60] 不過，對於這些代表們來說，最具有吸引力的還是希望受到毛主席在人民大會堂的親自接見，這與1966年後期大規模接見時賦予紅衛兵的象徵權力不相上下。

毛視察歸來之後，紅衛兵組織中的明星人物開始逐漸趨於黯淡。與此同時，由謝富治(北京市革命委員會主任)領導的公安機構開始關閉獨立的新聞機構，以重新確保中央對公共輿論的控制。這項工作在一年後才隨着大多數紅衛兵被下放到農村而最終完成，公共話語權的變化也在一年以後才正式明確。1967年9月30日《文匯報》的一篇文章宣稱必須服從中共中央的所有指示，不管是否能夠準確理解其含義都要服從。因而，這篇文章還引用了林彪在1966年8月13日文革開始之際在政治局會議的一次講話，這次講話的內容也最終成為了證明軍事管制合理性的最著名論據之一。在其講話中，林彪談及了關於如何理解毛發動文革的意圖的問題，他承認即使是他也不能夠完全理解文革的各種轉折點：「我們對主席的指示要堅持執行。理解的要執行，不理解的也要執行。」[61] 雖然《文匯報》刊登這篇文章時對林彪的原話略有改動(將「不理解的」改為「暫時不理解的」)，但是該文章所表現出的對中共中央指示的無條件服從與忠誠卻是赤裸裸的，這樣一種服從與忠誠也成為黨的話語的基點。

第8章

表忠的語言

1967年9月下旬，毛回到北京，發表了對當時形勢似乎樂觀的評價，值此之際，全國29個省、市、自治區只有7個建立了革命委員會。儘管毛表示樂觀，但是形勢依然不妙。鬥爭派別的武力衝突一直延續到1968年，甚至採取了極端形式。一年後，1968年9月5日，全國最後兩個省、區一級的革命委員會在新疆和西藏自治區宣告成立。1969年4月，根據中共「九大」達成的共識，新一屆中共領導層也得以正式確立。在這一段時間內，不能確定誰會在混亂不堪的派別鬥爭中奪得頭籌，因此，對毛澤東的儀式崇拜迅速積聚。培養對毛的個人崇拜，對於力圖在不同社會階層的權力鬥爭中最大限度地獲取個人利益來說，具有至關重要的作用。但是，由於整個形勢是完全暴力的，人們又通過在「清理階級隊伍」的運動中獵巫式地壓迫反革命分子來主導這一形勢，因此，對於大多數中國人來說，參加公共場合的崇拜活動成為了至關重要的生存要素。要想理解為什麼話語上和儀式上向毛主席表示忠誠，逐漸佔據了人民群眾的日常生活，就必須分解當時狂熱表忠的公共氛圍，以至於那些不小心引用錯了毛語錄或者不小心燒壞了帶有毛圖像的人都會招致殺身之禍。[1]本章主要在政治力量和象徵力量不斷重建的過程中，基於個人崇拜在日常生活中的運用，對毛澤東的言辭崇拜進行分析。本章首先探討當時幾乎無處不在的「學習毛澤東思想積極分子大會」的作用，然後考察那種把毛澤東言辭崇拜推向極端浮誇的「三忠於」和「四無限」運

動。[2]本章還將特別強調隨之而來的表忠話語的特點與功能，這些表忠話語最終導致對毛的過度諂媚，甚至還導致了對運用毛澤東思想而產生奇蹟的事例的宣傳。

學習毛澤東思想積極分子大會

毛澤東思想學習班的建立為整頓遍及全國各地的無政府狀態的混亂局面提供了幫助，也是將個人崇拜引入日常生活的工具。「憶苦思甜」的學習會或集會是解放軍在「兩憶」運動中的一個變種，現在卻填充了普通大眾的空閑時間。一般來說，學習會每天晚上都會舉行，且所有人迫於集體的壓力都要積極地根據毛澤東思想來檢查自己的行為。隨處可見的毛語錄學習小組的日常議程，也是文革給所有人留下的最為普遍的印象之一。崇拜毛的盛況如此生動，主要是因為1967年秋冬季節建立的毛澤東思想學習班不可思議地干預到人們日常生活的各個方面。辦學習班的目的是為了通過解釋學聯結來統一關於文革的不同觀點。解放軍「三支」辦公室是組織和指導這種學習工作的牽頭者。但是，由於之前群眾對解放軍的公開衝擊，解放軍在群眾心目中的形象已經有所降低。為了解決這些問題，各個軍事單位都「重操舊業」，開展「四好、五好」這樣的樹立模範個人和模範單位的運動——這樣的運動在文革開始後基本上處於中斷狀態。

176

1966年末，一些軍區繼續以「學習毛主席著作積極分子代表大會」的名義選拔模範戰士，全軍學習毛主席積極分子大會也計劃於1967年下半年舉行。不過1967年的大會並沒有舉行，因為解放軍總政治部在那時已被指責有修正主義觀點而受到了強烈衝擊，[3]其職能被並入先前的軍委辦事組，軍委辦事組於1968年3月正式取代中央軍委成為解放軍的最高管理機構。[4]從1967年11月起，積極分子代表大會(此時其名稱已定為「活學活用毛主席著作積極分子代表大會」)的數量成倍增長。引入這樣一個代表大會的目的是多方面的。一方面，發展積極分子是中央控制單位、提供模範內容和培養一批思想一致的追隨者的絕佳手段。中

插圖 6　「活學活用毛澤東思想積極分子」獎狀（作者自存）

共媒體對新模範的需求量日益增大，加之學習班的積極分子或受邀談話的積極分子作為官方意識形態傳播者這種特殊身份，進一步促使這種代表大會名聲遠揚。相關模範人物的經驗事蹟的出版，給人們提供了如何正確應用中共中央最新指示這個問題的基本共識。

　　如果沒有毛澤東運用積極分子代表大會來作為摧毀舊時期上層建築階段的結束和建立新的權力機構階段的開始，那麼這種積極分子代表大會還只是少數現象。正如同 1966 年毛澤東通過在天安門城樓的接見活動將自己的權力公開授予紅衛兵一樣，1967 年 11 月 13 日，他接見了北京衛戍區積極分子代表大會的代表們，並在第二天接見了其他學習班的代表們，以此來顯示他政治態度的變化。毛對紀律性措施的支持，從此又給予了眾多革命委員會或革命委員會籌備小組更多的公共合法性。林彪之後又投入了更多的關注：他 11 月 29 日給海軍首屆學習毛主席著作積極分子大會 4,000 名代表題詞。[5] 雖然林彪的措施能夠有效地傳播積極分子大會的影響，但是從此以後群眾對領袖個人題詞的索求愈演愈烈，

甚至導致暴力衝突。因而，毛本人在12月中旬表示了他對題詞這個習慣的不滿，自那之後才煞住這股風氣。然而，毛本人也同時通過不斷接見學習積極分子來進一步鼓勵積極分子大會這種形式。這種接見一般都在人民大會堂的不同大廳裏舉行，而毛也在這些大廳中度過了他的許多時光。

積極分子大會都有標準的程序，首先基於地方預備會制定的一系列標準，選出每個單位中值得信任的個人或者小組。一個典型的例子是內蒙古土默特支左辦公室制定的標準：為了選舉1968年1月第一屆活學活用毛澤東思想積極分子代表大會代表，當地革命委員會制定了1,000人的參會指標和七天的會議議程，並給出了詳細的公式以確定每個地方或者區域政府部門的選送名額。該革命委員會還給出了選送當地模範的十條標準，其中包括清白的歷史背景、迅速活學活用毛主席指示和完全依靠群眾等要求。[6]每個單位在這樣的標準指導下開始選送。經當地革命委員會同意後，積極分子被邀請至當地政府的招待所進行學習，要求他們自帶毛澤東著作、行李和糧票。

大量地方文獻證實了積極分子大會在當時所具有的重要意義，這些文獻彙集了大會準備和組織工作的資料。土默特以及其他地方的資料表明了召開積極分子大會的必要性，首先是評價文革前的積極分子、模範英雄們的最近表現，然後檢查他們是否能夠在建立革命委員會的過程中重新發揮作用。因此，數百名候選人的政治背景都必須被審查；在很多情況下，這類審查工作成為革命委員會的首要工作。積極分子代表大會一般持續兩週，在此期間，地方經驗要根據最近的上級指示來檢查。雖然大會在早期形式和內容上還有所不同，但其程序一直不斷地被加以標準化。這些程序包括在不同小組內設立秘書組來負責對內和對外的組織、報道、新聞工作及文件起草工作。與會代表都知道會議的最近程序和宣傳要點，所有這些都呈現在一個會議手冊裏，該小冊子印着紅色的毛語錄作為標題。這種小冊子一般一天編輯數次，具體次數取決於小組的數量。模範的報告和對公眾使用的文件由各個小組分發，單獨裝訂在一本只含有講話稿的印刷品中。會議通常有一個開幕式，然後是文件學

習和聽取模範講用報告並進行討論，然後再提交一份關於如何將報告和
文件觀點應用於日常生活的總結報告。最後發布書面經驗與倡議書，倡
議書列出此次會議具有最顯著成績和建議的書面經驗。

　　最初，會議每天晚上都會舉行，隨後大會便採取了一種更加隨意的
形式：八小時的學習加上週末的小組旅行。[7]大會向學習班提供訓練有
素的人員和各種各樣的從中央學習班到家庭學習班的模範報告。除了與
公眾認知保持一致，積極分子大會還具有很高的表現功能，正如在地方
的「庇護者─受庇護者」關係，導致了不同的次一級個人崇拜的生成。

　　積極分子代表大會──尤其是由國家重要機關發起的那些代表大會
──為參會者提供了展現自己為適應新權力結構而準備擔當負責人的職
權的平台。由於之前的晉升制度已經失效，尋求升遷的人不得不尋找潛
在的庇護人，這也極大程度地促進了言辭崇拜。毛澤東顯然還是崇拜話
語的最高獨斷者，不過除了對他的最高崇拜外，還有一些讚揚重要人物
（既在最高領導層中，也在地方領導層中）的次級崇拜。把個人崇拜用來
建立「庇護者─被庇護者」關係的傾向，已再清楚不過地表現在解放軍
高級幹部的一系列講話中，這些講話的目的主要是展現林彪較之於其相
關單位對手的優勢。很快，一些未經官方批准的出版物（因而也不是毛
所擁有的出版物），包括林彪的傳記和語錄，開始出現。到了1970年，
解放軍中的林彪追隨者甚至計劃舉辦一次展覽，來紀念林彪在延安軍政
大學時的革命業績。

　　基於忠誠而不是合法權利的政治結構會在很大程度上引導個人崇拜
的政治交流模式的迅速發展。中共「九大」的召開尖銳地顯露出在文革
所帶來的制度浩劫給中國政治機體造成的損害。不管林彪本人的角色究
竟如何，其作為毛澤東最親密的戰友和接班人形象已經給他帶來了大量
的阿諛奉承，其中一些奉承者就是想在毛去世後獲得高官重位。然而，
這些公開吹捧對林彪而言是一個明顯的危險。無論如何，對林本人個人
崇拜的滋長都是其即將在毛澤東死後取而代之的野心信號。毛仍然懷疑
諸多組織引用他自己的「權威」的不同目的，最明顯的就是1967年11月
3日《人民日報》發表以代總參謀長楊成武的名義所寫的〈大樹特樹毛主

席的絕對權威〉一文。[8]這標題形式源自於一位革命烈士的日記，之後逐漸被紅衞兵和諸多中共和解放軍領導人所沿用。只要這類話語按照毛的想法加以利用，毛並不生氣，也不立刻對此做出反應。但是，當中共的正式刊物也開始使用這種説法時，他就批評這種説法「不符合馬克思主義的科學語言」。[9]楊成武的文章與通常毛不喜歡的送達到他的文章遭遇了一樣的對待方式：「不看」，即毛會在此類文件背面批註「不看」以示不滿。

　　1967年12月17日，毛收到了湖南省革命委員會籌備組的報告。這份報告請求毛為新落成的毛塑像題詞(這尊塑像準備於毛74歲生日時在其故鄉韶山揭幕，同時慶祝韶山新近併入全國鐵路系統)。毛抓住這個機會寫下了關於宣傳工作的幾點想法。他提醒當地的同志們注意中共中央關於禁止祝壽和禁止題詞的決定。不過，毛反對的主題是有限的：

> (一)絕對權威的提法不妥。從來沒有單獨的絕對權威，凡權威都是相對的，凡絕對的東西都包含在相對的東西之中，猶如絕對真理是無數相對真理的總和，絕對真理只存在於相對真理之中一樣。
>
> (二)大樹特樹的説法也不妥。權威或威信只能從鬥爭實踐中自然地建立，不能人工去建立，這樣建立的威信必然會垮下來。[10]

　　這段話表明毛對權力的形式有所警覺：尤其是當這些形式被官方神聖化並且在公共話語中被吹得天花亂墜之時。中共領導層對個別言辭的極度謹慎暗示了語言和權力的緊密聯繫。允許使用「走資派」或者直接就寫「大樹特樹毛主席的絕對權威」這樣的短語，表現出了比語義的內在轉化更豐富的含義。通過確定如何達到和評判現實的角度，黨的話語轉變為一系列可見的對象，並使這些可見的對象制約着人們的日常生活，決定着那些被革命話語加以邊緣化的人們的命運。

　　毛對楊成武文章的那段批評使楊成武處於不利地位，楊在軍內的政治對手則乘機聯合對其加以中傷。1968年3月，楊成武遭到清洗，理由按林彪的説法是沒有向毛澤東表示充分的忠誠。[11]林因此也更加強調在每一言行上都要表示對毛忠誠的必要性，以免受到批評或處分。自文革

開始以來，政策的多變，加上官方對一些特定話語的判定標準並不明確，這使得中國的統治力在總體上受到損害。通過學習班、積極分子大會和革命委員會而進行政治權力的重建，對語義領域的控制也需要重新奪取。因此，整個1968年見證了語言形式化的頂峰，也見證了公共言論和私人言論邊界的高度融合過程。

阿諛之辭

瑞納·米德（Rana Mitter）最近評論道，文革也許是20世紀歷史上最為「詞不達意」的時期。[12]雖然這樣的表述好像試圖再現命名的術語與對象之間同一性的描述觀念，但是米德指出，有無限可能的策略使得人們在不同語境下重新解讀其某一特性。紀風源將這種現象與卡爾·波普關於烏托邦社會工程的觀點相比較，將其稱為「語言學工程」（linguistic engineering）。[13]這個術語暗示把某一言詞和特性內容壓縮，例如，把它們放入人們不習慣的語境，從而達到對語言的自覺運用來改變傳統的世界觀。由於對所指對象的語義鏈條的變動，常識共見的含義也會被革命的內容所代替，並由此顛覆傳統價值觀體系的影響。由於傳統的道德概念已被解構，人們對新的關鍵言詞的同時應用成為確定政治立場的根據，因此，以革命性不純為理由隨意抨擊他人的可能性就被放大。雖然使用諧音、隱喻或預言來確定正式含義和隱藏內涵的方法在中國歷史上有源遠流長的傳統，但是這些方法通常被一些文人墨客奉行用來反對國家的策略，而不是相反。在約翰·奧斯汀（John Austin）看來，某些短語在文革中被說成是「表演性的」，而不是指向特定的對象，[14]即用交流付諸行動構成的語言和現象，比如向毛澤東表忠心。

即使對文革中媒體的最粗淺分析也能夠揭示陌生語義語境中常用的術語，這些術語由所引用的標誌特性的當下作用凸現出來。「應用」、「自私」、「忠誠」這類詞語被分離出來，為的是告誡讀者它們的特別之處。文革語言的另一個特點就是過度動詞化，這樣的語言通過「前綴」加上「化」來表明某種行動，而與言詞遠不相匹配。[15]常見的幾個例子有

182

「無產階級化」、「忠字化」甚至還有「毛澤東思想化」。運動的形式表現與運動變化的顯著對比，就可通過對秩序重建時期的公共話語內容的深入分析體現出來。不管是人們考察無數學習班的學習、積極分子的大會發言，還是考察黨的報刊上的日常社論與時評，都會發現，把話語內容置於階級鬥爭和崇拜毛的幾個首要觀點之下，實則是施加了形式上的枷鎖，嚴重影響了媒體報道的內容。

　　1967年對毛的個人崇拜無政府狀態的一個結果，就是象徵秩序的重建工作同大規模地減少印製文章、減少報導話題的多樣性等現象並肩而行。直到1968年9月最後一個省區級的革命委員會建立，對毛主席的忠誠的不斷強調帶來了一種近乎僵固的迷信話語，置入了所有私人的和公共的生活領域。這種滲透通過以下多方面得以確保：數以萬計的解放軍戰士進行的「三支兩軍」、地方革命委員會成員的積極工作，甚至運用毛澤東思想觀察左鄰右舍言論是否與自己一致的普通百姓。

　　個人崇拜的話語從開始就被定義為中華人民共和國引導公共領域的一種特殊變體。這些變體之間都基於一種把理論框架置入終極真理的主張：馬克思列寧主義先是由黨的集體領導所規定的，爾後是由毛澤東思想的絕對化所規定的。因此，文革前、文革中和文革後的交往模式雖然在形式化程度上有差別，但總體上沒有根本不同。文革言辭的最高主宰是階級鬥爭的概念。這個概念明確地劃分了敵我區別：永遠正確的毛澤東思想為一方，與以邪惡的「中國赫魯曉夫」為代表的修正主義和資本主義罪人為另一方的區別。雖然階級鬥爭這一方面在文革文獻中最為常見，但隨之而來的無論是對毛的崇拜還是對其假想敵的抨擊的相對重要性，都是隨着實際情況不斷變化的。先前的學者都極為重視研究文革的「仇恨言論」。[16]然而，這裏的焦點是本章後半部分討論的個人崇拜的言辭及其特點與作用。

　　1968年個人崇拜的話語基本上圍繞着兩大類內容轉變：其一是對毛表忠；其二則是有關毛澤東思想的實際運用的報告。就像中世紀文獻中的祈禱一樣，絕大多數秩序重建時期的文革文章和講話都以「祝毛主

席萬壽無疆」和「祝林副主席身體健康」這樣的話語為開頭。在很多情況
下，這種表忠的祈禱也表現在抒情性的文學形式上：大量讚美詩詞、歌
曲重新出版，充斥各種最高表忠溢美之詞的激情散文更是不計其數。不
過，就像前文提到的林彪在積極分子會議上所受到的讚美那樣，利用這
些崇拜言辭的人遠比真正單純崇拜的人要多得多。策略性地利用個人崇
拜建立「庇護者—被庇護者」關係的手段，在很多不遺餘力地誇大吹捧
的情況下，發揮着至關重要的作用。有關「活學活用毛澤東思想報告」
最主要的例子，是積極分子大會的開幕詞、閉幕詞或者大會電報。因
而，在這些文本中使用的語言類型很大程度上取決於場合與媒介。下面
摘錄了北京衛戍區1967年8月第一屆活學活用毛澤東思想積極分子大會
給毛澤東的致敬電：

> 毛主席啊毛主席，您是全黨、全軍、全國各族人民最偉大的領袖。
> 您是國際無產主義最卓越的導師。您是我們心中最紅最紅的紅太
> 陽！毛主席啊毛主席，您的恩情比大海還深，我們心中充滿了對您
> 無限的熱愛！千歌萬曲都不能表達我們對您的無限熱愛，千言萬語
> 都說不盡我們對您的無限崇拜。任憑海闊天高，都裝不下我們對您
> 的無限信仰。山崩地裂都動搖不了我們每一顆紅心對您的無限忠
> 誠。[17]

儘管工具因素和特定場合對產生以上類似言論起到了重要作用，但
是像北京衛戍區積極分子大會這樣顯著的事例所開創的崇拜標準，還是
給予其他會議的召集者做到與之相同的崇拜言辭帶來了很大的壓力。雖
然人們粗略地閱讀上文所引的句子或許會對這種獨一無二的情感表達方
式留有印象，但是人們只要對那些從文獻資料和文物拍賣市場獲得的類
似材料進行深入研究，就會發現，即使是某個短語也都貫徹了高度的統
一性。如果有人不願遵守最為時尚的崇拜表達方式，那麼就有可能處在
被指責為沒有創造出「濃厚的政治氣氛」，甚至處在被定罪為對毛澤東
「不忠」的危險中。因此，那幾個此時還有些名氣的文化界人物（如中國
科學院院長郭沫若）就尤其要通過讚頌毛澤東思想旗幟來逃脫被送去進

行「體力勞動」或者思想改造的命運。郭沫若在中國科學院第一屆毛澤東思想積極分子大會上致賀辭，他用了各種隱喻來論證毛澤東思想無可匹敵的影響，儘管這多少有着個人的筆觸：

185

> 毛澤東思想是雨露，是空氣，是陽光。只有沐浴着毛澤東思想的甘霖，我們才能夠指望上成千上萬大米和黃豆的雙豐收。毛澤東思想是靈魂，是智慧，是力量。我們只要有了毛澤東思想的武裝，英雄就會輩出。這是毛澤東時代的新天地，新人民，新事物，我們整個科學院如此，整個全中國都是如此。[18]

　　類似這樣的話語段落經常會被研究文革的學者忽略，因為這種話語空洞無物。但是事實上這些話語段落的功能絕不是為了傳達任何原初的、未經處理的信息。準宗教的崇拜絕不是其主要功能。諸如此類的話語，就是藉由語言本身的曖昧特性來表達一些「語言學上堪稱完美但語義學上卻空空如也」[19]的觀點，進而旨在顯示個人的忠誠。在崇拜毛中出現的聲勢浩大的吹捧之辭，其實就是語言用於儀式功能而不是傳達功能的一個極端事例。它是某種社交技能的證明，而不是某種信息的傳遞。在《精神現象學》(*Phenomenology of the Spirit*) 中，黑格爾 (G. W. F. Hegel) 專門以一小節來描述「阿諛」，他以下列方式專門指出：「語言卻以它自己這個形式為內容，並且作為語言而有效準；實現那必須予以實現的東西，其所依靠的力量就在於説話，在於説話本身。」[20]在約翰·奧斯汀把某類講話活動的特性界定為「表演性的」(即從言語上説出一件事情，實際上就是做了某種事情) 而名聲大噪之前，黑格爾就強調了這種講話以及吹捧的重要性，就是表現出與傳達內容有所不同的功能。

　　表忠作為吹捧語言的終極目標在1968年「三忠於」運動中獲得了絕無僅有的表現。在這一年，與忠相關的東西自始至終充斥於中國黨的媒體。如圖表3所顯示的 (圖表3)，1968年，幾乎每五篇《人民日報》發表的文章都會有一篇明確提到「忠於毛主席」這句短語。

186

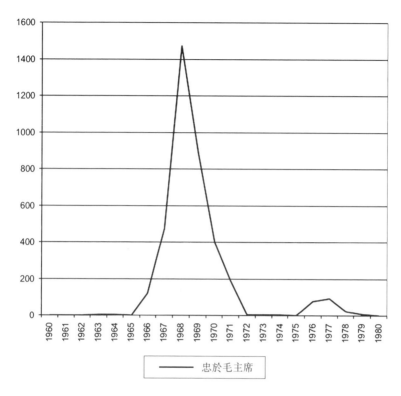

圖表3　《人民日報》1960–1980年間，「忠於毛主席」短語的出現頻率變化表

　　「忠於毛主席」這句短語在文革開始之際僅僅被偶爾提及，但現在則通過一場學習李文忠的小型運動變得非常突出，李文忠及其所領導的某排戰士為了搶救諸多溺水的紅衛兵而犧牲。[21]1968年3月，解放軍空軍第二屆學習毛澤東思想積極分子大會正式提出了「忠於毛主席」這句短語，而媒體對這次大會的報道也為接下來幾個月遍布全國的「三忠於」運動定下了基調。諸如〈忠不忠，看行動〉這樣的社論幾乎充斥了1968年3月最初幾天的所有中國主要報紙。對那位中共主席的忠誠必須通過可見的行動來證明，而不再僅僅限於言辭上的祈禱。然而，為了完成這項任務，地方軍區和革命委員會就必須拿出如何在日常生活中應用言辭崇拜的事例。

187

毛澤東思想的奇蹟

　　第二大的崇拜話語群，主要是關於怎樣在不同情況下運用毛澤東思想的例子。大量的主題都以「用」為概念，基本可以分為以下三個子主題：模範角色，活學活用毛澤東思想的方法，毛澤東思想所產生的實踐結果、發明即「奇蹟」。值得一提的是，在文革的大多數語境下，「忠」的反義詞並不是「不忠」，而是「私」，意指「自我」或「自私」。[22] 因此，對毛澤東的忠誠又往往和「公」這個品性（指公眾或公共利益）相混同，並且在這個時期二者可以互相轉化：「如果一個人品性自私卻又不注意加以克服，那麼他就是對毛主席的不忠，鬥私的決心是真假革命者的分水嶺。」[23]

　　模範英雄人物通常會先在地方積極分子大會上介紹經驗。這些經驗在提交到中央軍委或者中共中央之後，一旦確定其利用價值就會成為流傳的故事。1968年「三忠於」運動中最有名的模範人物非「門合同志」莫屬。門合是青海省的一位副政治指導員，在製造火箭的爆炸事故中因掩護同事而犧牲。於是，他成為繼雷鋒之後又一位為大公無私傳統和為毛澤東思想奉獻的榜樣。

　　1968年4月23日，中共中央、中央軍委和中央文革小組聯名下發中央文件，以命令的形式授予犧牲的門合以「無限忠於毛主席革命路線的好幹部」稱號。[24] 在門合之前，從未有人能獲此殊榮，因為像門合這樣的人在此之前還是文革暴力的主要對象，此時他卻聲名大振。除了悼詞式授予的命名以外，中共中央還給此文件的所有接收者下發了有關門合的背景資料，以便保持其完整的形象。在接下來的五週裏，所有革命委員會都做出了反應，表示要專門開展學習「門合同志」的運動。1968年5月29日，中國媒體步調一致地發起了學習門合的大型全民運動，內容包括所有報刊文章、電視報道、電台和小冊子、文藝表演以及關於門合勤儉一生的遺物展覽。不同的媒體負責不同的聽眾，按現在的話說，這場大型學習運動可謂是「多平台聯動營銷」，中共的確在取得這場運動最大成效方面下足了功夫。

　　至於門合的家鄉與工作單位，它們也因為中共中央授予的榮譽而得到了極大的關注。門合的妻子和雙親都成了積極分子代表大會的特約講話嘉賓。青海省革命委員會則與青海省軍區領導層一同組織了由高級幹部組成的慰問團，前往門合在河北省的故鄉，「報告門合事蹟，並且專門為紀念門合而組織文藝演出」。[25]慰問團的代表獲得了很高的政治禮遇，河北省的絕大多數領導人不是在火車站熱烈歡迎慰問團的幹部們，就是親自參加慰問團的訪問活動。

　　學習門合的運動是一個實際運用毛澤東思想的絕妙例子，有的文章和報道主要展示怎樣把無私、公共服務和無限忠於毛主席這些品質付諸實踐。不過，由於材料的來源不同，所描述的經歷特性都不盡相同。國家媒體發表的報告似乎沒有顯示出為了把學習運動與日常生活所遇到的問題相結合而做出的顯著努力。在河北省會石家莊，為了響應學習門合的運動，建立了不同形式的學習小組，以便解決實際問題。一位前來石家莊學習如何進行「三忠於」運動的南京財政局革命造反聯合會的代表在報告中詳細地記錄了石家莊當地學習小組討論和應用的方法。石家莊專門設立了好幾個解決實際問題的學習班，其中有一個小組（成員主要是農民和商業工作者）主要致力於解決雜貨的銷售問題。事實上，這個學習小組基本上是由雜貨店的造反派向農民傳授一些經驗，並試圖解決一些由於「受中國赫魯曉夫反革命修正主義路線毒害」而帶來的工作問題。[26]

　　根據這個報告，學習小組會議布置在緊張氣氛之下，農民懷疑自己會再一次被商業工作者們欺騙，只有答應在當地生產大隊舉行學習會議以後他們才同意參加。這樣，解放軍就必須預先整修出當地的會議室，而商業工作者則用毛的畫像和語錄作為裝點把房間裝飾一新。但即使是這樣仍然會引起一些農民的懷疑：「不要看他們現在花幾個錢，以後還是在我們頭上刮。」[27]

　　為了調查清楚這種根深蒂固的懷疑存在的原因，會議進行了幾次不同觀點的辯論。農民們進一步被「中國赫魯曉夫的『卡住農民的喉嚨』政

189

策」[28]（例如有關為雜貨銷售建立的規則和標準）激怒。在商業工作者看來，如果生產的貨物不能達到尺寸、顏色和形式上的標準就應該視作價值不高，或者就不能被接受。農民嘗試用包裝紙來捋直彎曲的黃瓜，但這種做法不可行並導致了惡劣的副作用。在包裝紙的包裝下，黃瓜由於沒有光照而變黃。根據這份報告，批判當地修正主義路線代表人物並廢除從前的規章制度，有助於建立農民與商業工作者的和諧關係。諸如黃瓜的大小和所掙的錢數這樣隨意的因素再也不能起到最重要的作用了。隨之而來的是相互理解形成了，公平的價格定下來了。

　　如果階級鬥爭的抽象話語和無產階級情感能夠被聯繫到某種特定的情況，例如上文的彎曲黃瓜的價格，那麼稱讚門合和「三忠於」運動就能獲得了很大的吸引力。口才頗佳的演講者和英雄模範戰士（如王國祥）享有讚譽，經常獲得別人贈送毛的像章（見插圖7）。不過在大多數情況下，學習組和學習會都很難將抽象的道德條例與合適的例子相結合。在北京食品總廠，晚班換班後，門合生平和事蹟的故事下發給了諸多學習會，不同部門的工人們學習完後把這些資料轉發給上夜班的工人們，每個人開始寫大字報和決心書，決心「向門合同志學習」。[29]但值得注意的是，在宣傳其他班次的工人們的經驗之外，食品總廠的工人們除了編輯了在門合精神影響下的「豪言壯語」，沒有什麼新的作為。這些短語通常以韻聯的方式和頭韻的方式來表達，比如「緊跟毛主席，永遠幹革命；緊跟毛主席，世界一片紅」。[30]在北京第二棉紡織廠，那裏的毛澤東思想學習班甚至編輯了一本13頁的毛主席祝詞，便於工人按祈禱似的方式來引用背誦。[31]

　　除了這種像唱詩班一樣的背誦，還有在背誦的對話（「對扣子」）中可實用的短語。「對扣子」這種形式在文革初期就因為能夠傳播「主席教導」而被運用。每一組「對子」因而都必須使用正確的語錄來完成提問的句子。由於這些對子或者韻聯都強調每一行動要與毛澤東的要求保持一致，就很容易在日常講話中加以應用。在每一句話中強調「忠字化」的極端情況，就是在各種情況下，把毛澤東、林彪和像門合這樣的革命烈

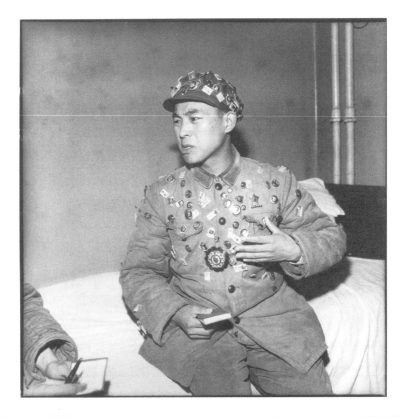

插圖7　模範戰士王國祥，1968年4月16日在哈爾濱市郊區公社分享他「活學活用毛澤東思想」的經驗，聽眾將近170枚毛澤東像章別在他帽子和制服上，表達對他的讚美。© 李振盛

士的簡短語錄變成規則言詞。即使在買賣物品、換班甚至在電話應答的時候，語義上示忠的逢場作戲也構成了最基本的講話活動。下文引述的是陝西省眉縣地方誌中記載的一些辦公室用語規則：

1. 打第一次電話時，先祝毛主席萬壽無疆！

2. 第二次以後的電話，第一句是「為人民服務」，對方對答「完全、徹底。」

3. 下班前接電話時，第一句也說「為人民服務」，對方對答「要鬥私批修。」

192

4. 接待來客時，首先向毛主席請示，根據問題內容，選學最高指
示，離開前向毛主席彙報。[32]

用儀式化的語言來表忠被認為是許多獨裁者或專制帝國執掌大權的
一種方式，人們只要想到納粹德國的「希特勒萬歲」就可以了。但在20
世紀，除了希特勒以外，沒有哪一位領袖的崇拜像毛的崇拜一樣發揮到
極端，以至於大約在1968年3月至1969年4月間，這位領袖的語錄甚至
能夠取代再平常不過的講話活動，儘管具體的語錄運用程度有所不同。
幾乎所有稍微詳細一點的中國地方誌中相關的文革記載都提到了這種語
言現象，不過大都沒有提供準確的數據或者事例。

最後，我們還應該將注意力放在專門用來描述「毛主席奇蹟」的文
本風格上。絕大多數這類報告都論及在自然科學尤其是武器發展和醫療
衛生技術上的特別創新。自毛1965年嚴厲地批評了衛生部政策之後，[33]
醫療工作得到了重視。毛指責衛生部只注重為包括老幹部和富人階層在
內的少數精英提供服務，忽視了廣大農村地區的醫療條件。他倡議學生
和醫生都應該分批去農村，應該成為「赤腳醫生」。雖然這些學生通常會
接受三到六個月的醫療訓練，只攜帶一些基本藥品，稍後還有一本關於
保健、針灸和艾灸的小紅書，但是他們仍然知道如何治癒一些普通疾
病，並且能夠立即投入到一線工作中去。通過一些成功的治療案例，這
些赤腳醫生既能夠證明自己的知識，也能夠通過解決日常生活問題與健
康問題，在群眾中迅速提升黨的形象。

193 在文革時期，尤其是1968年中期到中共「九大」之前的這段時間，
醫療話語成為用來證明毛澤東思想如何促進了科學認識和技術的最主要
事例之一。所有這類故事的主要證據其實都是一致的：聲稱在毛澤東思
想的創造性應用以及中國赫魯曉夫政策的破產下，一些諸如癌症、耳聾
等絕症已經能夠治癒。雖然文革時期，在其他科學領域還有類似的「成
就」，特別是武器製造和建築工程領域，但是它們並沒有產生能與醫療
話語可匹配的生動風格的話語。雖然下面這則張秋菊的故事現在鮮為人

知，但在1968年有卻廣為媒體關注。[34]張秋菊，一位貧下中農出身的37歲婦女，被其丈夫送入解放軍4800部隊醫院時，她的子宮已經腫得像個氣球。解放軍外科醫生了解到這對夫婦的經歷和一些著名專家治療此病失敗的情況後，在3月23日為張秋菊進行了手術。「今天的手術室貼滿了毛主席的畫像和語錄，一改往日資本主義衛生醫療路線的舊規章制度，使得整個房間格外明亮。」[35]默默念着毛澤東語錄，張秋菊被推進了手術室，此時的她身高只有1.57米，體重卻有214磅（約合97公斤）。在10個小時的手術過程中，醫生們從她的腹中切除了一個約90磅（約合41公斤）重的腫瘤。因此，這次「毛澤東思想的勝利」轉而成為了一個大型的公眾宣傳運動，因為張秋菊不僅成功活過了手術，而且還有着很好的術後恢復狀態。解放軍這家醫院也因此獲得中央軍委頒發的「全心全意為人民服務先進衛生單位」的榮譽稱號。[36]全國報刊爭相報道此事，甚至舉辦了一次特別的展覽，將張秋菊被切除的腫瘤處理後保存，在全國巡迴展出。[37]在接下來的幾個月中，還報道了好幾起類似的奇蹟，包括通過解放軍醫療單位的針灸技術能夠使聾啞兒童聽懂且背誦某段毛主席的語錄。[38]

雖然把這些「成就」都歸因於毛澤東思想，但這些成就卻變得越來越虛假，毛本人也對這些風靡全國的「空話」[39]越來越不滿。從1967年底起，即使毛能夠成功地禁止在官樣文章中使用某些短語，但是即便這位能夠完全準確判斷中共統治結構和政治體系缺陷並發起文革的中共主席本人，此時也不能易如反掌地治癒個人崇拜的話語，因為個人崇拜恰恰也建立在制度缺陷的基礎上。通過競相標榜崇拜及其象徵的儀式化手段，緊張的政治形勢導致了進一步的政治表忠行為。在中共「九大」召開前的幾個月裏，對毛的崇拜也因此具有了趨於儀式化和物象化（commodification）的顯著傾向。

第9章

崇拜儀式及其物象化

　　1967年底，毛澤東崇拜儀式化的形式風靡全國，最著名的儀式就是「早請示晚彙報」。最早提及「早請示晚彙報」的，是1967年6月北京郊區石景山中學的軍訓。當時那份軍訓報告列舉了一些常規的教化方法（比如舉辦學習班和憶苦思甜活動），特別是在表達對毛的儀式化崇拜時十分直白。在批判劉少奇的醜惡罪行時，學生們要表現出對真正敵人的「無比的仇恨」，並且要知道他們的爭吵是微不足道的。與持續培養的階級仇恨伴隨的是要公開表現出對於毛澤東正確領導的真實「無產階級情感」。為了保證不偏離毛澤東的教育，學生們「發明」了一套把自己的思想和行動與毛澤東話語加以比較的做法：「在早上，他們將兩大階級鬥爭中積累的問題向毛主席著作請示。在晚上，他們將一天內自己的言行與毛主席的教導相比較，進行自我批評。」[1]

　　類似的「請示彙報制度」在國共內戰時期就已經為中共所廣泛採用。這種方法可以在危險的情況下加強對地方的控制。因此，在這種情況下，地方領導實行自己制定的新政策之前必須向中央報告。相似的預防措施在1953年「高饒事件」中就採用過，並在1967年至1968年兩年的無政府狀態中，由大多數革命委員會加以重新啟用。[2]雖然這種制度性的做法旨在控制政策結果和政治權力，但是把這一套做法應用到個體行為上顯然就是旨在統一大眾對當前形勢的認知，旨在確保人們對革命委員會形式的順從。

　　石景山中學的這一經驗起初並未受到媒體的關注，而中央警衛局（中共中央保安機構）提交的一份報告則引起了很大的反響。隨着毛越來越不相信其原有的信息渠道，他轉而更相信他的隨從人員或中央警衛局的專屬部隊即著名的8341部隊，並將其視為自己的耳目。中央警衛局不受一般軍隊體系的領導，而直接向毛本人的警衛首領汪東興負責。毛澤東最信賴的警衛人員給這位主席提供了來自不同地區的大量信息，例如有關北京針織總廠的信息。該廠建於1952年，多年來一直成為社會主義尼龍絲襪產品的對外展口。

　　毛澤東決定派遣一個小組前往北京針織總廠，以促成該廠兩大群眾鬥爭派別的聯合。這是第一次由中央警衛部隊履行軍隊「支左」的職責，毛本人就任務本身親自指導了由副政委孫毅和長征老戰士古遠新領導的大約80名人員的隊伍，他們以「細緻、認真、努力」[3]的方式進行政治教育工作。毛在考慮了針織廠的實際情況後，建議這支隊伍主要派遣一些女同志提供醫療服務，解決日常生活問題，以取得工人的信任。

　　即便有了毛如此全面的指導，想要使兩大派別聯合起來仍然是一項極其艱巨的任務。該廠總共有2,183名工人，其中大約800人加入了「東方紅革命委員會」，大約1,200人加入了「紅色造反司令部」。應用無處不在的毛的形象和教導來證明某些偏狹觀點的做法，使工人們根本不相信這一支左隊伍的領導人所稱的他們是由中央主席親自派來的說法。毛甚至把他的私人醫生李志綏也派到這個廠裏。[4]直到有些工人偷偷跟蹤李志綏的車到了中南海，他們才真正相信了這支隊伍的政治信譽。在證明了其特殊背景以後，來自中央警衛團的這支隊伍就立刻全方位開始宣傳毛澤東思想。這過程的順利進行很大程度上歸功於之前其他軍事單位的寶貴經驗，尤其是石景山中學的經驗，正如總結報告所示：

> 大造學習聲勢，建立學習組織，健全學習制度，布置學習環境。運用上班向主席請示、下班向主席彙報（集體學習語錄），組織毛澤東思想宣傳隊，開辦學習班，召開講用會等形式，向革命職工和家

屬，廣泛宣傳毛澤東思想。在較短的時間內，掀起了活學活用主席著作的高潮。[5]

在中共中央正式文件中這樣贊同煽動儀式化崇拜或（用現在的說法）形式化崇拜是前所未有的。1966年12月，中共中央明確禁止了北京航空學院紅旗戰鬥隊發起的紅色海洋運動。[6]這場運動旨在把所有北京的牆壁和房屋塗成紅色，來慶祝那位中共主席的生日，從而使北京景象革命化。然而，毛則對這種鋪張浪費的行為不抱什麼好感。1966年12月30日，中共中央下達指示禁止類似活動，因為這種簡單的審美化行為注定沒有什麼政治意義，甚至可能被一些敵對分子利用：「別有用心的走資本主義道路的當權派和堅持資產階級反動路線的人，想用這個方法使群眾沒有貼大字報的地方，掩蓋自己反毛澤東思想的罪行。」[7]不過，一年後峰迴路轉。雖然中共中央領導層仍然不提倡「形式主義」的活動，但是到了1967年卻不得不依靠這些活動來維護團結。

雖然針織總廠的報告借用了很多之前試點單位的經驗，但它把這些經驗提升到了一個全新的高度。它不是一篇孤單的經驗介紹文章，而是一份中共中央的正式文件，即中發〔67〕350號文件，發至所有縣團一級及以上的軍民單位，印數達兩萬份。這是在文革中唯一一篇以中共中央名義發表的大力煽動對「毛主席」進行儀式化崇拜的文章，也正因為如此它才備受關注。「早請示」的做法隨即也被一系列的習慣性行為大力擴展，以確保達到與毛澤東思想指導的每一行動相同步的程度（見插圖8）：

上班前向毛主席請示，心明眼亮有方向；

下班後向毛主席彙報，檢查工作和思想；

生產中看看車鏡頭（語錄牌），幹勁猛增長；

交班交語錄，互相關心互相幫。[8]

毛的畫像無處不在，日常的講話也被令人起敬的「送語錄」這樣的對話所代替，這些都不能給其他的解釋留下什麼餘地。對既定的程序稍

插圖8　軍事醫院的病人向毛主席照片「早請示」。黑龍江哈爾濱，1968年9月5日。©李振盛

有偏離就會被視為行為不忠，並可能導致嚴重後果。歷經幾個月，開展大規模公開對抗的工人們在自己的工廠建立了革命委員會，儘管內心高興甚至狂喜，但是在儀式制度之下卻不容置疑地存在著功能性和紀律性的規範。個人崇拜儀式化的主要目標並不是為了進一步增強個人崇拜本身，而是為了在群眾中建立共識基礎，以增強群眾的集體凝聚力。但是，由於個人崇拜中令人矚目的焦點總是那個被描述為具有超人品性的個人，因此崇拜的準宗教形式的滋生蔓延也就不足為奇。忠誠的純粹表演或「假裝表演」[9]則另當別論。正如布萊茲·帕斯卡（Blaise Pascal）給上

200

帝所下的著名賭注，不管是出於真正信仰還是出於政治壓力而參與崇拜儀式，儀式都是用來使大眾「更加馴服」。[10]

在北京針織總廠，8341部隊對不同的教育對象採取了不同的策略，對幹部、造反派領導人和普通群眾的做法就有所不同。按照毛本人的說法，群眾並不喜歡混亂，因此只要通過學習特定的重要文件就可輕易達到團結；然而，主要問題出在組織和管理生產活動的幹部身上；對於造反派領導人，說服他們放棄以自我為中心的觀點，就需要增加學習任務。幹部在經歷了一系列鬥爭衝擊後變得「怨氣、泄氣和不服氣」，[11]並拒絕以嶄新的姿態參加新的體制，因此充滿了懷疑、苦悶。所以，幹部學習班的主要任務就是把他們重新整合進文革運動中來，使他們既要接受群眾的批評，又要感到生活在毛澤東時代是多麼幸福。

1967年11月11日，經過一系列複雜的代表遴選，北京針織總廠革命委員會終於成立了。當天，該委員會的代表們給毛發送了一封賀電。毛澤東回覆了賀電，親自批覆：「看過，很好，謝謝同志們！」[12]並當即下令將這一報告和他的批覆下發全國。該廠的工人們因為有了來自最高指示的重視而歡欣鼓舞。毛親筆批覆的通知最早被貼在工人們都要經過的工廠黑板上。後來，該廠又將這一批覆拍照，展示在該廠門口。北京針織總廠也由此聲名鵲起，成為全國的模範單位，並與其他五個工廠即新華印刷廠、北方木材廠、北京第二化工廠、南口機車車輛廠和二七機車車輛廠一起獲得媒體的高度關注。1967年至1971年之間，僅《人民日報》一家報紙就發表了超過一百篇有關北京針織總廠革命經驗的文章。宣傳的密度如此之高，同該廠1967年底設立一群特殊的來自首都最重要新聞機構的記者班子有着直接關係。同上文提到的醫生李志綏一樣，這些記者也都參與到該廠職工的日常生活和工作中，改造自己的思想，同時採寫讚美該廠成就的典型報道。[13]這些報道通過列舉地方單位如何結束無政府武鬥的具體事例，將毛的抽象指示加以普及化。

由於該廠的經驗獲得了很大的關注，許多中共最高層領導人，諸如林彪夫人葉群，都試圖通過這一名聲大噪的單位來擴大自己的影響力，

即他們派遣自己的心腹去影響該廠的進程，並從該廠革命榮耀中分一杯羹。毛澤東本人顯然也為他的模範單位而驕傲，在很多情況下，這類單位會被其他領導人——如江青——稱為毛的「點」，而江青也正在努力建立自己的「點」，來獲得特別的關注。[14] 1968 年 7 月下旬，毛澤東思想宣傳隊受命前往清華大學和北京大學，這支宣傳隊的許多成員就是上文提到的由中央警衛團領導的六所工廠的人員組成的。「六廠二校」成為了成功平息派別鬥爭的同義詞，一直到 70 年代中期都還不斷地被宣傳。

8341 部隊在北京針織總廠的經驗對毛的個人崇拜產生了很大的影響。這種崇拜儀式很快風靡其他軍事單位，並被用於解決極端的派別分歧。很多當時的報道都提到了「早請示晚彙報」的儀式或者每日強制的「天天讀」。這些儀式演變成為各種各樣的、在毛的崇拜象徵物面前進行的懺悔活動。如果某種想法或行為被說成是違背了毛的絕對權威，那麼就要請求毛的寬恕，接受當地單位的處罰。

雖然「早請示晚彙報」是文革時期最為著名的崇拜儀式，但同時，我們也必須注意到解放軍在重建秩序的過程中發揮的形式化作用，在形成上述形式之際，還有一些其他的崇拜儀式，雖然這些儀式沒有得到官方的授權，但它們畢竟產生於同樣的政治氣氛中，並把極其尋常的活動變成了對毛的表忠。這些儀式包括所謂的「語錄操」。[15] 自 1951 年起，早晨做廣播體操已經成為了中國的一項日常活動。8341 部隊的典型經驗通過中共中央下發僅一週之後，上海《體育戰線》在一期專欄中就宣稱自己通過上海體育運動委員會造反團的「毛主席語錄操」編導組，編成了一套語錄體操。根據這篇報道，語錄操的目的是為了將每日的體操運動編成「徹底鏟除修正主義體育路線和樹立毛澤東思想的革命體育路線」而讚頌毛主席的一曲凱歌。[16]

這套語錄操由九節動作組成（見插圖 9），九節動作劃為六個部分，並冠以連貫的情節。第一節「我們心中最紅最紅的紅太陽」：整套體操由向毛澤東表示永遠忠誠開始，祝毛萬壽無疆，並肯定毛在中共裏的核心地位。第二部分包括三節，代表文革「老三篇」，旨在消滅自私念頭。第

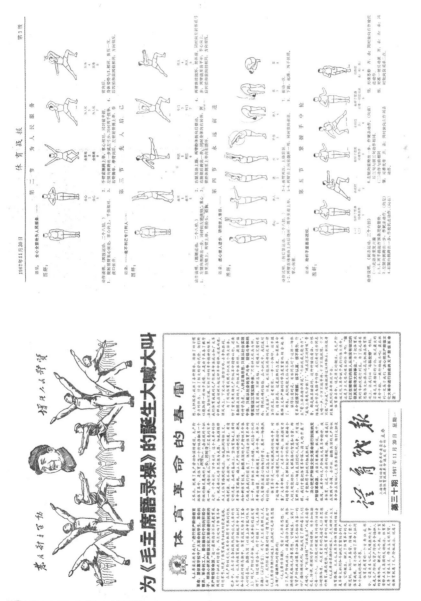

插圖 9 「毛主席語錄操」部分示意圖，載上海《體育戰報》，1967 年 11 月 20 日

三部分取材於毛的語錄「槍桿子裏面出政權」，旨在提醒參與人員必須永遠不忘階級鬥爭。這條語錄被重複了六遍，伴隨着從各個方向與敵人拼刺刀的體操動作。在刺殺動作重複六遍後，領操者分別喊出：「對準美帝！」「對準蘇修！」「對準一切反動派！」而每次領喊之後，做操人員則隨即集體高喊「殺！」，並做出刺殺動作。第四部分引用毛的詞《滿江紅·和郭沫若同志》，來代表革命風暴不可阻擋和與社會主義敵人戰鬥到底的堅定意志。第五部分展示追隨毛澤東偉大戰略計劃的決心，而最後的第六部分則表現全世界人民對毛澤東的「無限熱愛、無限崇拜、無限敬仰」。最後，體操者們都必須集體宣誓，由領操者首先喊道：「我們堅決遵照林副主席的教導」，然後所有體操者跟之喊出：「讀毛主席的書，聽毛主席的話，照毛主席的指示辦事，做毛主席的好戰士。」[17]

按照張泰宏的說法，語錄操從頭到尾都是「通過有節奏的動作來描述歷史」[18]。參與者們表達他們對「毛主席」的衷心熱愛和同修正主義、帝國主義敵人鬥爭到底的最大決心。半年後，上述編導小組更是因為編導出了「『敬祝毛主席萬壽無疆』太極拳」而名聲大噪。[19]

這套語錄操迅速得到推廣，並在不同場合使用。例如，北京師範大學發明了一套特殊的「毛主席語錄紅小兵體操」以供小學生們使用。[20]不過，除了「語錄操」和「語錄太極拳」外，更為有名的儀式非「忠字舞」莫屬。「忠字舞」這種儀式舞蹈具體成型的時間並不確定，也無文檔可查。正如戴維·霍姆 (David Holm) 在其經典著作《革命中國的藝術與意識形態》(*Art and Ideology in Revolutionary China*) [21]中指出的，「忠字舞」的雛形無疑是對早先延安時期公眾集體舞的工具化應用，尤其是中國西北秧歌的變種。在中華人民共和國成立初期，政治化了的秧歌成為「官方慶典藝術」，[22]這種表演隨處可見，並被用來表現新政權的成就。然而，隨着秧歌表演的日趨簡單化，且拘泥於官方指定的步法，它在城市地區並不很受歡迎。因此，到50年代中期，用公共舞蹈表達政治決心的形式在城市生活中已處於邊緣地位。

文革開始後，復興傳統藝術形式並加以政治化的需求被重新重視，

尤其是復興新的「樣板戲」，[23]這使紅衛兵組織紛紛通過表演不同地方的戲劇和舞蹈來彰顯毛澤東的榮耀。不過，1967年之前還沒有「忠字舞」這樣的專門詞。然而，到了1968年中期，這個詞語卻成燎原之勢遍布中國，甚至遍布有些沒有公共舞蹈風俗的地區，「忠字舞」這個詞語也傳了進去，因此造成一些可理解的尷尬。[24]如同語錄操一樣，「忠字舞」並不是中共中央設計並推出的，而是草根階層的發明創造，旨在由身體活動來表忠。「忠字舞」既可以單人表演，也可多人表演，風靡了大約一年左右，並演化出了許多變種，而無論變種形式具體如何，它們都採用一種動作來表達對那位中共主席的無限熱愛和絕對忠誠，即把手臂從心口伸展至太陽或毛的畫像處。有一種「忠字舞」甚至在跳舞時用伸展手臂和踢腿的方式來藝術地使身體類似中文的「忠」字。

　　過去關於這些活動的資料一般記載於地方年鑒或者二手文獻，但通常沒有什麼特定目的。它們只是將一段時間內「奇怪的言行」[25]堆砌起來，並以某種群體性的瘋狂呈現出來。當時的報道則要複雜得多，而且事實上無論是關於「語錄操」、「忠字舞」，還是「『萬壽無疆』太極拳」，都無法找到真正的創始記載。對崇拜儀式的記載通常都是對某類儀式的許可。一個典型的例子就是天津市革命委員會1969年5月發布的下述報告，該報告列舉出前一年所進行的崇拜活動，根據這份報告所稱，天津一些工廠，那裏的革命委員會成員們在1968年中期已習慣了跳「忠字舞」的活動，並且將一天兩次的「忠字舞」輪班制度強制化為每日必須的生產活動。在一些地方，對「忠字舞」舞步的掌握程度甚至成了當地評選「四好／五好積極分子」的標準。一些地方發現學生逃課練習「忠字舞」，另有一個工廠專門僱用了七位教練來為那些沒有什麼舞蹈基礎的工人們矯正舞步。[26]不過，在「忠字舞」這種儀式中，舞蹈技能不是最重要的因素，儘管一些所謂的「神童」（如康文傑，見插圖10）[27]也因為「忠字舞」跳得好而備受關注，但是最為重要的注定是要表現出參與者對領袖的無限忠誠。「跳得不好是技術問題，跳不跳是立場問題。」[28]

　　正如這份報告所示，崇拜儀式的正確參與問題並不是一件微不足道

插圖10　五歲的神童康文傑在哈爾濱紅衛兵廣場為「活學活用毛澤東思想」參會者表演忠字舞。黑龍江哈爾濱，1968年4月28日。© 李振盛

的事情，只有聯繫到與「忠字舞」同一時期進行的「清理階級隊伍」運動才能理解。這場運動開始於1967年底的上海，1968年夏天達到高潮。「清理階級隊伍」運動為新建立的革命委員會提供了一個揪出「潛在敵人」或傾軋政敵的理由。[29] 由於這場運動完全缺失有效判定反革命行為的可靠的法律規範，這就導致任何褻瀆毛的象徵符號或者沒有對毛表現出足夠忠誠的行為，成為最為大眾所認定的主要罪過。無論是誰，無論是否有意，只要沒有參加對毛的崇拜儀式，或者念錯了毛的語錄，抑或損壞了崇拜的象徵符號，就有可能被解放軍軍管會 (到了1968年，軍管會已經在中國大多數地區取得合法權力) 判定為「現行反革命」。

　　幾乎所有有關文革的著作都提到了這類懲罰的實例，回憶錄中尤為眾多。當時歷史的證據還比較難以獲取。地方報刊上有時會提到一些人在上述運動中受到的迫害。在陝西省白水縣，有517人因為違背了既定的言行規則而遭到批鬥。例如，一位地方醫療隊成員因為在寫大字報批

插圖11　一本忠字舞歌曲集

判內容時，寫在了帶有毛照片紙的背面而被定為現行反革命。如果把這張大字報放在光下檢查，就會發現大字報上的「壞」字正好和毛的圖像尺寸一樣，這樣一個行為就成為判定其現行反革命罪的主要證據。[30]

其他的材料也揭露出了類似的荒唐審判。來自一份河北省的資料記載，一位楊姓農民的認罪書所顯示的他的罪狀就是把「忠誠」的「忠」給弄混了，寫成了河北方言中的「中」字（在河北方言裏意思是「可以」），從而使得「以行動見忠誠」這句短語變得毫無意義。[31]不過，他最為可恨的罪狀是他把一份印有毛圖像的舊報紙作為衛生紙使用，恰好被機警的鄰居看到了並向當地生產隊作了彙報。[32]我們很難知道這些不斷增多的個人的命運究竟如何，他們甚至可能因為侵犯了那些崇拜符號遭致處決。直到70年代末中共試圖從法律上徹底擺脫文革政策時，[33]上述大多數案件才被重新審理並平反。無疑，恐懼與社會壓力迫使所有人必須去參加無處不在的吹捧毛澤東天才的活動，而這種強迫在塑造極為誇張的崇拜方式上發揮了至關重要的作用。

208 　崇拜儀式的發展帶來了中共中央、中層一級的革命委員會、解放軍單位和普通群眾當中的複雜關係。中共中央領導層自然不會喜歡那些未經官方授權的「群眾首創」活動（如「忠字舞」）。除了北京針織總廠的經驗以外，中共中央領導層在官方文件中嚴格限制類似經驗的傳播。但在中共「九大」之前並沒有出現過對有關儀式崇拜的公開批評。這些非官方崇拜儀式的盛行引發了一些黨內會議的惱怒；例如，下文這些交叉出現的批評引自1968年4月中共中央領導人與軍代表的談話：

江青：語錄操你們經過授權了嗎？怎麼沒有批准就搞起來了？不要搞形式主義，不要搞庸俗化，不要降低、歪曲主席思想。

黃永勝（總參謀長）：左右轉也喊主席語錄。

總理（周恩來）：交警拿語錄作指揮棒，這怎麼能行呢？

……

康生：聽說你們吃飯還學語錄。

林彪：中央文革把這些問題調查一下，作個規定。[34]

　中央文革小組對這類表忠行為十分反感，因為每個人都能從參與表忠獲取符號資本，實際上致使中央文革小組自上而下實施干預的可能性變小。雖然以前利用毛語錄爭權奪利的行為已經成了一個很重要的問題，但是現在這種隨處可見的表忠觸怒了中共領導層。由於相互爭鬥的派別的持續武鬥，個人崇拜所具有的凝聚能力成為讓人又愛又恨而又得不償失的東西。

　對毛的忠誠的普遍重視使得積極參與個人崇拜（尤其是「三忠於」運動）成為新權力機構的慣用手法。出於這種目的，那些中層官僚機構特別積極地參與儀式崇拜。在一些革命委員會新近掌權而羽翼未豐的省份（如河北省或廣東省），進行崇拜運動的意願特別強烈，因為這些省份的領導層急於證明他們的革命立場，並由此積極向許多單位提供物質支

209 　持，如油漆、石灰和水泥。[35]石家莊市（如第8章所述）這樣的城市因為在1968年春表現活躍，名聲大噪，其他地方革命委員會的代表們慕名前

來參觀，迫切要學習最先進的崇拜毛澤東和鞏固權力的方法。[36]地方和省級領導機關也因此陷入了地方和省際之間的競爭，積極地把對毛崇拜的話語的、儀式的和裝飾化的諸多方面，合併為天天上演的「忠字化」[37]或「毛澤東思想化」，以此來把他們所轄的單位包裝為崇拜毛的模範。[38]在一份來自於北京64中紅衛兵總部的總結報告中提到，該紅衛兵機構試圖把毛澤東思想作為一切的綱領，「無論何時何地，無論任何行動，都用毛主席語錄指導一言一行：『毛主席怎麼說，我就怎麼做』」。[39]早上帶着毛的著作和毛的像章上學，參與多種「早請示」儀式，課上用語錄與同學交流學習，一直到晚上放學在家還要對着毛的畫像「晚彙報」，一整天的程序都被調整成了對毛的崇拜。64中紅衛兵總部的這份草案報告還在最後列舉出了當時如何判定是否成功推行「忠字化」的標準：

1. 學會語錄操、主席語錄隊列口號。

2. 語錄本上貼忠字，桌子上貼忠字。

3. 結合中心工作背誦主席有關語錄。（如搞教育革命，在此星期可背教育革命語錄）[40]

210

因而，這種運動的成功便可以通過一些可見的結果來檢驗，比如學會了語錄操的動作。即使是對某些特定語錄的使用也顯然是關注在語錄的工具價值，以此來達到大家心中預想的目的，這並不等同於背誦宗教福音。不過，這種運動有可能導致對「毛主席」的宗教式的或準宗教式的崇拜，尤其是在農村地區。

崇拜的用品

人們對於動盪不定的政治局勢具有不同形式的反應。由於即使是逆來順受的反應也會被認為是對那位中共主席的政策潛在的心懷不滿，因而積極地參與個人崇拜就成為隨處可見的現象。既然對毛話語和儀式的崇拜如此盛行，那麼把毛的東西請入地方的神殿也就不足為奇了。面對

毛的畫像進行準宗教式的悔過也就變成了一種對神的崇拜。儘管類似的
現象在1950年代就已露出端倪，[41]但到此時，這種現象無疑已風靡了整
個農村地區，毛取代其他代理品而被奉上家家戶戶的供桌，[42]即使到了
今天，這一風俗都沒有完全消失。甚至連上海這樣大城市的市民都會在
日常生活中私下舉行「三忠於」儀式活動。[43]一些部隊的指揮部門還建立
了「忠字室」或「忠字堂」，而這些「室」和「堂」毫無疑問地是按照古代祠
堂的形式建立的。「忠字堂」一般以「紅太陽」毛澤東的圖片為裝飾，輔
以大幅語錄板。鮮花環繞在毛的畫像和著作的周圍，安置毛著作的地方
稱之為「紅寶書台」。與此相似，生產隊通常在村廣場或當地最有代表性
的建築前設立「請示台」。這些紀念場所通常類似於傳統紀念遺址或拱廊
建築，一般由毛的語錄裝飾，並用向日葵和忠字符號環繞。雖然時至今
日這類紀念場所已所剩無幾，但在1960年代末這類場所在中國農村屢
見不鮮。陝西省太白縣做過一項調查，到1969年1月，該縣至少設立了
1,242處「請示台」和3,149座「紅寶書台」。[44]

　　不過，表忠遠遠不限於中國農村的宗教性建築。與此恰恰相反，
「忠」字還具有護身符的特性，應用到隨處可見成千上萬各類崇拜用品
中。雖然在「三忠於」運動之前，佔主導的崇拜品還只是紅寶書和毛的
畫像，但到此時，對崇拜物品化的強大需求帶來了廣為不同的、標準不
一的崇拜產品(見插圖12)。直到現在，很多中國的古玩市場中還能找
到大量不同種類的文革崇拜用品。雖然這其中很多產品並不直接起源於
文革本身，但它們至少反映出了大量各類產品曾被製造出來用於表忠的
事實。這些產品包括傳統手工藝品，比如解放軍戰士的刺繡(「一針一
線都表達我們對毛主席的無限熱愛」)、瓷器和搪瓷。除了手工藝品外，
還包括一些比較初級的產品，比如印有主席形象和「忠」字符號的塑料
紅心，還有同樣受到追捧的嵌有紅色「忠」字光澤的瓷器。用來學習毛
著作的文本用紅色鑲邊的塑料封皮套上，而毛的語錄卡片也可用紅色塑
料夾裝入。甚至連以前用來裝佛經的綢緞現在都印上了「忠」字，用來
包裝特定版本的紅寶書。一段時間內，在脖子上掛一幅巨大的鑲邊毛澤

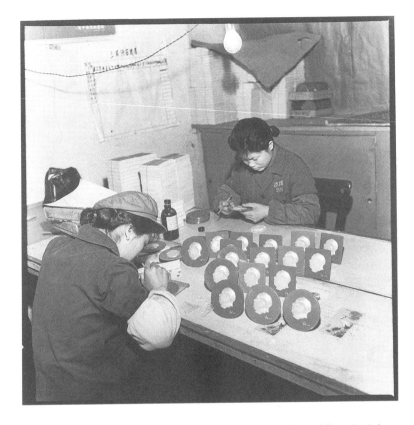

插圖 12 哈爾濱工藝品廠的工人正在製作毛主席紀念章。黑龍江哈爾濱，
1968 年 7 月 18 日。©李振盛

東圖片被認為是最佳的表忠方式[45]，這在諸如西藏和內蒙古這些有着很 212
強佛教傳統的地區尤其盛行。

　　根據一份天津市革命委員會 1969 年 5 月發布的目前宣傳工作問題的
指示，毛的語錄實際上被印在了所有用品上。這份指示是關於國家機關
對「忠字化」運動頗為詳細的描述，因此在此做如下詳細引用：

　　許多單位大搞所謂「忠化環境」，把毛主席畫像、語錄、詩詞布滿室
　　內外，政治上很不嚴肅，經濟上又造成浪費。甚至畫布了「老三篇」
　　圖樣，毛毯上也織了毛主席像，語錄成了商品裝潢。毛巾、枕頭、 213

木器家具、酒瓶、藥盒、錢包、玩具和糖果紙上都印上了語錄。認為這就是「突出政治」,這就是「忠於毛主席」。抽掉了階級內容的「紅心」和「忠」字到處剪貼,許多商店都搞了所謂「忠字櫃」,商店櫥窗幾乎全部改成了所謂「忠字窗」。甚至連服務性行業包括副食店、雜品店、理髮店、澡堂等,也都搞了所謂「忠字櫃」和「忠字窗」,認為這就是把商店辦成了「紅彤彤的毛澤東思想大學校」,而不把功夫下在活學活用毛澤東思想上,群眾很有意見。[46]

毛和「忠」字盡其可能地被用於所有物品,被看作革命決心的廣告招牌象徵(見插圖13)。有趣的是,與納粹德國相比,文革時期表示個人崇拜的手工藝品有着很大的不同。在第三帝國時期,許多公司都試圖獲取用元首形象作為其各類產品招牌象徵的官方許可(比如「希特勒蛋糕」和「希特勒鞋」),以提高產品銷量。[47]在中國正好相反,1968年生產的大多數個人崇拜產品並不是由經濟利益所驅動的。它們都以低於成本價的價格出售,甚至作為禮物免費贈送,以避免給人留下借出售崇拜物品來賺錢的印象。如果想要從商店購買一件毛的崇拜物品,買者甚至都會避免使用「買」字,覺得太過世俗,而改用「請」字這個禮貌用語,這個用語在古代被用於祭祀活動。至此,毛主義者提出的「崇拜真理」最終演化成了融合所有傳統宗教崇拜觀念於一身的混合體,這有悖於中共領導層培植個人崇拜的初衷。

毛的像章在各類崇拜用品中具有特殊作用。毛的像章是除了毛的著作和畫像外唯一一種由國家生產的崇拜物件。[48]1966年7月後,毛的像章開始變得越來越普及,一些國營工廠或私人組織都會發行像章以紀念特定事件或作為參觀某個革命遺址的證明。在解放軍中,自1967年5月後,每個戰士都會佩戴由總政治部配發的兩個像章,其一為五角星形的毛像章,其二為刻有「為人民服務」口號的長方形像章。[49]到1967年8月,根據一次河北省分發毛的像章的會議(該會由第二輕工業局和商貿局聯合主辦)記錄,「幾乎所有城市工人、學生、戰士都佩戴了毛主席像章。」[50]截至這一年年底,僅河北一省就由國家製造了1,000萬枚像章,

插圖 13　成千上萬的人聚集在哈爾濱市的廣場，舉著自製的毛澤東畫像以顯示自己的忠誠與支持。黑龍江哈爾濱，1968 年 6 月 21 日。© 李振盛

據報道還有從外省流入的至少 900 萬枚像章。因此可以估計，河北省大約 4,400 萬人口有一半都獲得了毛的像章。[51] 不過，這個數字要與北京或上海的像章數相比較還是微不足道的。1966 年 5 月至 1967 年 12 月，首都 15 家像章授權生產單位總計生產了超過兩百種共兩億零七百萬枚像章，這還不算私人像章發行者。[52] 每一個像章生產單位都必須將五件新樣品送給北京的中國革命博物館——郵資由該博物館承擔——作為革命藝術品收藏，並準備進行國際展覽。[53] 毛像章的不同樣式則是為了顯示人民群眾的獨創性和毛澤東思想的永久勝利。

儘管最新統計的文革時期毛像章的產量大約超過了25億枚，但是
這些像章並不是被平均分配的。河北省調查組的調查結果顯示，大多數
城市居民都有十多枚甚至更多的像章，而在農村，只有那些經歷過串聯
的年輕人才會有像章。在農村地區，分發像章的任務是由流動的售貨者
或解放軍戰士執行的。到了1968年初，佩戴不佩戴毛像章也成了是否
忠誠的問題。因此許多城市也必須隨即設立一些專門負責調配生產足夠
數量像章的辦公室。[54]由於像章越大就代表對毛主席越忠，於是出現了
鋁製的、塑料製的、瓷製的直徑達30厘米甚至更大的像章。在一些地
方，比較小的像章甚至被收回，用作製造大像章的材料。

對像章生產的巨大需求直接影響到了國家眾多資源（主要是鋁）的
重大再分配。周恩來在1969年3月嚴厲批評了這種浪費資源的行為。[55]
怎樣佩戴毛像章才能展現出「忠」也是一個經常討論的問題。通常的戴
法是將毛像章戴在左胸處，比心臟處稍高一點的地方。但一些鄉下居民
則引以為自豪地把毛像章直接戳在了自己的皮膚上以表示他們對主席的
忠。[56]個人崇拜產品及其特定的應用，也因此成為了旨在表現革命信念
的、錯綜複雜的象徵體系的一部分。

除了製作個人崇拜用品以外，1968年還出現了建立紀念景觀的熱
潮，[57]建立景觀的目的有很多，有的為了彰顯毛這位中共主席的榮耀，
有的為了紀念文革的勝利，還有的則是為了加強某些革命委員會的權
力。在鄉村，上文提到的「台」是主要的紀念景觀；而在城市，1968年
下半年到處都充斥着建立「毛澤東思想勝利萬歲館」的規劃。此靈感源
於一次大型展覽，這次展覽由中共中央授意於1967年國慶節在北京舉
辦，主要展出了兩百多幅毛在共產黨不同革命時期的巨幅照片。儘管很
多省級領導機構早在1967年9月份就開始計劃在不同的地方舉辦類似的
展覽，[58]但是直到1968年至1969年秋冬時期，在鞏固權力之際，這類
建築計劃才變成現實。[59]

冀南邯鄲市在此提供了一個事例。在河北省革命委員會宣布要在省
內五個最大的城市建立永久性的展覽館後，邯鄲市1968年7月中旬開始

建設展覽館。整個展覽建設區包括「萬歲館」、兩個副館、一處大廣場和
一座毛澤東像，浩大的工程僅僅在五個月之內就全部竣工，而且恰好在
1968年12月毛生日那天完成。這個新建築館的規劃和陳設令人印象深
刻，它囊括了全部系列的展物。「萬歲館」本身的設計仿照了「忠」字的
筆劃，是當時該市最大的建築，加上廣場，其建築面積達到67,746平方
米。[60]主入口朝向東方太陽升起的地方。毛的塑像還是按照北京地質學
院12.26米高的模式製作。所有建築都採用了最好的建造材料。為了將
毛澤東思想的勝利果實永久保存，這座大廳抗震能力非常強，並採用了
當時最高超的建築技術標準。根據1982年中共邯鄲區委的估計，該項
工程(注意，這種工程只是一個省級地方工程，而不是一個中國首都工
程)總共耗費地方當局255萬元的巨資。[61]然而，根據中共的有關報告，
按照勞動力和原材料計算，這項建築的投入和其實際上的價值則大相徑
庭：「據概算，此館造價約為420萬至430萬元，許多人力、物力和技術
力量是全區(各縣、市)、各機關、駐軍、廠礦企業、學校街道、農村大
隊無償支援的。」[62]

　　如果沒有相關部門的督促，這項工程不可能如此迅速地竣工。大多
數被動員的單位工人都會無報酬地勞動好幾天，甚至還有一些人主動進
行志願工作。在邯鄲市，五個月之內，大約有26萬人參與了此項建設工
程，儘管並不是所有的人都直接參與了建設工作。就像1967年中期高校
校園盛行為毛建造塑像的熱潮一樣，宣傳隊前來演出歌舞，鼓舞工人士
氣，還有一些人負責為工人提供食宿，用另一種方法獻忠、表忠。[63]
農民則用馬車向建築工地運送「忠字石」或「忠字木」。這座「萬歲館」的
建設最後不過是一齣身體力行的「具體化」忠誠的鬧劇，正如江西省省會
南昌市的一份報告所指出的：

> 在這裏，一磚一瓦，一草一木，一圖一景，都閃耀着「忠」字的光
> 輝；一窗一門，一廳一室，一階一梯，都是「忠」字的結晶；真正
> 做到了：心往「忠」字上想，勁往「忠」字上使，汗往「忠」字上流，

血往「忠」字上湧，走「忠」的道路，創「忠」的業績，攀「忠」的高峰。
人們在「忠」字下集合，在「忠」字下戰鬥，在「忠」字下前進。[64]

不過到了最後，毛本人親自對此事進行干預，由於他不同意推行此
類展覽，因此沒有一處「萬歲館」得到過毛圖片展覽的免費贈送裝置。
於是，大多數的「萬歲館」不得不在巨大的建築空間裏，展出一些由不
同組織為慶賀「萬歲館」的建立而「贈送」的複製品和禮物。

這第二波通過建造勝利紀念景觀把文革加以物象化的做法，不同於
紅衞兵建造毛塑像的行為：紅衞兵當時不能像革命委員會那樣去支配資
源。相似的毛澤東塑像多是集中在大學校園內。然而到1968年末，幾
乎所有地區都在細心考察過各種樣式後，至少建造起一座毛的塑像。成
都「萬歲館」籌備小組在最終決定將使用哪種樣式的雕像放置在展覽館
之前，至少觀摩了22座毛的塑像與展覽。[65]根據天津市財政局、工業局
和文化局的不完全統計，僅在天津地區，到1969年初就建造了970座巨
型毛的塑像，其中有一些甚至是不顧「反對鋪張浪費現象」[66]的命令逆風
而行的結果。天津的一座鋼鐵廠甚至拆毀了六個生產地點為建造毛的塑
像提供空間。其他沒有足夠建造塑像實際經驗的單位，他們會「請客，
送禮，甚至通過非法途徑和個人交易」[67]來千方百計地建造塑像。正如
文革時期個人崇拜最狂熱時期的例子即1968年後期的「芒果崇拜」所證
明的那樣，交換個人崇拜物品和象徵符號，也是權力關係複雜網絡的一
部分。

崇拜芒果

雖然依靠革命委員會實現了派別聯合的承諾，但是即使到了1968
年中期，不同派別之間的鬥爭都一直沒有停止。廣西[68]和西北地區省份
（如陝西）的暴力鬥爭特別殘酷。這迫使中共中央1968年7月下發了兩份
文件，以前所未有的嚴厲言語批評了現狀，要求立即停止所有的武裝衝
突。同時，在北京，毛澤東嘗試用「工農兵毛澤東思想宣傳隊」平息武

鬥，這支隊伍主要由模範工廠（如北京針織總廠）的工人和積極分子組成。這支隊伍被派往仍然存在武鬥的單位。毛的第一個試點就是清華大學，那裏的「井岡山兵團」和「414」兩派成員持續交火了近三個月。7月27日，由大約三萬人組成的工宣隊前一天晚上在北京新華印刷廠集合，並於次日進入幾乎沒有什麼準備的清華校園，他們攜帶毛的畫像，呼籲停火。[69]「井岡山兵團」的領導人蒯大富並不知道這是毛本人的命令，在該兵團頑固抵抗後，工宣隊接管了清華校園。那一天，5名工人被打死，另有731人被殘餘的紅衛兵用手榴彈、燃燒瓶和石塊打傷。[70]次日凌晨，毛在人民大會堂召見了「五大學生領袖」，高調宣稱他本人就是派遣工宣隊的「黑手」，[71]從而結束了本已衰落的紅衛兵運動，絕大多數紅衛兵則在年底被遣送到農村。

　　毛對工宣隊行動的支持還進一步從象徵意義上得到證實，他把巴基斯坦外交部部長邁恩‧阿沙德‧侯賽因（Mian Arshad Hussain）贈送他的禮物芒果轉送給工宣隊隊員們。毛把大約五十多個芒果交給他的警衛首領汪東興，並授意其將芒果送給清華大學的工宣隊，以示毛澤東對工宣隊所作所為的嘉獎。對於清華大學的工宣隊隊員和學生們來說，這些芒果是他們收到的來自毛的第一個可見物品。雖然他們許多人在毛1966年大規模接見紅衛兵時或在參加積極分子大會時曾經見過毛主席本人，但是收到毛親自贈送的禮物還是極為罕見，這賦予這些禮物完全不同的意味。

　　這些芒果最初被陳列在清華大學一張用紅布覆蓋的桌子上。根據《人民日報》的報道，工人們在目睹這種芒果之後甚至發出了類似於《聖經》的頌詞：「這不只是芒果，這是雨露，是陽光。」[72]這些芒果被分發到工宣隊下屬的部門，人們列隊把它們送往相關單位，而相關單位則會為「珍貴禮品」芒果的到來舉行盛大的歡迎儀式。李志綏講述了北京針織總廠保存芒果的困難，一開始芒果的表面被塗滿了蠟以防其氧化，並被置於該廠禮堂的展台上，每位工人都可以對着芒果表達對毛的敬意。但是，芒果還是開始腐爛了，於是必須用一個複製品來代替。[73]

　　將芒果作為毛嘉獎品的需求越來越大。在發往清華大學工宣隊和北京市革命委員會的眾多賀信中，人們請求收到這樣的芒果。某個省市機構如果和首都關係良好的話，而且北京方面擁有不只一個芒果的話，就有幸獲得一個真正這樣的芒果。很快，北京市委革命委員會決定製造芒果的複製品，以取代最終腐爛的芒果，同時便於送給那些沒有收到這種芒果的省市地方作為紀念。許多芒果複製品製造出來之後被放在了玻璃箱裏，並從9月中旬開始送往各個省區（見插圖14）。1968年9月19日成都[74]有大約50萬人夾道歡迎芒果複製品的到來；兩天後，江西省南昌市也收到了一個複製品；[75]9月22日，第一個塑料芒果到達重慶市；同日中午12點31分，一趟專列將芒果送到了貴州省會貴陽市；最後，9月28日，《雲南日報》報道了十萬歡迎群眾慶祝芒果複製品到達省會昆明市的盛況。這種芒果究竟能帶來多大的象徵力量，可以從各地出席歡迎芒果儀式的革命委員會高官們那裏得到證實。在貴陽，貴州省革命委員會主任李再含親自負責護送芒果。他站在運送芒果的卡車後面，保護着裝芒果的玻璃箱一路從火車站到達省革命委員會所在地。由於有二十多萬群眾的夾道歡迎，這場護送活動持續了數小時。[76]

　　通過把芒果授予清華工宣隊作為嘉獎的象徵，毛同時也就賦予了他們以重大的象徵資本。這種資本不會隨着芒果被廣送到不同的地方單位而停息下來，也不會隨着最初的芒果被換成塑料複製品而終結。甚至到了1969年初，在首都北京毛澤東思想學習班的學員返鄉時還會帶回大量再造的芒果複製品，這仍然受到省市地方媒體的很大關注。[77]向毛澤東直接授予的嘉獎象徵物致以最崇高的敬意成為許多地方單位或革命委員會表現其絕對忠誠的契機，因為珍視中共主席送來的芒果不存在什麼艱難的政治立場站隊問題。通過體驗這種「珍貴禮品」的意味，基層幹部依靠表現自己作為毛澤東思想最堅定的捍衞者和毛主席信任的受益人來力圖最大限度地獲取自己的利益。也許，對芒果崇拜的流行感到最驚訝的是巴基斯坦政府：該政府送給毛的禮物被賦予了難以置信的重要意義，這種水果也被視為一項傑出的外交政策成就。為了把握這由贈送芒

插圖 14 從北京的國慶慶典回來後，黑龍江革委會代表團帶著作為禮物的用蠟做的芒果，在哈爾濱車站受到歡迎。黑龍江哈爾濱，1968 年 10 月 14 日。
© 李振盛

果帶來的唯一機會，巴基斯坦於 1968 年 8 月 31 日向中國政府贈送了精選的 100 種芒果和 100 種芒果樹苗。不過，由於當時那位中央主席並沒有直接介入此事以及國內政策沒有提及對芒果再分配的問題，關於這件中巴友誼象徵事件的媒體報道很不起眼。[78]

芒果崇拜的這段插曲再現出一個頗令人費解的、重新評估文革中權力符號的例子。芒果基於個人的喜好、義務和忠誠在複雜的網狀組織中被用於多種不同的用途。[79] 事實上，由於共產主義政治制度的根本腐爛，崇拜用品 (諸如像章和芒果複製品) 的自我運轉和自身功能從來都不在中共領導層的意圖之中。形式上的官僚體制渠道被超越與懸置，取而代之的是中央與省區之間的卡里斯馬式的關係。雖然這些趨勢在文革之前就已在中共這一列寧主義政黨中根深蒂固，但在此時，這種極端的政治和個人的危險結果才真正湧現出來。以芒果為例，不管是來自庇護

者的政策還是象徵，在基層幹部中都炙手可熱，並爭相效忠、表忠，除此之外，所有地方單位也都會送禮進京。中共中央曾經禁止類似現象，特別是在大躍進時期更是如此。雖然中央文革小組在1967年底重新強調了這些限制，[80]但是由於缺少具體的規定，根本無法抑制1968年國慶節時如潮水般湧入的禮物。通常情況下，這些禮物包括自家栽種的水果或其他農作物，但也有一些新奇的「發明」：在這之中，由李再含領導的貴州省可謂獨出心裁。貴州省革命委員會贈送給毛的禮物都是極其貴重的物品：一套裝在銀盒子中、刻有「永遠忠於毛主席」字樣[81]的微型X光機。據報道，貴州省的農民還給中央主席送來了「忠字豬」，即在豬的前額剃出了「忠」字。[82]

這些過分的公共崇拜使得毛確信個人崇拜不再適用於他與革命群眾之間建立直接的、非官僚體制的聯繫的最初功能。人民群眾的反應變成了一系列令人不解的準宗教崇拜、表忠行為和自上而下失去控制的崇拜象徵品的交換活動。雖然這些崇拜儀式及崇拜品都是由解放軍和學習班實施紀律措施的結果或反應，但是它們都具有游離中央目標的額外功能。自9月5日最後兩個省區革命委員會建立後，《人民日報》中有關個人崇拜的言辭急劇減少。一些特定的短語，諸如「無限崇拜」或「最高指示」在官方話語中銷聲匿跡，到1971年林彪倒台，「活學活用」這樣的一般性指稱還持續了一段時間。

話語崇拜的減少在9月25日毛澤東召開中央幹部會議後成為可能，這次會議決定在籌備國慶節慶祝活動時刪除讚揚中央文革小組的口號。[83]在此之前，毛親自在草稿中刪除了一些阿諛奉承之詞，但沒有涉及關鍵部分。善於體察毛心思的周恩來在一次中央宣傳會議上謹慎地建議媒體領導人對個人崇拜做低調處理。一位主管新華社軍管會的領導人向周彙報說，在新華社一篇不重要的報道中並沒有提及給毛澤東的致敬電一事。這位領導人擔心這無疑會使主席不悅，還擔心被誤解為沒有充分表達出群眾對毛的無限熱愛。周回答道：「現在什麼大小事都給毛主席發致敬電，這種風氣不好，要剎住。」[84]周進一步建議媒體工作人員更加注

重報道內容而不是報道形式。他甚至表揚了一些資本主義新聞媒體機構：雖然這些資本主義機構主流是「靠造謠吃飯」，但「嚴肅的資產階級報紙也是比較講究事實的」。因此，周建議：「我們共產黨人的報紙，更應該如此。」[85] 雖然公共崇拜直到1969年甚至以後都沒有怎麼消減，但是公共崇拜的大潮此時已達到中共的頂端，而林彪這位最為耀眼的個人崇拜的公開支持者，也即將面臨着萬劫不復的命運。

第10章

抑制崇拜

雖然在1969年4月中共「九大」之前，前述有關崇拜毛的發明和奇

蹟偶爾會遇到一些批評，例如之前提到的對「語錄操」和一些特定短語
的批評，但是個人崇拜低調化的話題仍然十分敏感。因為那位中共主席
的官方形象不能受損，更不能讓對個人崇拜的批評折射到已有的文革進
程中來。根據當時的中共黨章，黨的代表大會應每五年召開一次。因
而，1969年時隔十三年才舉行的中共第九次代表大會無疑超過了原定日
期八年才召開。「九大」在極其秘密的氛圍中舉行。代表們乘坐空軍專機
前往北京西郊的空軍機場，按規定入住首都的三家賓館，中止與外界的
聯繫。[1]對於此會沒有任何提前的公布，公眾直到1969年4月1日開幕式
舉行後才知道此會的存在。雖然馬克思列寧主義創始人的畫像矚目地展
示了在會場門廳，但是毛澤東的紀念照無疑還是佔據了會場中心。毛本
人的親自出席又在新近才選定出的代表們中激起了無比的熱情。毛為此
會所致的簡短開幕詞，幾乎每句話都被歡呼的掌聲所打斷。雖然林彪按
照毛澤東的要求在會上作了政治報告，但是他卻沒有參與起草這份張春
橋為他準備的最終發言稿。因此，江青在事後批評林彪在作報告時缺乏
準備，表現得口吃結巴，這多半是因為林彪本人根本不熟悉他所讀的這
份報告。[2]大會通過了新的黨章，包括確定林彪作為毛接班人的地位，

並選舉出了新的一屆中央委員會。

儘管個人崇拜不再是此次大會正式討論的主題，然而它卻無處不

在。在眾多小組會上，毛澤東思想積極分子重述了他們讚頌那位中共主席的經歷。4月24日正當大會投票時，一位年輕的代表看準時機，跳上主席台，與毛、周、林握了手。其他人也迅速效仿，抓住這輩子僅有的一次機會去觸摸毛主席本人。最後在警衛人員從幕後跑出並用身體在主席台前圍上一道警戒線之後，正式投票才得以繼續進行。³想要接觸所崇拜的對象，一種比較安全的方法是收集毛或者林觸摸過的東西。由於大會的組織委員會強調過要堅持節約樸素的風格，就沒有給代表們提供徽章或其他禮品，因此大會一宣布結束，領導人們逐漸退場之後，來自大會主席團上的所有可移動的東西，包括水杯、鉛筆以及稿紙等，都迅速被作為戰利品一掃而光。

　　大會開始的一週前，周恩來就嚴厲批評了耗費巨資並且浪費寶貴資源來生產毛像章的現象。⁴他建議城市居民應該把他們收集的語錄或像章等與農村居民分享。的確，在此之後，一種慈善性質的向貧困山區貧下中農贈送毛的像章和多出來的《毛澤東選集》的活動迅速開展。⁵儘管周主要關注的是這種瘋狂的崇拜行為會產生的經濟損失，但是更讓中央文革小組核心成員心神不寧的則是這些未經授權就實施崇拜符號權力的行為。在4月16日凌晨一點的中共「九大」主席團的擴大會議上，中央幹部會議的成員討論了為代表們在晚上組織文化活動的問題。在提出了各種不適合的電影和京劇之後，康生提起了最近的崇拜形式的話題。這次會議的批判話題不再是一年前惹怒了江青的「語錄操」，而是無處不在的「忠字舞」。由於這次會議的記錄十分直白和詳細，筆者認為值得在此轉述原文：

> 康老：現在到處跳忠字舞，這是相當普遍的，説是忠於毛主席，實際上是反毛主席的，北京街上也跳忠字舞，説是忠於江青，實際上是反對江青的。據説還有教員教。同志們想想這是什麼問題。是不是忠於毛主席，這是反對毛主席的，有的同志看到這種情況不敢説，怕人家説反毛主席。

總理：有的地方拆民房，搞展覽館。

康老：現在到處拆民房，搞什麼展覽館，修塑像，中央三令五申不
　　　聽，這是反中央的，這是搞個人政治資本，哪裏是尊重、熱
　　　愛毛主席，完全是給個人政治資本。忠字舞，把政治庸俗化
　　　了，這是反馬列主義的，忠誰？是忠劉少奇。忠誰？有些同
　　　志私字當頭，不講，怕人家說反毛主席，這就是不忠，中央
　　　不叫搞，你在那裏搞，那不是反毛主席？

江青：三十年前毛主席就堅決反對祝壽、送禮、命名，堅決反對文
　　　藝什麼寫他。我一直是遵照毛主席的，現在的忠字舞，完全
　　　抽調了階級內容，是忠誰？

康老：還有個忠化這裏，忠化那裏，浪費國家財富，那是忠他自
　　　己，給他自己搞政治資本。

姚文元：群眾的話麼，忠不忠看行動。

康老：把中央指示告訴群眾，群眾一定會同意的。

江青：有的拆了很多的民房，還不是把罪名加到主席頭上。

康老：天天講，反對多中心，搞這樣的事，就沒有人報告。

張春橋：過去劉、鄧限制出版毛主席著作來反對毛主席，現在是用
　　　這種手法來反對毛主席。

康老：聽說代表中，有的在毛主席身邊跳忠字舞，這不是給我們抹
　　　黑，向中央示威嘛！

總理：請你們都檢查一下這件事，包括北京的同志在內，已經搞的
　　　停止。你們自己處理一下，把善後報告中央。一些演唱，光
　　　是表示熱情，狂吹，沒有節制。[6]

這份文獻可以算作最有迷惑性的證據之一，它表明在1967至1968
年間文革高潮時期各類崇拜毛的形式並非是由中共中央指導的。最初由
解放軍的情感聯結經驗所塑造出的崇拜儀式，已確保了形式相對於內容
的優先性。通過向毛演示表忠來獲取「政治上」或寧可說符號上的資本，

這一方法激怒了黨的一些老資格幹部，因為這樣的表演形式打碎了他們所習慣的把持解釋毛澤東思想的壟斷權的如意算盤。從康生公然宣稱什麼是擁有實權的傲慢態度中就可看出，中共黨內的一些領導幹部實際上是如何理解「群眾路線」問題的。

「九大」之後崇拜熱潮得以冷卻的原因是雙重的：一是它已經完成了動員的作用；二是在新的權力結構建立之後，必要的官僚手段應運而生，取代了之前作為軍隊「三支兩軍」人員合法性重要工具的凝聚的權力。新的中央委員會成員以及革命委員會成員都是根據他們的政治可靠和對毛的忠誠選拔出的。鑒於新政治主體在全社會層面都是基於個人的忠誠而形成的，因此就沒有必要為了對抗先前的黨組織設施而通過培植個人崇拜的方式來對特定階層進行制度之外的動員了。崇拜本身過度擴張的整合性權力已經明顯地引起了反面傾向。派別之間語錄戰的影響，加上崇拜市場中持續的準宗教式的外在表現，嚴重損害了那些聲稱毛澤東思想代表科學理論而不是基於信仰教條的論調。在中共「九大」召開兩個月以後，中共中央發布文件抑制極度狂熱的個人崇拜形式。這份文件並沒有指向個人崇拜本身，而更多地是針對「形式化」的活動，要重新奪得規定公共場合毛畫像的解釋壟斷權。儘管這份文件列出了七個主題，但是並沒有進行更多的解釋：

一、各級領導要積極引導群眾，活學活用學習毛主席著作，搞好思想革命化，不要追求形式，要講究實效。

二、重申中央一九六七年七月十三日〈關於建造毛主席塑像問題的指示〉，塑造毛主席像，必須嚴格按此指示執行。

三、不經中央批准，不能再製作毛主席像章。

四、各報紙平時不要用毛主席像作刊頭畫。

五、各種物品及包裝等，一律不要印毛主席像；引用毛主席語錄也要得當。禁止在瓷器上印毛主席像。

六、「忠」字是有階級內容的，不要亂貼濫用；不要搞「忠字化」運動，不要修封建式的建築，如有，應作適當處理。

七、不要搞早請示、晚彙報、飯前讀語錄、向主席肖像行禮等形式主義的活動等。[7]

這份通知最詳細地表達了中共對儀式化個人崇拜的嚴格批評。不管是把毛澤東加以商品化還是神化（儘管神化這一術語並沒有明確提出）都被嚴加制止。進而，中共中央力圖重新獲得對最重要的品牌符號的政治控制。

與之前的 1956 年不同，這份文件完全沒有指出個人崇拜發展的原因，更不用說就政治路線或制度修正來考察可能的後果了。對毛個人崇拜的公共展示所轉變的立場，也對黨內的交流產生了影響。發布抑制個人崇拜形式主義的指示，只是建立事實反對出於個人動機而「歪曲」毛澤東思想真實意義的第一步。一年之後，中共九屆二中全會在廬山舉行。此次會上，關於毛的「天才」如何被提及或工具化的問題，在一系列事件中達到了頂點，這些事件對於文革的目標和個人崇拜的信譽帶來了嚴重後果。

天才之地：第二次廬山會議

1970 年 8 月到 9 月召開的中共九屆二中全會是文革最具爭議性的一段插曲。它引起了學界和公眾的很大關注，因為它被公認為是毛與林彪關係破裂的第一個明確無誤的標誌。這次會議主要是討論修改國家憲法，以使其能在這一年稍後召開的第四次全國人民代表大會上通過。自 1959 年起，如劉少奇一樣，國家主席就扮演着國家的形式代表和象徵性元首的角色，而正是在是否要廢除國家主席一職的問題上，解放軍與中央文革小組的成員之間產生了很大衝突。當時軍隊通過派遣人員進駐省市地方革命委員會而大舉增強影響力。另外，林彪根據手下對自己直接效忠的程度來在軍隊各個重要部門安排領導職位。自 1969 年 9 月 12 日中央文革小組被大體上解散之後，圍繞在江青周圍的激進理論家們的影響就一直不斷減弱。[8]不過，留存下來的核心成員江青、張春橋和姚文

元則因毛對他們的支持而具有着不受制度約束的權力。這兩派之間本已十分脆弱的工作關係在一些個人的不滿和各種家庭爭鬥中，變得越發劍拔弩張。[9]

第一個讓毛對軍隊的壓倒性優勢產生不滿的標誌，是1969年10月17日總參謀長黃永勝下達的「林副主席第一個號令」。1969年後期，戰爭恐懼的蔓延以及蘇聯發出的進攻威脅，已經明顯地超越了對領袖崇拜的闡釋。林彪這一號令的下達幾乎使整個中國的軍隊機器都處於躍馬揮戈的狀態，但這卻沒有事先經過毛的同意。此事激怒了毛，儘管這可能是黃永勝所為，即他理所當然地認為毛已知此事。這種被排斥在情報圈之外的情況是毛本人的大忌。林彪及其忠實的追隨者所掌握的實權就有可能使毛感到有必要採取行動了，即通過重建地方黨組織，提升完全效忠於他的軍隊幹部來對軍隊勢力加以制衡。

也正是在1970年3月8日，毛的警衛首領汪東興在重建後的政治局會議上傳達了毛的指示，廢除國家主席職位的問題才提上了議程。作為中共中央辦公廳主任和中共文件傳閱的主管人，汪通常十分了解毛的當下心態。還在武漢休養之時，毛就對周恩來提交的如何修改國家憲法中涉及國家主席一職的文字報告做出過答覆。據汪東興的回憶錄和中共關於這些事件的一貫評價可知，汪當時向政治局通知了毛反對設國家主席一職的意向，尤其是反對他自己來擔任此職。[10]汪的報告對後來事件的發展有着至關重要的作用，如果毛不願意繼續討論這件事而林彪後來卻堅持讓毛擔任此職務，那麼這就與林之前顯示出的完全遵從主席指示的行為大相徑庭。這一段情節已被中共解釋為林彪的一個陰謀，即設立國家主席加強林自己的地位來反對毛死後可能出現的競爭對手。然而，在過去的十多年裏，一些研究已對這類説法提出質疑，並且解釋了林的處境，即林處在日益不可預測的環境中，這種環境正是因為他自己奉承那位主席的習慣而形成的極端政治文化。「林彪的根本悲劇在於他發現自己處於以最極端方式出現的整個極權政治制度的中心，這裏所瀰漫的政治是不允許體面的退出的。」[11]

　　如果說關於林迫使毛設立國家主席職位的真正原因得不到令人滿意的解釋，那麼人們必須考慮到這樣一種可能性——事實上，這種可能性經常在中國回憶錄中提及——即觀察者歪曲了歷史事件，不是因為偽造，而是由於策略上的疏忽。關於汪東興傳達的毛不同意擔任主席一職的說法，似乎沒有什麼人提出異議，但是根據空軍司令員吳法憲的回憶錄，這種說法只說了原有消息的一半。吳稱，原有消息的第二部分是提議讓林彪來擔任這個空缺的職位，汪不僅把這個提議轉達給政治局，而且在當晚的會議上還受林彪的鼓動再次提出。[12] 如果吳關於此事的說法可信的話，那麼這位歷來無比痛恨代理人功能的林堅持讓毛而不是他自己來作主席的做法就可以理解了。然而，這就提出了另一個問題，即毛這個提議的動機究竟是什麼。根據吳法憲的女兒金秋的回憶，在1970年4月下旬，毛的秘書徐業夫打電話給林彪辦公室，提議讓董必武（毛之外最後一位仍然在世的中共創建人）來擔任主席一職，同時由幾位年輕一點的人擔任副主席，這些副主席顯然會成為潛在的接班人並因此也就構成了對林彪權威的威脅。由於對林彪家庭的裙帶關係尤其是林彪兒子林立果及其一小撮空軍中的支持者的裝腔作勢非常不滿，毛建議林彪也提名一位接班人，並留下了張春橋的名字。麥克法夸爾和沈邁克因此提出了一種解釋，即毛可能試圖通過展現他掌控國家主席職位的雄心來結束軍隊勢力的優勢並使林彪妥協。[13] 然而，林本人不斷拒絕接受這個職務迫使毛只好另尋機會而不相信其「最親密戰友」。

　　關於設立國家主席一職的問題直到九屆二中全會才得以解決。在當時受委託準備修改憲法的小組中（包括康生、張春橋、陳伯達、吳法憲、海軍政治委員李作鵬和政治局候補委員紀登奎等），對國家主席問題所達到的唯一共識，就是對這個問題還不能達成共識。而是否要將毛澤東思想作為國家的指導思想寫進憲法這一問題，更是激起了重重衝突。鑒於此前數年無處不在的毛崇拜，任何反對毛及其思想的人都要被批鬥，還有中共「八大」期間把黨章中關於毛澤東思想的兩句提法刪除的例子，軍隊的將軍們和陳伯達都堅持應該繼續採用這些措辭。然而，

234 張春橋和康生已經注意到了毛對崇拜話語的日益反感。在「九大」期間，毛就已從中共黨章中劃掉了涉及他思想時經常使用的「三個副詞」（「全面地」、「創造性地」和「天才地」）。

1970年8月13日，在一次小組會議上，張春橋對吳法憲做出了批評，由此可見盧山會議衝突產生的原因。據報道，張聲稱：「有人口口聲聲馬列主義到處掛，到處堆砌毛澤東思想，並不是馬克思主義。有人口口聲聲說天才地、創造性地發展了馬克思主義，連赫魯曉夫都是天才地、創造性地發展了馬列主義呢。」[14] 吳法憲痛斥張春橋的觀點，並在之後得到了林彪的支持，因為張春橋的批評無疑是指向林彪本人。由於林在毛主席語錄前言中加入了三個副詞，雖然這些措辭不是他的發明，但他已被張春橋指為「有些人」。受到張春橋批評的促動，怎樣描述毛天才的問題因此也就成了相關領導人之間強化卡里斯馬式關係的一處戰場。

十天之後，即1970年8月23日，中共九屆二中全會正式開幕。在大會前的幾個小時，政治局常委們與毛會面。林彪利用這個機會提出了張春橋與吳法憲之間的爭論問題，他這樣做或許出於兩個目的，一是從毛那裏為他繼續利用的崇拜言辭尋求支持，二是同時保護他的支持者吳法憲免受批評以完成他在這種「庇護者—被庇護者」關係中的作用。在其沒有準備的發言中，儘管林通過改稱毛為「無產階級元首」[15] 來避免觸及國家主席這一問題，但是如他十年來一直所做的一樣，他還是為「創造性地、全面地和天才地」這三個副詞以及毛澤東思想在憲法中的指導作用做了辯護。

根據行政區域劃分的小組受到背後高層的鼓動，第二天會議代表們反覆聆聽林的講話錄音，這些都使毛的「天才」問題成為了熱烈討論的話題。批評意見變得特別生動，因為眾所周知張春橋是真正的靶子，很

235 多幹部都認為他應該為文革的暴力實施負有一部分責任。在華北組和西南組的發言中，陳伯達和吳法憲大量地引用了《毛主席語錄》前言裏林彪的話，並且從馬克思列寧主義經典著作中舉出歷史事例，指出「天才」的存在。某些人被指責利用了毛的謙虛，「妄圖貶低毛澤東思想」，[16] 完

全否定天才的存在。即使是那位中共主席的警衛首領汪東興也調轉了方向，強調推選毛作為新的國家主席，而林彪作為國家副主席這一請求已經得到了頗有聲望的解放軍8341部隊的支持。[17]

由於華北組的觀點在與會者中得到了很大的支持，因此毛面臨着兩個選擇，要麼接受國家主席的職位，這樣就等於默許了一場潛在的針對前中央文革小組成員的巨大批評浪潮；要麼否定天才的概念和全部的個人崇拜，這也是林彪的公眾聲譽得以建立的基礎。這是第一次毛澤東在對他的公眾崇拜和文革被盛讚的成功之間面臨重大抉擇。毛選擇了第二點。因為前中央文革小組的損耗會極大地削弱他超出憲法之外的權力，即利用不同派系來達到預期的結果。然而，鑑於林彪的公眾聲譽，在1970年直接批評林彪是不可能的。取而代之，毛選中了陳伯達，陳是林彪追隨者當中最薄弱的環節，毛把他作為發洩憤怒的對象。8月31日，毛傳閱了一封題為「我的一點意見」的個人信件，這封信以非常模糊的理由抨擊「天才的理論家」[18]陳伯達，完全無視陳伯達長期以來所做出的服務以及他作為毛前任秘書在撰寫許多構成毛澤東思想基礎的論文過程中所起到過的重要作用。[19]廢黜陳伯達以及接下來對他的批判運動導致了毛與林進一步失和，在接下來的幾個月裏林幾乎完全從公眾的視野中退出，甚至在1970年12月林拒絕與來華的埃德加·斯諾見面，而此時毛澤東第一次公開嘲弄個人崇拜及其言辭，這一點在本書前言中有過論及。

直到一年後，毛在一次旨在與有關地方和軍隊部門的重要幹部重建卡里斯馬式關係的視察途中，他才暗示出廬山爭論背後一場更大的密謀。毛聲稱林彪和他的黨羽已經進行了一次有組織的「突然襲擊和地下活動」[20]，他們就是要篡黨奪權，毛抨擊了林本人，再次進一步地嘲弄了個人崇拜的言辭：

> 我同林彪同志談過，他有些話説得不妥嘛。……什麼「頂峰」啦，「一句頂一萬句」啦，你説過頭了嘛。一句就是一句，怎麼能頂一

236

萬句。不設國家主席，我不當國家主席，我講了六次，一次就算講了一句吧，就是六萬句，他們都不聽嘛，半句也不頂，等於零。[21]

儘管沒有什麼暗殺計劃付諸實施，但是形勢的逐漸明朗以及毛重申林必須承擔一些責任的做法，很有可能導致林彪兒子林立果身邊的一小群人恐慌不已，考慮暗殺毛。但林彪和他的妻子、兒子，還有幾個忠實的隨從從北戴河沖出——林彪曾在北戴河養病——並登上飛機倉皇外逃，這樣做也許違背了林彪的意願。這架飛機於 1971 年 9 月 13 日凌晨在蒙古溫都爾汗附近墜毀，九名乘客全部遇難。飛機失事的原因至今都沒有被澄清，不過技術問題和燃料短缺仍然是最可信的解釋。[22]

毛選定的接班人的去世對於文革的信譽來說是一個致命的打擊。在文革話語的限定中，毛與林的形象如此緊密地糾纏在一起，以至於試圖揭露所謂的林彪背叛和政變幾乎成為了令人費解的問題。畢竟，自從文革爆發後，每一種官方的出版物甚至是新的黨章都確定林是毛澤東思想最好的學生和毛所選定的接班人。直到兩年之後，媒體才公開批判林。那時，林彪被說成是「劉少奇一類的政治騙子」，由此他取代劉少奇成為毛澤東最為反感的人。同時，中共中央從 1971 年 9 月 18 日開始繼續發布一大批內部文件給一批日漸擴大的傳達對象，以此來揭露「林陳反黨集團」所犯下的罪行。由於擔心造成可能的干擾，中央取消了 1971 年以及之後若干年的國慶節慶典活動，這是在中華人民共和國歷史上從未有過的先例。上述文件由新成立的專案組編制，該專案組成員包括周恩來、康生和其他八位中共中央負責人，他們主要關注的是所謂的林彪在九屆二中全會所犯下的罪行、「五七一工程紀要」和所謂暗殺毛澤東以及進行反革命政變的計劃。[23]直到 1973 年 8 月公開批判林彪的中共「十大」之後，1974 年初出現了有些深奧古怪的批林批孔運動，來試圖解釋毛前接班人的倒台。

遺毒：批林批孔

截至林彪倒台時，國家和政黨的官僚體制運行已大體上得以恢復。這時監管媒體的工作由九屆二中全會後不久建立的中央宣傳小組負責，該小組成員包括江青、張春橋和姚文元。儘管這些激進分子成為了摧毀林彪軍隊權力基礎的勝利者，但是批判林彪的任務也給他們帶來了相當大的危險。如果林對文革的過激化負有責任，那麼這就會被解釋成「極左」路線的錯誤，因此同時也就會產生對這些激進分子們的批判。因此，用「形左實右」[24]的說法來解釋林的叛逃無疑是一個最佳的方法。另一方面，作為國家機器的代表，周恩來對將這種過激行為標註為「極左」比較有興趣，以便確保重新重視經濟問題並使老幹部復職。因此，對「政治騙子」林彪路線的界定實際上在黨的支配話語中引起了很大的混亂，這種混亂一直持續到毛把林的這種叛逃界定為「極右」才得以解決。[25]

鑒於牽涉到個人利益，中央宣傳小組在處理高層黨員的令人費解的背叛問題時，從很多方面沿用了前中共中央宣傳部的傳統。這種做法可概括為三步：第一，小心仔細地刪除那些在公眾媒體中不受歡迎人物的相關資料；第二，清除掉那些還能暗示出先前存在派別之爭痕跡的材料；第三，通過大力重複宣傳運動和小組討論，來定義新的宏大敘事背景，並最終使得媒體上的公開批判在發生了重大變化的話語中再次成為可能。

1971年9月林彪的名字和照片從官方媒體中消失，1973年8月下旬的中共「十大」上又重新出現，此時他被從黨章中除名，而在他死後的兩年裏他的名字仍然存在於黨章中。事實證明，根除林彪帶來的物質印記及其特殊著作風格要比採用新的官方講話規則還要困難。甚至在林死之前，國務院和中共中央軍委就已經宣傳了新的早操。1971年11月，「四好—五好」運動、積極分子大會以及經驗交流會根據中央文件而被禁止。[26]同時，對「九大」黨章和其他「九大」相關文集都要「上交中央處理」。[27]關於林彪的著作、詩文和圖畫等都要交到地方當局處理。竭力

238

根除與林彪有關的所有可視文物是一項重大的補救任務。1966年後出版的書籍很少不會在某個地方提及林副主席或登載他的語錄和照片。林彪的題詞也刻在了眾多的文革紀念物上、展廳裏和毛塑像的底座上。林彪的畫像更是運用在了數以千萬計的藝術品或商品上。因此，眾多地方當局引入了一系列遍布廣泛的方法，包括「塗、洗、刮、鍍、撕、切、染、換、漆」[28]等，力求使經濟損失最小化。數百萬的中國人於是從所有書寫的或可視的文物中將「林毒」徹底消除。為了查找引用過林的材料，全部的書籍都要通篇檢查，並仔細地把所有能夠暗示他之前存在的文字全部塗黑。如果某張照片裏只有林彪一人，那麼直接就可把這張照片撕掉，但是處理那些有毛和他那位先前接班人在一起的照片時，則只能在林彪臉上打上叉。

鑒於要處理的商品數量龐大，在接下來的幾年，一些省區仍然還有帶有林彪畫像的商品在出售，或者至少還有這樣的商品積壓在倉庫裏。根據安徽省六安縣百貨公司提供的數據，在1973年7月的一張存貨單中可以發現，仍然有117種物品帶有林彪的手跡、語錄或圖片，總計有292,000件。[29]這些物品中，有184,900件可作「技術處理」，因此可以再次銷售，而剩下的就不得不「酌情處理」。相似的經歷也被上海市政當局報道過，在這裏印有「騙子林彪」印記的商品種類自然超過了其他省區。上海第一商業局因此選出了價值708萬元的211種物品，這些物品在某種程度上都與那位前任中共副主席有關聯。[30]然而，這次清理當時並沒有在所有的單位實行：

> 也有少數單位對清除「林毒」的意義認識不足，重視不夠，至今還未清理或清理工作很不徹底，甚至有的單位把有林彪手體字的獎狀紙、搪瓷口杯等商品公開出售；有的把有林彪畫像的相框、文化簿本等調撥下放或賣給顧客，在群眾中造成極壞的政治影響。[31]

到1973年8月，在人們認為對林式風格的毛崇拜所做的語言上和材料上遺跡的清除進行得足以充分之際，林的名字又在公共話語中出現

了，這次由於語義情境的轉換，林代替劉少奇成為文革加以否定整合的首要對象。

把林彪歸類為「極左」還是「極右」的諸多難題已由毛的傾向解決：定為「極右」。然而除了林的死、林生前有關天才和國家元首問題的言論以及林家庭內滋生出的裙帶關係以外，很少有令人信服的證據能夠證實林屬「極右」這個説法。雖然個人崇拜成為最令人生畏的批判對象，但是毛的公開介入以及前中央文革小組對個人崇拜的依賴，使得個人崇拜的工具性利用更加複雜。毛給江青的信在內部傳閱，儘管此信用是來表現毛反對個人崇拜的主要證據，但是批判林彪的焦點不在於直接批判對毛的崇拜本身，而在於批判其提出「天才論」的叵測居心。在1972年，很多報刊文章論及英雄人物的作用問題時，重新引用普列漢諾夫的觀點，即儘管群眾運動中英雄人物的出現都是必然的，但是英雄人物卻是作為歷史的產物而不是作為歷史的創造者來出現的。[32]因而，這與當時赫魯曉夫「秘密報告」所作的批判如出一轍，領袖崇拜得到證明。然而，這一論證的可靠性卻由於與歷史經驗相悖而被大大地削弱。因此，中共的領導層需要進一步的證據來證明林的企圖，把他描述為「要聯合地、富、反、壞、右，實行地主買辦資產階級的法西斯專政」。[33]

根據其醫生李志綏的回憶，毛澤東在身體上因為林彪之死及其引起的威望掃地而受到了打擊，[34]他沒有過多地介入上述批判運動，因為他還要忙於其他事情，包括打開與美國的外交關係，確定代替林彪的接班人以及決定怎樣確保在林彪倒台後保存文革的成就。在1973年討論中共「十大」議程時，毛選出奴隸社會的代表孔子和儒家思想，由此把革命的方向重新聚焦到上層建築上，進而要求重新評價中國第一位帝王秦始皇和法家學派。1973年7月4日，在與其臨時過渡的接班人王洪文和張春橋談話時，毛澤東再次明確地提出這一話題，並且說國民黨與林彪都崇拜孔子，因而第一次把這不相關的兩者聯繫起來。[35]提出這種指責的理由是從林彪的住處毛家灣搜查到的一些東西，包括書法條幅、一些不起眼的卡片，上面摘錄了一些典籍。

241

　　批判林彪和孔子有着多重目的。儘管表面上這場運動是為了揭穿傳統的道德觀念和禮儀觀念，並把林彪同封建迷信聯繫起來，但是它卻將眾多相悖的目的混在一起。首先，它通過批判周公旦這個與周恩來同姓的人，巧妙地掩飾對周恩來的批判，而周公旦被孔子描述為一位理想的政治家。江青尤為試圖將這場運動的隱喻意義工具化並把批判重點從批評林彪轉向批判她所指出的「當代大儒」。這場運動進而成為一個讓解放軍回到「平民百姓控制」下的工具。[36] 在一些省區，軍隊對革命委員會所施加的影響受到了嚴厲的批評，引起領導班子重新洗牌。[37]

242
　　然而，除了促使精英權力鬥爭之外，這場運動還提供了充足的材料，這些材料可用來解釋林彪發起的對毛的儀式崇拜。中發〔74〕1號文件[38] 主要批判林彪和孔子，收集了林彪在文革初期的一些可以定罪的文字，不同的是，它沒有把林彪的表述與毛的「正確的」原話作對比，而是把這些文字加以編排，與從儒家經典中選出的摘錄進行對比。天才的問題與孔子所說的「生而知之」[39] 範疇聯繫起來，把「生而知之」說成是為天才崇拜提供了認識上的基礎。然而，最重要的主題則是一句從《論語‧顏淵》這一章選出的一句話，即「克己復禮」。[40] 在原本的語義語境中，就如同經典儀式集成中所規定的那樣，「禮」這個字最確切地說是與個人的行為方式有關。這句短語據說被寫在了林彪床頭上的兩個條幅上，也許是為了提醒自己在毛面前要謹言慎行。這與該彙編材料所引用的他妻子1961年在工作日記中提到的幾個條目如出一轍，最主要的三條可行與不可行的準則就是：「不擾人之決心……，不批評，不報壞消息。」相反，應該做的是「要響應，要讚揚，要報好消息」。[41] 的確，1959年之後，這些準則真的成了林彪的行事底線。

　　然而，「禮」這個字在中發〔74〕1號文件的語境中不止意為禮節。官方下發的這份指導材料為給半文盲聽眾解釋古典文本話語段落提供了解釋性的輔導，根據這份材料，「禮」就被解釋成了旨在穩定上流社會秩序的「禮節」。[42] 儘管這份材料沒有對這個問題做出進一步論述，只是提到了林的罪惡目的是復辟資本主義和建立林家王朝，但是，怎樣解讀「禮」

這個問題可以被充分地看作與對毛的崇拜中充滿政治交往特徵的儀式方式相關。林彪和孔子由此被指認為奴隸社會的維護者，即為依靠禮節儀式或者更確切地說依靠一套嚴苛的形式化的清規戒律體系，來為強化統治者和特權階層的權威效力。

文件的讀者可以看出介於揭露林彪罪行和同時維護對毛的崇拜之間的這條敏感界線為徹底批判現行體系提供了基礎。最富有學識的解答由三個前紅衛兵於1974年底在廣州用大字報的形式張貼了出來，他們署下筆名「李一哲」。[43] 在〈關於社會主義的民主與法制〉這張著名的大字報中，他們指出「林彪體系」最具毀滅性的後果是對民主與法制原則的損害。[44] 這一體系被説成是把毛澤東思想絕對化來作為基礎，威脅、打擊所有持不同觀點的人，即使是必要的反對觀點也不行。通過解釋「禮制」，他們立刻將林彪體系和他們所稱的「充滿宗教情緒」的活學活用運動以及積極分子大會聯繫起來：[45]

> 我們沒有忘記代替一切，獎懶罰勤的突出（空頭）政治，念經式的「天天讀」，越搞越虛偽的「講用」，越鬧越荒謬的「靈魂深處爆發革命」，鼓勵政治投機的「表忠」，不倫不類的「忠字舞」，不勝煩瑣的忠孝禮儀——早祈禱、晚贖罪、集會、集隊、上下交接班、買賣東西、寫信、打電話，甚至吃飯等等，都塗上、罩上激烈的宗教色彩和氣氛。總之，讓「忠」字佔領百分之百的時間，百分之百的空間，而這個「好」那個「好」的運動，則是「左！左！左！」的比賽，「⋯⋯最⋯⋯最⋯⋯最」的競爭，不計其數的「積極分子代表大會」，實際上假、惡、醜行徑的博覽，「一本萬利」的賭場。[46]

作者們的這些論點之所以能讓當時統治精英感到威脅，是因為他們把建立基本的法律框架與永遠廢除黨內特權階層和根除「封建性的社會法西斯主義專政」聯繫起來。[47] 在沒有明確提及那位年屆80歲的中共主席也可能會死去的前提下，作者們還告誡未來領導人若以宣稱體現了毛澤東思想的革命路線而崛起，這種領導人就會注定無法擺脫人民群眾的批評。

　　儘管由於其觀點，這三位作者被拘押，但是毛去世潛在的後果已經
很明晰。在毛統治的最後幾年內，統治路線經過了無窮無盡的變換，而
這些變換都經過了那位殘酷無情的中共主席的准許，以阻止任何派別充
分壯大威脅他自己的權力。雖然由於對毛「路線」的間接讚揚取代了公
開的崇拜，對毛的崇拜聲勢大為下降，但是，從根本上，以毛為中心的
政治還是平穩的。1976年初，年老多病的周恩來去世後，天安門廣場上
很多人自發地用詩歌、書信和大字報等形式來表達對他的尊敬與敬仰，
特別是這段時間，大眾中日益流行著憤世嫉俗和象徵性的公開蔑視行
為。[48] 雖然1976年9月9日毛去世後也有煞費苦心的哀悼儀式，但是卻
沒有任何可與之相比的自發的哀悼活動。然而，對毛的崇拜不是隨着毛
軀體的終結而終結，而是在這位獨裁者死後復蘇的。

保護與轉化

　　最終，正是毛的在場保持了中共中央領導層的團結。儘管在20世
紀70年代初期，黨的基本章程在不同方面有所修訂，但是一些基本的
政治分裂還是潛在地騷動着。毛死後不久，政治局達成的唯一共識就是
決定為毛澤東做最後的悼念，並表達超越生死的個人忠誠。政治局中尚
存的左派分子江青、張春橋、姚文元和王洪文，[49] 除了上海市革命委員
會之外，得不到足夠的制度上的支持。在舊有的精英層裏，上述四人沒
有什麼同情者，因此毫無疑問陷入了孤立無援之地。僅僅在毛死後的一
個月裏，這四位曾經被毛澤東調侃為「四人幫」的人物，在由執行代總
理華國鋒、汪東興和葉劍英命令的解放軍8341部隊發動的政變中被建
捕。為了避免暴亂，只有很少的信息下發到省區黨委。不同的是，前中
央文革小組的堡壘之地——比如上海市——的主要領導人被要求親自到
北京，但是沒有遭建捕，前提是他們能夠保證新秩序的穩定。[50] 在10月
6日「四人幫」被拘押兩天之後，為那位已故之人建造紀念堂的計劃就公
布了，儘管毛並不希望像斯大林一樣被放在那裏展示。與此同時，中共

245

宣布出版《毛澤東選集》第五卷；這一卷在1968年就已準備付梓，但是由於毛本人不同意，就一直沒有問世。這兩項工程都在華國鋒的領導下付諸實施。

在毛死後不穩定的局勢下，正是華國鋒在名義上成為毛的接班人。華在之前曾任湖南省委書記，在大躍進運動時期就表現出了他的忠誠。1973年，他成為政治局委員。在周恩來死後，由於毛對王洪文的認識能力和復職不久的鄧小平的政治選擇越發不滿，華1976年1月被任命為代總理。毛在討伐修正主義之際，尚未完成他為自己設定的最基本的任務就撒手人寰，而這一任務就是選擇一個有能力的接班人，既從個人的角度又從政策路線上來避免重蹈斯大林的命運。

在1976年10月24日天安門廣場的集會上，華被公開說成是毛的接班人，他接任了中共中央主席和中共中央軍委主席的職位。因此，他把國家行政、黨和軍隊的領導職位在制度上的權力集於一身。連毛都不曾被正式授予同樣的權力。然而，在毛去世之後，華還是無法確定對他前輩的政治遺產所產生的後果。他因為向毛和文革政策表忠而平步青雲，在成為黨的主席之後，他依然如故。表忠的語言再次泛起湧現。儘管華沒有採用林彪那種把自己包裝為毛澤東思想最好的學生這樣滿是進取的立場，但是他把自己的形象塑造成了毛的理想的忠實僕人，最初被崇拜地稱為「英明領袖華主席」，甚至他還把髮型改得和毛的髮型一樣來外在地抬高他與毛的相似之處。[51]

華的政策仍然效忠於毛澤東的政策，他甚至還宣布在未來類似於文革的運動還會再度出現。華國鋒低估了前文革精英對這種宣稱的抵制程度。儘管毛在重組領導機構的問題上付出了努力，但是享有最高的聲望和最大的人際關係網仍然由經歷了長征的那代人所掌控，他們中的很多人歷盡磨難存活下來。儘管華的地位和形象得到了制度頭銜和媒體兩方面的輔助，但是他的權力還是日益受到來自鄧小平第三次崛起的制衡，鄧回到黨和軍隊中其勢力便不斷增加。1977年7月，鄧小平有效地實現了官復原職，儘管形式上華還是他的上級，但是他成為了中國政治的老

當家人，再一次顯示出「在中國官員要比制度重要得多」這條道理。[52]華繼續保有他的職位，直到1981年鄧小平勝出，華才最終進入了半退休狀態。對符號、形象以及政治職位的操縱已經被證明並不足以保障華的政治命運。當其宣布文革還會再次上演時，華就已經與中共高層的很多黨員疏遠了，對這些高層黨員來說派別之爭以及遭受非黨人士的打擊是他們要全力阻止的夢魘。正如毛所預料的，由於運行了十多年之久的卡里斯馬式關係支撐建立的「虛假權威」，並不會自動演變成政治權威，華的權力最終土崩瓦解。

247

鄧小平在處理毛的遺產時則更為謹慎。他曾經深陷對赫魯曉夫「秘密報告」的批駁中，見證過抨擊斯大林遺產所帶來的後果。雖然對毛統治的過激行為有所批評，但是鄧依然承認自己曾在早期做過崇拜毛的同謀，因為如果沒有中共最高層的推波助瀾，對毛的崇拜絕對不會如此波瀾壯闊。然而，他還是在應於何種程度上抑制對毛的崇拜在公眾領域造成的影響這個問題上含糊不清。他堅定地支持取代那種無處不指靠毛的言詞的做法，因為這在最初的語境和後來的應用之間存在着差距，並由此產生了操縱。[53]鄧的行為不只是基於哲學的嚴謹，而且還基於策略的考察：鑒於毛對鄧並沒有做出什麼恭維的評價，若是合法性還要依靠毛的語錄來加以擁戴的話，那麼鄧就沒有什麼指望了。

中共的討論逐漸地轉向了抨擊「四人幫」把毛澤東思想通俗化的做法，自1960年起鄧小平就強調過的一點。大多數出現在黨的報刊上的評論文章，其作者都和胡耀邦領導的中共中央黨校有關。到1978年初，對形式主義和對崇拜毛的儀式化進行抨擊，成為很多文章和報紙頭版的主要特色。林彪和「四人幫」被斥責為利用個人崇拜來推行他們的計劃，他們還把這一套做法強加於並不情願的大眾身上：

> 林彪和「四人幫」是假左派、真右派。林彪為了背後下毒手，大搞「語錄不離手，萬歲不離口」的形式主義活動。林彪搞的那套早請示、晚彙報、忠字舞、語錄操，廣大群眾當時就很反感，比較容易

識破。「四人幫」發展了一套比林彪高明的手法，念念不忘「政治」、
「路線」、「理論」。他們掛羊頭、賣狗肉，把資產階級政治、反革命
路線、修正主義理論掛上馬克思列寧主義、毛澤東思想的牌子，販
賣推銷。搞這一套，一是容易騙人，二是可以嚇人，誰敢有點不同
意見，反革命帽子就扣到你的頭上了。[54]

　　從 1978 年 11 月中旬開始，一些大字報出現在後來出名的北京西單
民主牆上；這些大字報從多種不同的方面論及個人崇拜的問題。同時，
一大群請願者聚集到首都北京，希望他們在文革中遭受的冤案能夠得到
平反。由於中共在如何評價毛澤東與文革的關聯問題上還沒有做出正式
的定論，因此最初的公開批評行為就頗有風險。然而，很快公眾對毛的
評價就有了很大的不同，只有很少一部分人像前紅衛兵魏京生一樣，聲
稱毛是一個封建暴君。魏呼籲民主，抨擊中共主導的公共言論不斷地灌
輸正確立場的做法與「宗教崇拜」相似。[55]這些論調也是他被判刑十五年
的罪狀之一。

　　雖然這種批評浪潮在很大程度上包含着對鄧政策的支持，但是在一
些情況下也會發展成對取消中共專政的呼籲，這種批評浪潮必然與以下
兩個問題相關聯：一是對那位中共主席遺產的正式評價問題，另一是考
察這種評價對穩定中共統治的影響。恢復秩序和恢復 1957 年前的中共
統治方法成為新的領導機構的首選，全力抨擊個人崇拜就會導致對黨作
為先鋒隊這一觀念的批判。在宣稱許多個人沒有什麼錯誤的同時，鄧回
歸到他在 1956 年中共「八大」上提出的觀點，區分了對個人的過分讚揚
與對中共領導集體的衷心崇敬，還區分了在中國革命語境下應用馬克思
列寧主義集體智慧的毛澤東思想和對它的曲解：

　　所以說沒有毛主席就沒有新中國，這絲毫不是什麼誇張。毛澤東思
　　想培育了我們整整一代人。……沒有毛澤東思想，就沒有今天的中
　　國共產黨，這也絲毫不是什麼誇張。毛澤東思想永遠是我們全黨、
　　全軍、全國各族人民的最寶貴的精神財富。我們要完整地準確地理

解和掌握毛澤東思想的科學原理，並在新的歷史條件下加以發展。
當然，毛澤東同志不是沒有缺點、錯誤的，要求一個革命領袖沒有
缺點、錯誤，那不是馬克思主義。我們要領導和教育全體黨員、
全軍指戰員、全國各族人民科學地歷史地認識毛澤東同志的偉大功
績。[56]

249 毛澤東對中國共產主義事業的歷史貢獻以及缺少中國式的列寧則平
衡了毛澤東的相對重要性，這就使得不珍惜對毛的記憶而宣稱擁有政治
合法性是不可能的。正如泰偉斯和孫萬國所指出的，對於那些曾經最為
堅定的革命者來說，如果讓他們全盤接受去毛化，那就等於否定了他們
自己一生的努力，就如同否定了他們的領袖的努力一樣。[57]因此赫魯曉夫
式的「秘密報告」對於中共統治合理化的影響，就不得不包括着謹慎強
調毛在中國革命中的角色與譴責林彪和江青「反黨集團」對個人崇拜造
成的負面作用這兩方面的內涵。

　　1980年11月至1981年1月間舉行了紐倫堡式的大審判，此次審判意
在顯示法律制度的重新運作，被監禁的激進派分子和殘餘的林彪同夥因
多種罪行而被審判，最重要的罪名就是陰謀篡奪政權和迫害忠實的共產
黨員。審判過程突出了個人崇拜，列舉了眾多不同的個人崇拜受害者的
個人命運，許多人僅僅是因為反對林彪和中央文革小組就被扣上了「現
行反革命分子」的罪名。對於個人崇拜，林彪和「四人幫」的角色被界定
為了「把人民群眾對領袖人物的感情，變成祭奠現代迷信的貢品」，[58]
個人崇拜由此被按照林彪和江青反黨集團實施的封建殘餘並使其工具化
的老路子來加以解釋，把林彪和江青反黨集團說成企圖建立以父權社會
和「一言堂」[59]為基礎的「封建法西斯專政」。毛曾劃分過的正確短語「個
人崇拜」與「個人迷信」之間的微妙區別，已被這兩者不加區別的混同所
取代了，有時候還會加上「現代迷信」或者「造神運動」來補充。

　　經過了1979年9月中共十一屆四中全會的進一步討論以及持續了一
年之久的各項草案的準備，1981年6月27日的中共十一屆六中全會終於
通過了一項決議來表示中共對毛遺產的正式評價。文革被定為自1949

年建國以來中華人民共和國歷史上最嚴重的倒退，而最主要的責任則在 250
於那位中共前任主席，他「混淆了正確與錯誤、混淆了人民與敵人」[60]：

> 毛澤東同志的威望也達到高峰。他逐漸驕傲起來，逐漸脫離實際和
> 群眾。……使黨和國家政治生活中的集體領導原則和民主集中制不
> 斷受到削弱以至破壞。這種現象是逐漸造成的，黨中央對此也應負
> 一定的責任。[61]

根據這一《決議》，毛是一位悲劇英雄人物，他頑固地堅持着自己的
觀念，即使這些觀念在其生命的最後幾年裏被證明是錯誤的。正如鄧小
平在元老胡喬木與胡耀邦的主持下起草的決議草稿上所加的內容那樣，
1957年成為區分政治路線正確與錯誤的分水嶺。[62]正如早在25年前在討
論赫魯曉夫「秘密報告」的影響時那樣，共產主義運動的這種探索成為
了允許某些錯誤和偏差出現的藉口。在指出遭受林彪和「四人幫」所帶
來的工具化的封建主義和幾個世紀以來的「封建獨裁」的影響的同時，
領導人的突出作用又再次被強調。為了防止未來相似的錯誤發生，提出
了黨內民主集中制領導。為了維持中共的統治而維護毛和毛澤東思想依
然是最重要的工作，正如鄧小平在決議草稿上做的一條修改那樣：「本
決議最重要、最基本的問題仍然是我們要堅持和發展毛澤東思想。在黨
內和黨外，國內和國際上，我們都必須強調，描述並解釋這個問題。」[63]
基於這個原因，就如鄧小平1980年8月告知意大利記者奧莉婭娜·法拉
奇（Oriana Fallaci）的那樣，對毛的崇拜最顯著的事例，比如說天安門上
毛的畫像會永遠掛在那裏。[64]甚至那座陵墓般的紀念堂，儘管一開始就
不應該建造，但是為了避免謠言四起，也就不會拆毀。因此，對毛崇拜
的那些物品的處理就以非常秘密的方式進行，而不是像處理崇拜林彪的
物品那樣，進行大規模的審查或清除。

　　在1978年到1980年間發布的一系列指示中，發表毛語錄的高要求 251
已經終止，倉庫裏那些見證1968年崇拜狂潮的「表忠」商品也都被清
理。[65]通過媒體下達的一些指示裏要求取消對領導人的奉承，[66]過時的

標語都被清除，甚至為了避免損害，在北京庫存積壓的毛主席語錄本也都被處理，這就減少了對「語錄本」的崇敬。[67]巨大的文革紀念物給中共提出了諸多難題。之前許許多多「萬歲堂」像很多城市的廣場一樣被直接更名，並由於其優質的建材而變成了省區或者市區的博物館。[68]1980年11月6日，在一份單獨的中共中央文件中，毛的地位被提出。依照中共要保持毛澤東正面形象的政策，該文件決定在當時破除偶像的浪潮中逆流而上：「對已建成的鋼筋水泥像或其他堅固塑像，沒有必要一下子全部拆除。相反，如果沒有幾座站立的毛澤東同志塑像留下來，那就不利於中國人民了。」[69]在所有公開討論是否要拆除塑像的地方，為了不傷及革命感情，這些塑像都被保留下來。但是，在接下來的十多年裏，大多數毛的塑像還是從絕大多數的大學校園和工作單位中以翻修為藉口被拆除了。在某些地方，如貴陽市，毛的塑像雖然仍處在市中心廣場上，但也經過了整修，毛身着綠色的軍裝改換成了灰藍色的中山裝。[70]

　　到1981年中期，中共領導層可以自我慶賀了，因為他們安全地把毛澤東思想去個人化了，避免了因譴責那位最傑出的領袖和中國革命的象徵而產生的動盪結果。中共內部的分裂得以規避，實行激進的非毛化對國家穩定和黨的統治的負面影響也得以避免。中共成功地使官方對毛的崇拜降溫，而不是廢除這種崇拜。因而，從1983年開始，公眾對毛畫像需求的增長導致幾位中共領導人的——最重要的是毛澤東的——畫像被重新印製。[71]然而，通過維護基於信息審查的一黨統治，中共隱瞞而沒有回答這個問題：究竟是什麼導致了個人崇拜和怎樣抑制個人崇拜的影響。不同於毛澤東把個人崇拜工具化為卡里斯馬式的動員手段以擊敗黨的官僚體制的做法，毛的後繼者們對公共領域的控制時緊時鬆，他們依靠用自己溫和的個人崇拜方式作為促進黨內團結和國家團結的手段。從不斷擴張的馬克思列寧主義遺產到中共中央總書記胡錦濤2007年提出的「科學發展觀」理論，對領導人講話和指導精神的共同學習都使得這些家長式統治的政策被延續下來。個人崇拜的工具價值遠遠只是皇帝崇拜的某種神秘遺跡而已，它在當今的中共政策中仍然留有痕跡。

結 論

現代個人崇拜的顯著特徵就是，它的代表們聲稱個人崇拜是與每一種政治體制的基本法則與原理背道而馳的。民主派政治家傾向於將這種現象歸入到政府的極權主義或至少是權威主義的形態；許多專制者則從另一方面宣稱對他們的崇拜是出於大眾的本性。薩帕爾穆拉特·尼亞佐夫（Saparmyrat Niyazov）（他更著名的名字是土庫曼巴希）是近些年來諸多極端個人崇拜培植者的一員，他曾經說過：「我本人十分反感在街上看到我的畫像和塑像，但那是人民所要的。」[1]大多數共產黨領導人把在他們自己的黨國出現的個人崇拜解釋為上層建築中的封建遺毒，而這種黨國就是聲稱根據某種科學的、理性的世界觀建立起來的。甚至連納粹德國對群眾領袖的個人崇拜或意大利貝尼托·墨索里尼（Benito Mussolini）的法西斯主義專制的創建者們都竭力避免留下某種印象，讓人覺得他們依靠的不過是充滿人格化的政治與象徵的情感訴求。相反，他們竭力強調他們的意識形態具有科學本性。希特勒因此在一次與阿爾弗雷德·羅森堡（Alfred Rosenberg）和海因里希·希姆萊（Heinrich Himmler）這兩位希特勒個人崇拜的領軍式辯護者談話時，明確警告不要將國家社會主義轉化成神秘的個人崇拜運動。就是在這次談話中，希特勒把國家社會主義描述為「基於最偉大的科學知識之上的對現實的冷靜的、高度理性化的方法」。[2]

對科學的、合理的世界觀與個人崇拜的情感象徵主義之間做出分化

的宣傳，從一開始就充斥在關於崇拜毛的討論之中。早在20世紀40年
代初期，毛及其同夥就最早利用個人崇拜作為既能確保忠誠、又能確保
毛在中共政治同事中居於首位者的手段。把這種崇拜作為標記性策略的
權宜之計，就在於既給中共提供一個整合的象徵，又同時與宣傳蔣介石
崇拜分庭抗禮，可謂一箭雙雕。在成功平息黨內紛爭、建立了共產主義
的黨—國後，大張旗鼓宣傳的個人崇拜也逐漸趨於低調，與之平行的
就是官僚體制程序的增強。

　　毛在政治局佔據的至高無上的地位，即使在1956年2月赫魯曉夫批
判斯大林個人崇拜及其所帶來的惡果之後也不曾動搖。然而，直到毛去
世，赫魯曉夫的這份「秘密報告」才激發出了那獨有的一段時期，見證
了對個人崇拜批判的討論。這份「秘密報告」在東歐引起的激烈反響，
無疑給中共領導層敲響了警鐘，因為這些反響很有可能意味着打碎共產
主義運動興起的神話及其最著名的象徵。不過，毛並沒有注意到來自他
的同志的警告，反而基於中共統治要比東歐那些共產黨國家的專制統治
更受歡迎這樣一種可能正確的估計，採取了一條廣開言路、廣納諫言的
政策。「百花齊放」運動因為黨內官僚體制的上下不協調而最終失敗，也
給毛作為革命全知舵手的形象潑上了污點，這就需要重新證明毛的領導
能力。由於離棄了蘇聯模式，也沒有其他外部模式可以依靠，毛使「正
確」的個人崇拜成為合法，並用來作為成功擺脫蘇聯模式的辯證法工
具。只是由於大躍進運動災難性的影響，人們對毛無所不能的信念分崩
離析，這讓發動大規模媒體運動來重新解釋所經歷過的歷史變得如此必
要，而這一歷史則是基於毛澤東思想是絕對真理的聲稱之上的。特別是
在解放軍那裏，一種非辯證的、「錯誤」的個人崇拜就作為對那位中共主
席及其思想的崇拜傳播蔓延開來。

　　直到大躍進運動時期，毛雖然在中共的角色是無出其右的，但他仍
然受到黨的正式制度和官僚機構的制約。任命林彪為國防部長之際，毛
就開始在重要職位上任命自己的心腹，從而確立了效忠於個人而不是效
忠於制度的做法。因此，即使毛的「正確」思想由於政策的失敗而破綻

254

百出，他們也爭相把對毛的崇拜當成不斷獻忠的表現。與此同時，毛也逐漸察覺到，黨的官僚體制已經不再是由他隨心所欲控制的工具。他經常抱怨黨內一些官僚單位正在形成「獨立王國」，這就揭示了他既感受到了對他的領導地位所形成的潛在威脅，又對黨—國官僚體制日益不滿。這一點還可以與蘇聯論戰時期建立的反修寫作班子為例，由於這班子是完全按照毛個人的要求建立的，因此更能顯示出毛對卡里斯馬式政治關係的日漸依賴。毛試圖通過依賴自己的心腹或者依賴體制之外的機構來使他們對毛的旨意負責和行事，他竭力阻止「修正主義」的崛起。

文革的爆發和對那些把持中共中央要職的官員們進行的細緻整肅，導致了卡里斯馬式領導方式的形成。以納粹德國的專制為例，類似的領導方式被稱為「雙重國家」[3]，即劃分為負責日常管理的「規範國家」（Normenstaat）與實施按照元首意願行事的「特別措施國家」（Maßnahmenstaat）。在文革期間，存留下來的國家機構繼續完成其日常工作並且要有效地確保文革不能完全墜入無政府狀態，而在制度之外的機構諸如中央文革小組的崛起，由於沒有經常同國家權力和軍隊權力相競爭的明確領域，這就相當大地增強了毛的力量。因為在這些權力鬥爭中，毛就可既擔當「裁判者和調停者」[4]的角色，又可支持目前情況下對其最為有利的政治派別。另一方面，所有這些派別的代表人物都會為了擴大其派別影響而對毛澤東不遺餘力地阿諛奉承。

文革見證了卡里斯馬式的關係取代官僚體制程序的過程，正是這一點使中國的案例足以和其他專政的案例進行有趣的比較。馬克斯·韋伯理想中的卡里斯馬式領袖的適用性經常被用於解釋個人崇拜的產生，但是，把這些崇拜歸結為個人的魅力則常常帶來無法令人信服的結果。無論是毛還是斯大林都不具備與眾不同、超出尋常的修辭演說能力。然而，他們仍然能夠打造出基於忠誠、信念甚至直接是恐懼的卡里斯馬式的關係。不過，這樣的關係並不是穩固不變的，在經歷了像大躍進之類的災難性事件後，反而大有必要加強這種超越等級的人際紐帶。例如，毛經常巡視外地就是為了要地方黨的書記們和軍事指揮官們經常刷新對

他的忠誠。通過照顧一些堅定支持者的仕途，毛繼續編織他的卡里斯馬式關係網，這種個人崇拜，有時是基於對毛超凡能力的相信，但更多時候是體現了一種人所皆知的政治升遷原則。

由於不能在政治職業中提供制度變化的升遷階梯，共產主義黨一國具有的體制性缺陷，就為個人崇拜的滋生與培植提供了至關重要的框架。只要中共中央發布明確的政策指示，部分人就會通過宣稱超額完成任務或者響應某種與政治局某位庇護者（而排斥政治局其他成員）相關的號召來證明其忠誠。在文革時期，最神秘的事情莫過於一旦林彪為增加自身賭注而宣布毛澤東思想是神聖性的，言辭性的尊崇就成了最為常見的表忠方式。通過贊同林彪的政治局報告，並對一些中共領導同志進行清洗，毛確保了其思想成為中共統治合法性的唯一來源。毛的言詞也成為了真理的源頭活水，具有了表演的特性。因此，中共黨員經常不斷地依靠毛的言說來避免成為反革命分子之類的厄運。基於這樣一種不對稱關係，即庇護者與被庇護者的關係總是依賴於庇護者，某種相似的不對稱交往就演化了出來，而這種交往帶來的就是忠誠語言的日新月異。

通過使用其巨大的媒體聲望作為象徵資本，毛以接見紅衛兵或群眾組織代表的方式來進行大量的煽動動員。他注意到這些接見活動在報紙和全國廣播網絡中覆蓋廣泛。一支特別的攝影隊負責攝製毛接見廣大群眾的活動，這個攝影隊經常提供毛接見紅衛兵或毛對群眾樂善好施的祝願的電影膠片。毛因此也對大眾傳媒技術加以策略地應用，把發端於北京的卡里斯馬式情境下的景象傳播到全國。不過，除了與「紅太陽」、「革命」和「正確路線」有關之外，毛實際所代表的特定內容依然模糊不清。毛對文革運動的指示一般都通過簡短的語錄來表現，但這些指示並不具有自洽的解釋效力，因而，內部鬥爭會偶然放出某些消息，解釋某一轉變並圍繞着一些中心話題進行解讀，這就必然需要通過毛的某一「認知代理人」[5]來進行解釋。

卡里斯馬式的動員是工具性的，帶來了文革的巨大影響，但由於文革運動幾乎沒有一個正面的運動目標，也由於調控能力的持續下降，導

致了一場組織和派別爭奪崇拜象徵的混戰；毛對此類事件不管不問致使文革運動具有一定的開放性。另外，文革缺乏總體規劃，基於動員群眾自我引導的觀念及自我發展的邏輯，這二者在列寧有關辯證法的論文中有所提及。王紹光教授在其關於武漢文革的富有洞見的研究中指出，儘管個人崇拜可用於動員和增強群眾，但卻不能控制群眾：「這種個人崇拜本來就不能促進認識毛的意願，然而千百萬可信賴的群眾卻宣稱他們自己正在實現這一意願，因為毛摧毀了他賴以駕馭和協調群眾力量的社會控制機制。」[6]

王的觀察是指毛急需一種明確的指示來引導群眾運動。但是，直到1967年中期，毛似乎還對文革運動的進程表示滿意。革命的演出是由演出的革命來進行的，革命的目標和演員是在革命演出過程本身之中得以確定的。從這方面來講，文革的展開就其理論結果和實踐結果而言，比20世紀其他共產主義實驗更加激進。毛認為，階級不平等的重新出現，乃是由於斯大林去世後蘇聯和東歐國家產生的特殊化和官僚化。通過摧毀這種黨—國本身的基礎，並建立起一套完全基於個人忠誠的權力結構來取而代之，毛試圖繞過革命慢性死亡的厄運，同時也把卡里斯馬式的關係加以常規慣例化。

到1967年中期，個人崇拜的無政府狀態和「語錄戰爭」極大地削弱了卡里斯馬式動員所帶來的便利。由於群眾開始攻擊在個人崇拜之外還存有的第二大權力資源即解放軍，這促使毛意識到文革必須有一個基本的控制底線。不過，重新在紅衛兵中植入解釋學關聯的做法表明學習班這種形式僅僅只能帶來很有限的凝聚，一旦短期軍訓的嚴格軍管體制解除，這種只會簡單用語錄的學習班也就瞬間隨之消失。國家當局對解放軍的物質支持，把個人崇拜的無政府狀態變成了一項通過既有言辭又有肢體活動、旨在以更為精緻的表演系統呈現出來的表忠。至此，個人崇拜在這裏作為國家當局信賴的行動表現具有了紀律的特性，新政治結構的建立唯一依據的就是個人對毛澤東獻身的程度。因此，卡里斯馬式打造的關係就與更新控制毛的形象與話語攜手而行，這些形象與話語遂作

258

為模糊象徵的集成在儀式方面必須付諸實施。然而，這種崇拜儀式依然處在中央控制之外，並且朝著中共領導計畫之外的方向發展。

雖然毛的像章和海報在文革之前就由中國國家政權本身所提供，但是毛的塑像和其他紀念物卻僅在 1967 年初才出現。儘管中共中央時常有明確的限制規定，但是許多派別鬥爭還是利用這類紀念物作為象徵資本。至少為了在建造毛的塑像的活動中有所控制，中共中央建立了一個權威化的程序，以確保毛的塑像達到審美上的和政治上的正確標準。因而，中共中央只是邊緣地介入了個人崇拜紀念物的創建和崇拜儀式方式的興起。另外，毛對 8341 部隊發來的北京針織總廠建立革命委員會的報告所表示的贊同極為重要，這一贊同大大強化了崇拜儀式的影響，這些崇拜儀式通過經驗交流和媒體關係最早從當地產生出來並在當時普及開來。最為著名的崇拜儀式「早請示晚彙報」採用的是戰時集中決策過程的常用方式，在戰時，做出重要決定之前都必須事先徵求中共中央的贊同，並彙報後來的執行結果。這種軍事背景解釋了為什麼「早請示晚彙報」這一儀式會出現在石景山中學的學生軍訓過程中。通過贊同並下發石景山中學的報告，毛表示了他本人對諸多崇拜儀式活動的授權，而崇拜儀式也就在 1967 年 11 月後以風靡之勢席捲全國。用肢體表忠的優勢在於其具有普適性。通過個人崇拜的發動，參與主體向國家當局表達屈從，同時降低自己被指控犯有反革命行為的危險。把崇拜的象徵符號價值引入到日常生活的細枝末節，就會導致毛澤東形象的物象化和神聖化。

259　　研究個人崇拜時，公共崇拜和表演的維度（崇拜儀式、祈禱活動和有關信念的紀念物）是從分析上來說最令人煩惱的問題。一方面，宗教信仰和信念的作用不該簡單地被忽略，例如史蒂夫・史密斯（Steve Smith）所表明的新中國建立初期的狀況。[7] 宗教性的描述明顯地在崇拜毛的活動中（尤其是一些鄉村地區和早期的紅衛兵話語中）發揮了作用。因此，並不是所有個人崇拜的事例都能夠用理性選擇論的工具來加以解釋。另一方面，也不能把這些事例都說成崇拜現象，不能把個人崇拜的

所有表現形式都歸入宗教的維度。文革中對毛的崇拜主要是一個政治的且明顯是現代的現象。如果僅僅是從宗教的維度加以關注，那就把形式與內容相混淆了。

諸如「早請示晚彙報」之類的崇拜儀式的興起，使得人們不禁感到把政治宗教的觀念應用於希特勒、墨索里尼的法西斯專制和共產黨的統治這些多種不同的刻板形式上是多麼奇怪，它還帶來了對領袖崇拜分析的洞察。埃米利奧‧金泰爾 (Emilio Gentile) 在過去30年裏一直是復興這一研究觀念最著名的支持者，他把政治宗教界定為「一種通過把世俗實體神化為神話，把某種意識形態、某種運動或某種政治統治奉為神明的宗教形式，標榜其作為人類塵世存在的意義與終極目標的重要的、無可置疑的來源」。[8]在其新近的題為《作為宗教的政治》(*Politics as Religion*)一書中，金泰爾擴大了這個界定範圍，描述了在現代世界確定人類世俗目標的過程，不再是通過傳統的宗教途徑，而是通過政治來進行的，此即他所謂的術語「政治的神聖化」。[9]他還對平民宗教 (以美國為例) 與具有不同變種的、包括「極權主義宗教」[10]的政治宗教做出了明確區分。金泰爾用了大量精力來批駁某種觀點，即這種觀點聲稱隱喻性的用法僅僅出現在把宗教概念轉化到政治領域時，他力圖證明從18世紀後期政治實體所創造出的信念、象徵和儀式只不過是操縱大眾的工具。

金泰爾早在這本書就在許多方面提出了與其目標相關的關於個人崇拜的理解。對毛主席的崇拜取代了先前的一切忠誠與信念體系，無可置疑的是毛的革命信譽和大量的媒體報道的確使得毛在公共話語中被神聖化了。然而，就如金泰爾本人所承認的那樣，是否要把政治宗教的觀念轉化到政治領域，至關重要的一點取決於對宗教本身的界定。如果使用克利福德‧戈爾茨 (Clifford Geertz)[11]提出的非超驗的、人類學的方法，或者是按照埃米爾‧塗爾幹 (Emile Durkheim) 提出的關於宗教的功能主義觀點，[12]那麼這種應用似乎可以得到證明。

然而，使用政治宗教這一概念的內在危險性還表現在過分簡單化的用法。金泰爾沒有看到政治宗教這概念所面臨的風險，即把傳統的與現

代的個人崇拜現象進行簡單類比，而沒有注意發生變化的政治環境或者
對象徵和儀式的工具化利用。如果我們只是強調中國的家長式文化傳
統，也就會很輕易地忽略一些特殊的權力關係與博弈。雖然正如斯蒂
芬‧蘭茲伯格 (Stafan Landsberger) 和其他人所表明的那樣，[13]對毛的崇
拜與民間造神之間的確具有連續性，這存在於接受者一方，但是僅僅有
宗教的解讀並不足以充分闡釋個人崇拜現象的實際形成與持續發展。由
此原因，本書避免使用政治宗教這概念，轉而致力於歷史地還原不對稱
的交往基本方式，致力於尋找可在政治、宗教或商業領域中發現的整合
性象徵的運用。正如麗薩‧魏登 (Lisa Wedeen) 在其對哈菲茲‧阿薩德
憤世嫉俗的個人崇拜中所簡要表明的那樣，[14]把個人崇拜分析為某種極
權主義政治交往方式的、卡里斯馬式關係的副產品，分析為用來確保象
徵資本而使政治偶像工具化的行為，這就提出了一個更加廣泛的界域，
就可用以比較在完全不同的背景下卻依賴相似策略的種種現象，而這些
背景並不是必然旨在激發信念，而是旨在產生屈從。

261   崇拜毛澤東儀式的出現是崇拜的懲戒性功能與相伴隨的政治壓抑氛
圍的結果，其出現首先就不應解釋為宗教崇拜的表現。個人崇拜的準宗
教氣氛對現存的黨的領導層而言是一種尷尬的現象 (尤其在 1968 年)，
因為它帶來了另一種象徵的來源，或者用康生的話來說，就是「政治資
本」。因而，一旦所有省市自治區都設置了革命委員會，崇拜的言辭就
急劇減少。最終，崇拜儀式也在 1969 年中共「九大」之後從形式上加以
禁止。歷史的情景化揭示了毛崇拜特徵的變化：從官僚體制之外進行動
員的卡里斯馬式源泉到培養屈從的工具，因此，就提供了在宗教解釋之
外同其他領袖崇拜的比較。

      無論如何，這並沒有消除把共產主義理解為政治宗教的可能性。[15]
然而在這種情況下，我們必須考察「歐洲派生宗教的模式」，[16]而不是前
現代中國的例子，正如瑞納‧米德近來所作的論證。革命浪漫主義、改
革經驗中對於暴力的崇尚、抗拒傳統不是中國傳統宗教或者帝王崇拜的
一部分，反而是受現代歐洲經驗所影響的，並通過 1910 和 1920 年代中

國新文化運動中所傳承下來的。因此，只要政治宗教的概念能夠被簡明界定，而不是像過時的實用主義那樣輕視對於政治情景和權力關係的細緻分析，其應用於比較種種現代個人崇拜的成果就會是豐碩的。

若從科學的角度來觀察個人崇拜、拜物教和專制制度的存在，人們會格外留意到理性運行的官僚制度在凝聚力上的不足，以及個人崇拜所能提供的團結功能。因此，哈特穆特‧鮑曼（Hartmut Böhme）反對馬克斯‧韋伯的著名論點，在談及現代社會的「復魅」（re-enchantment）傾向時，聲稱即使是在民主制下，沒有某種形式的崇拜，民主就不會發揮功能，同時種種崇拜卻可以「沒有民主」而發揮功能。[17]因此，康有為的未來大同社會藍圖或許注定就胎死腹中。另一方面，中共試圖通過保持現今業已衰敗的政治領袖崇拜的凝聚力來繞過這個困境，儘管在制度框架上還明確規定為集體領導；另外，中共還允許非政治領域的多種不同的明星崇拜存在，這些崇拜繁榮了官方所指的「文化產業」。

人民大眾是否真正相信對領袖崇拜所聲稱的一切，是中共一黨專政所面臨的第二大問題。在文革之前，毛總是可以公開地消除他在政策失誤中所應負的責任，因而政策失誤損害更多的是黨的形象而不是毛本人的形象。[18]文革期間個人崇拜所導致的無政府狀態以及個人崇拜最著名的推行者林彪被宣稱叛逃一事，無論怎樣，都大大損害了那位中共主席一貫正確的信譽。這仍然沒有改變交流的基本模式。個人崇拜已不被用來激勵公共信念，而是從一種流行轉變成了令人懷疑的統治工具。1978年後，絕大多數的表忠行徑在鄧小平大刀闊斧的轉向市場經濟的改革中轉變或消除了。由於路線持續扭曲，先前存在的毛的教導永遠正確這個信念蕩然無存。經過了令人失望的十年，在天安門廣場上對抗議活動的暴力鎮壓之後，毛的形象再次出現，充斥著各式各樣的懷舊、宗教和商業情感。中共經過長期的努力希望冷化毛的形象，並使之與馬列主義一同安全地降至黨史學者研究的領域，但發生的一切卻與之背道而馳。

毛去世後出現的多種面目的毛澤東崇拜，可以歸因於不同因素，包括幻想破滅、懷舊情緒、復興了的民族驕傲、宗教傳統的合併、商業利

262

益等，所有這些因素共同把那位前任的中共主席變成了白傑明 (Geremie R. Barmé) 所說的「萬用毛」(EveryMao)：[19] 毛成為一個空空如也的記號，可隨意與不同的傾向相聯結。由於毛的形象與中共黨史緊緊地聯結在一起，而且文革動亂導致黨內組織嚴重分裂，中央領導必須制約毛的公共形象。因此，中共至今還沒有重複赫魯曉夫的事例。但毛的遺產並沒有被重新評價，取而代之的是將文革宣判為批判性研究的禁忌。然而，在中共最終允許對毛的獨立評價並開放有關檔案之前，毛的陰影還會持續不斷地出沒於他的後繼者之中。

大事年表

1893   毛澤東出生於湖南省韶山

1921   中國共產黨於上海正式成立；毛澤東為創立者之一

1927   國共合作破裂；毛澤東率領部隊撤退，到達井岡山，隨後到達江西，組建農村蘇維埃根據地

1935   毛澤東在遵義會議上當選為中央書記處成員

1936   長征在陝北結束；延安成為了共產黨的新首府；毛澤東接受埃德加·斯諾的採訪，由此《紅星照耀中國》（*Red Star Over China*，1937）成書

1937–42   在包括陳伯達在內的筆桿子的協助下，毛澤東加強了他在中共黨內政治領袖和首要理論家的地位；黨報上第一篇崇拜毛這位新領袖的文章出現

1942–43   正如正統的黨史所述，整風運動牢固地確立了以毛澤東為核心的領導；毛澤東思想成為黨的指導思想體系；毛澤東當選為中央書記處主席

1943   蔣介石的《中國之命運》出版；對毛澤東的崇拜上升，已可在統治國家合法性方面與國民黨相抗衡

1945   中共第七次代表大會正式選舉毛澤東為中央委員會主席

1949	共產黨宣佈大勝，國民黨撤退到台灣
1953	斯大林去世
1956	赫魯曉夫在蘇聯共產黨第二十次代表大會上批判斯大林的個人崇拜；毛澤東號召開展「百花齊放」運動；對輿論的控制出現了短期的放鬆；對領袖崇拜的批判開始出現
1957	「百花齊放」運動終止，批判共產黨政治的人們被扣以「右派分子」之名並遭到迫害
1958	毛澤東在成都會議上區分出兩種類型的崇拜，認為正確的崇拜有利於在蘇聯模式的框架下破除迷信
1958–61	大躍進運動，一場烏托邦式的社會建設嘗試，導致了世界史上最大的饑荒，千百萬人餓死
1959	廬山會議後，林彪當選為國防部部長
1960–61	為平息大躍進運動帶來的混亂影響，對毛澤東著作的集體學習開始被引入到中國人民解放軍中，並通過多種不同的儀式崇拜編織解放軍對毛的感情紐帶
1964	第一部紅寶書的內部版本在解放軍中編輯完成；一場全國「學習解放軍」的運動出爐
1966	文化大革命開始；毛澤東在天安門廣場以及其他地點八次大規模接見紅衛兵；「四舊」(舊思想、舊文化、舊風俗和舊習慣) 面臨毀滅，大串聯運動開始
1967	5月：第一座毛澤東雕塑在清華大學落成 9月：毛澤東的重大戰略決策發表，把文革的領導權移交到革命委員會 11月：8341部隊提交根據北京針織總廠而來的報告，推廣了崇拜毛澤東儀式的事例

1968   崇拜毛澤東的儀式達到了高潮;「三忠於」運動出現

1969   4月:中共第九次代表大會在北京舉行;官方宣布文化大革命的勝利;林彪作為毛澤東的接班人被寫入黨章

        6月:中國共產黨的通知上取消了有關崇拜毛澤東的儀式表現形式

1970   第二次盧山會議進行對「天才」崇拜的批判

1971   林彪事件發生;林彪及其家人於蒙古境內墜機身亡

1974   「批林批孔」運動展開;對儀式崇拜的公開批判,通過李一哲的大字報得以表達

1976   毛澤東去世

1981   中共中央做出歷史決議:確認文化大革命是毛澤東的過錯,同時保留毛的歷史功績

註 釋

中文版序

1 卡里斯馬 (Charisma)，指超凡的領袖魅力、領導力。

2 溫家寶：〈最警示的回答：「文革」的錯誤和封建的影響並沒完全清除〉，
2012 年 3 月 14 日，http://lianghui.people.com.cn/2012npc/GB/239293/
17385411.html（最後檢索於 2017 年 4 月 3 日）。

3 參見錢鋼：〈領袖姓名傳播強度觀察〉，《香港電台‧傳媒透視》：http://app3.
rthk.hk/mediadigest/content.php?aid=1563（最後檢索於 2017 年 4 月 3 日）。

4 戚本禹：〈戚本禹：盼習成為毛的接班人〉，《明報》，2014 年 11 月 12 日，
http://www.mingpaocanada.com/VAN/htm/News/20141112/tcac1_r.htm（最後檢
索於 2017 年 4 月 3 日）。

5 習近平在 2013 年 1 月 5 日的講話中提到這個説法，但是一直到 11 月才在《人
民日報》的社論中第一次公開使用。參見中共中央黨史研究室：〈正確看待
改革開放前後兩個歷史時期〉，《人民日報》，2013 年 11 月 8 日。

6 他第一次在講話中正式提到對文革的標準評價是在距離文革 50 週年紀念日
幾天之前，發表在《人民日報》上。當時在人民大會堂的一場音樂會引起了
持續的關注，音樂會同時演奏了讚美習近平與讚美文革的曲目。參見習近
平：〈在省部級主要領導幹部學習貫徹黨的十八屆五中全會的精神專題研討
班上的講話〉（2016 年 1 月 18 日），《人民日報》，2016 年 5 月 10 日，第二頁。

7 〈「習思想」擬十九大入黨章 料明年啟動修憲 國家主席任期或修訂〉，《明報》，
2017 年 3 月 21 日，http://news.mingpao.com/pns/dailynews/web_tc/article/20170322/
s00013/1490119872169（最後檢索於 2017 年 4 月 3 日）。

8 有關社會主義領袖崇拜的比較性概述，參見 Daniel Leese, "The Cult of

Personality and Symbolic Politics〔個人崇拜與符號政治〕," Steve A. Smith(ed.), *The Oxford Handbook of the History of Communism* (Oxford: Oxford University Press, 2013), pp. 339–354.

中譯者序

1　參見唐少傑:《文革中軍官的集體觀見》,載香港中文大學中國文化研究所:《二十一世紀》,2013年2月號第135期,頁42–49。

2　霍炫吉:〈毛澤東崇拜現象的透視——評Daniel Leese, *Mao Cult: Rhetoric and Ritual in China's Cultural Revolution*〉,載香港中文大學中國文化研究所:《二十一世紀》,2014年10月號第145期,頁132–141。

前 言

1　參見魯迅:〈談所謂「大內檔案」〉,《語絲》,1928年1月28日第4卷第7期,頁5。(校註:參見「中國現代文學史資料叢書(乙種),《語絲》,第4卷第1期至第13期〔上海:上海文藝出版社,1982〕,頁269–276;《魯迅全集》,第3卷〔北京:人民文學出版社,2005〕,頁385–394。)有關中華民國檔案政治與實踐的詳細討論,參見Vivian Wagner, *Erinnerungsverwaltung in China: Staatsarchive und Politik in der Volksrepublik China*〔中國的行政記憶:中華人民共和國的國家檔案與政治〕(Colonge: Böhlau, 2006), Part 1.

導 論

1　引自Wolfgang Bauer, *China and the Search for Happiness: Recurring Themes in Four Thousand Years of Chinese Culture History*〔中國與追尋幸福:四千年中國文化史中的重複性主題〕, translated by Michael Shaw (New York: Seabury Press, 1976), p. 323. (校註:參見康有為著,陳德媛、李傳印評註:《大同書》〔北京:華夏出版社,2002〕,頁334。)

2　參見丁曉平:〈附錄:「毛澤東印象」舊版圖書考證索引〉,載丁曉平、方健康編:《毛澤東印象》(北京:中央文獻出版社,2003),頁299。

3　Edgar Snow, *Red Star over China* (London: Victor Gollancz, 1937), p. 83. (校註:

參見董樂山譯：《紅星照耀中國》〔北京：作家出版社，2008〕，頁 53。）

4　Edgar Snow, *The Long Revolution* (New York: Random House, 1972), pp. 68f.（校註：參見賀和風譯：《漫長的革命》〔北京：東方出版社，2005〕，頁 64。）

5　校註：有誤，龔澎當時任中華人民共和國外交部部長助理、新聞司司長。

6　Edgar Snow, *The Long Revolution*, p. 69.

7　〈毛澤東會見斯諾的談話紀要〉，1970 年 12 月 28 日，載宋永毅主編：《中國文化大革命文庫》(光盤版)（香港：香港中文大學中國研究服務中心，2006）。

8　同上。

9　同上。

10　Edgar Snow, *The Long Revolution*, p. 66.（校註：參見中譯本《漫長的革命》，頁 62。）

11　Harold Z. Schiffrin, *Sun Yat-sen and the Origins of the Chinese Revolution*〔孫中山與中國革命的起源〕(Berkeley: University of California Press, 1968), p. 23.

12　Jan Plamper, "Introduction. Modern Personality Cults〔導言：現代人格崇拜〕," Klaus Heller and Jan Plamper (eds.), *Personality Cults in Stalinism-Personenkulte im Stalinismus*〔斯大林主義的個人崇拜〕(Göttingen: V&R unipress, 2005), p. 33.

13　有關孫中山崇拜的近期中文論述，參見陳蘊茜：《崇拜與記憶：孫中山符號的建構與傳播》(南京：南京大學出版社，2009)。

14　參見 John Y. Wong, *The Origins of an Heroic Image: Sun Yat-sen in London, 1896–1897*〔一個英雄形象的起源：孫中山在倫敦 (1896–1897)〕(Hong Kong: Oxford University Press, 1986). 另見 Marie-Claire Bergere, *Sun Yat-sen*〔孫中山〕, translated by Janet Lloyd (Stanford: Stanford University Press, 1998), pp. 69ff.

15　Sun Yat-sen, *Kidnapped in London: Being the Story of my Capture by, Detention at, and Release from the Chinese Legation, London*〔倫敦蒙難記：我被倫敦中國公使館拘押和解放的經歷〕(Bristol: Arrowsmith, 1897).

16　Ibid., p. 115.

17　C. Martin Wilbur, "Environment, Character, Chance, and Choice: Their Interplay in Making a Revolutionary〔環境、性格、機會與選擇：它們在打造革命者中的相互作用〕," in Eto Shinkichi and Harold Z. Schiffrin (eds.), *China's Republican Revolution*〔中國的共和革命〕(Tokyo: University of Tokyo Press, 1994), p. 119.

18　最出名的幾個例子是：Paul Myron Wentworth Linebarger, *Sun Yat-sen and the Chinese Republic*〔孫中山與中華民國〕(New York: AMS Press,1969); Paul Myron

Anthony Linebarger, *Gospel of Sun Chung Shan, According to Paul Linebarger* 〔孫中山的福音：針對保羅‧萊恩伯格〕(Paris: Editions-Mid-Nations, 1932)．

19 Joseph Esherick, "Founding a Republic, Electing a President: How Sun Yat-sen Became Guofu 〔建立共和國，參選總統：孫中山如何成為了國父〕," *China's Republican Revolution*, pp. 129–152.

20 在這點上，特別參見 Henrietta Harrison, *The Making of the Republican Citizen: Political Ceremonies and Symbols in China 1911–1929* 〔共和國公民的塑造：中國 1911–1929 年的政治儀式與符號〕(Oxford: Oxford University Press, 2000), pp. 207–239.

21 有關陵墓作為政治符號的近期中文論述，參見李恭忠：《中山陵：一個現代政治符號的誕生》(北京：社會科學文獻出版社，2009)。

22 Lyon Sharman, *Sun Yat-sen: His Life and Its Meaning* 〔孫中山：生平及其意義〕(Stanford: Stanford University Press, 1968), p. 316.

23 參見 Raymond F. Wylie, *The Emergence of Maoism: Mao Tse-tung, Ch'en Po-ta, and the Search for Chinese Theory 1935–1945* 〔毛主義的崛起：毛澤東、陳伯達與中國的理論探索（1935–1945）〕(Stanford: Stanford University Press, 1980), p. 41.

24 David E. Apter and Tony Saich, *Revolutionary Discourse in Mao's Republic* 〔毛澤東共和國中的革命話語〕(Cambridge: Harvard University Press, 1994), p. 263ff.

25 高華：《紅太陽是怎樣升起的——延安整風運動的來龍去脈》(香港：中文大學出版社，2000)，頁 606。

26 Raymond F. Wylie, *The Emergence of Maoism: Mao Tse-tung, Ch'en Po-ta, and the Search for Chinese Theory 1935–1945*, p. 199.

27 有關蔣介石崇拜的傳播，參見 Jeremy E. Taylor, "The Production of the Chiang Kai-shek Personality Cult, 1929–1975 〔蔣介石個人崇拜的產生（1929–1975）〕," *China Quarterly* 185 (2006), pp. 96–110.

28 Chiang Kai-shek, *China's Destiny* 〔中國之命運〕(New York: Macmillan, 1947).

29 Mao Zedong, "The Situation after the Repulse of the Second Anti-communist Onslaught 〔打退第二次反共高潮後的格局〕," 18 March 1941, in *Selected Wordks of Mao Tse-tung*, vol. 2 (Beijing: Foreign Languages Press, 1967), pp. 459–462.

30 早期的例子包括陳聰禧、王安江、王艾婷(音)：《蔣介石將軍：新中國的建造者》(上海：商務印書館，1929)；特別是 F‧T‧石丸於 1937 年首次以日文發表的蔣的傳記，不久之後這本傳記也以中文和多種歐洲語言出版。舉例參見 F. T. Ishimaru, *Chiang Kaishek ist Gross* 〔偉大的蔣介石〕(Hankow: Chengchung Verlag, 1938)．

31 Raymond F. Wylie, *The Emergence of Maoism: Mao Tse-tung, Ch'en Po-ta, and the Search for Chinese Theory 1935–1945*, p. 206.

32 高華:《紅太陽是怎樣升起的──延安整風運動的來龍去脈》,頁608–614。

33 毛澤東:〈會見斯諾〉。

34 另參見Daniel Leese, "Mao the Man and Mao the Icon〔毛其人與毛符號〕," in Timothy Cheek (ed.), *A Critical Introduction to Mao*〔對毛的批判性介紹〕 (Cambridge: Cambridge University Press, 2010), pp. 219–240.

35 舉例參見Balazs Apor, Jan C. Behrends, Polly Jones, and E.A. Rees (eds.), *The Leader Cult in Communist Dictatorships: Stalin and the Eastern Bloc*〔共產主義獨裁中的領袖崇拜:斯大林與東歐集團〕(Houndmills: Palgrave Macmillan, 2004).

36 參見Jan Plamper, "Introduction. Modern Personality Cults," pp. 33–41.

37 Robert W. Rinden, *The Cult of Mao Tse-Tung*〔毛澤東的崇拜〕, Ph. D. dissertation: University of Colorado, 1969; James T. Myers, *The Apotheosis of Chairman Mao: Dynamics of the Hero Cult in the Chinese System 1949–1967*〔毛主席的神化:1949–1967年中國體制中英雄崇拜的原動力〕, Ph. D. dissertation: George Washington University, 1969. 另參見Mildred Lina Wagemann, *The Changing Image of Mao Tse-Tung: Leadership Image and Social Structure*〔毛澤東形象的變化:領袖形象與社會結構〕, Ph. D. dissertation: Cornell University, 1974.

38 馬丁明確指出,毛著作的政治重要性和編輯這種著作對毛而言是有着重要意義的事情,而不是這種崇拜的繁雜表現。不過,他也簡明地暗示了形成這種崇拜的不同動機,包括黨的團結、革命的不朽和黨內「路線鬥爭」的即時政治權益。參見Helmut Martin, *Kult und Kanon. Entstehung und Entwicklung des Staatsmaoismus 1935–1978*〔崇拜與經典:國家毛主義的形成與發展 (1935–1978)〕(Hamburg: Institut fur Asienkunde, 1978), p. 12. 該書的擴充版本不久後以英文形式出版,書中囊括了1981年《關於建國以來黨的若干歷史問題的決議》的發布之前的事件,參見Helmut Martin, *Cult and Canon: The Origins and Development of State Maoism*〔崇拜與經典:國家毛主義的起源與發展〕(Armonk, NY: M. E. Sharpe, 1982).

39 Lynn T. White III, *Policies of Chaos: The Organizational Causes of Violence in China's Cultural Revolution*〔混亂的政策:中國文化大革命中暴力的組織原因〕 (Princeton, NJ: Princeton University Press, 1989), p. 31.

40 有關後一種情況,參見Göran Aijmer, "Political Ritual: Aspects of the Mao Cult during the Cultural Revolution〔政治儀式:文化大革命期間毛崇拜的側面〕," *China Information*, 11, no. 2–3 (1996), p. 215.

41 Maurice Meisner, *Marxism, Maoism, and Utopianism: Eight Essays* (Madison: University of Wisconsin Press,1982), p. 165.

42 Ibid., p. 183.

43 舉例參見Helmut Martin, *Cult and Canon: The Origins and Development of State Maoism*, pp. 10–12.

44 Frederick C. Teiwes, *Leadership, Legitimacy, and Conflict in China: From a Charismatic Mao to the Politics of Succession*〔中國的領導權、合法性與衝突：從超非凡魅力的毛到繼任政治〕(Armonk, NY: M. E. Sharpe, 1984), p. 48.

45 Ibid., p. 45.

46 Ibid., p. 46.

47 Wang Shaoguang: *Failure of Charisma: The Cultural Revolution in Wuhan*〔超凡領袖的挫敗：文化大革命在武漢〕(Oxford, New York: Oxford University, 1995), p. 280.

48 引用的例子參見Lu Xing, *Rhetoric of the Chinese Cultural Revolution: The Impact on Chinese Thought, Culture, and Communication*〔中國文化大革命的言辭：對中國思想、文化和交往的影響〕(Columbia: University of South Carolina Press, 2004)，該書主要依據紅衛兵講話和發表的回憶錄，因而在分析記憶的格局而不是當代政治狀況方面有所助益。這點在書中有關崇拜毛的一章中表現得尤其正確。

49 「通過延安恐怖，毛達成了另一個最重要的目標：樹立他自己的個人崇拜。……這種崇拜與自發的聲望無關，而是緣於恐怖。樹立其個人崇拜的每一步都是毛自己編排的。」參見Jung Chang and Jon Halliday, *Mao: The Unknown Story*〔毛澤東：鮮為人知的故事〕(New York: Alfred A. Knopf, 2005), pp. 268, 269, 423, 424.

50 另參見Daniel Leese, "The Mao Cult as Communicative Space〔作為交往空間的毛崇拜〕," *Totalitarian Movements and Political Religions*〔極權運動與政治宗教〕, 8, 3/4(2007), pp. 623–629. 有關納粹的、法西斯主義的和共產主義的品牌化策略，參見Steven Heller, *Iron Fists: Branding the 20th-Century Totalitarian State*〔鐵拳：打造20世紀極權國家的品牌〕(London: Phaidon Press, 2008).

51 Eduard Bernstein, *Ferdinand Lassalle as a Social Reformer*〔社會改革家斐迪南·拉薩爾〕(London: Swan Sonnenschein, 1893), pp. 188–189.

52 Rita Clifton and John Simmons (eds.), *Brands and Branding*〔品牌與推廣〕(Princeton, NJ: Bloomberg Press, 2004), p. 2.

53　被問到為何美國政府在「9‧11」之後聘用公共關係專家夏洛特‧比爾斯來推銷美國的對外政策，國務卿鮑威爾回答道：「僱用一個會賣東西的人沒有什麼錯。我們正在賣一個東西。我們需要一些能夠重塑美國對外政策品牌的人，一些能重塑外交品牌的人。(另外) 她使我買了本大叔 (譯者註：Uncle Ben，美國一個蒸穀米品牌) 的大米。」參見 Naomi Klein, "America is not a Hamburger: President Bush's Attempts to Rebrand the United States Are Doomed〔美國不是個漢堡：布殊總統重塑美國品牌的企圖難逃厄運〕," *Guardian*, March 14 2002.

54　基於其 1960 年代後期在香港的流亡者採訪所進行的關於小群體與政治儀式的研究中，馬丁‧K‧懷特 (Martin King Whyte) 詳細描述了這些進程的運作。黨中央依靠積極分子在當地語境下宣傳黨的政策，通過培養熱情和增加同伴壓力，中共十分成功地增強了其組織能力。但他也提到僅這麼做的風險，特別是在毛主義群眾運動引發的最初熱度衰退之後，因而社會控制、傳播和政治動員方面的有效性不能有效確保個體態度的轉變。參見 Martin King Whyte, *Small Groups and Political Rituals in China*〔中國的小群體與政治儀式〕(Berkeley: University of California Press, 1974), pp. 234, 235.

55　Lisa Wedeen, *Ambiguities of Domination: Politics, Rhetoric, and Symbols in Contemporary Syria*〔統治的雙關語：當代敘利亞的政治、言辭與符號〕(Chicago: University of Chicago Press, 1999).

56　Graeme Gill, "The Soviet Leader Cult: Reflections on the Structure of Leadership in the Soviet Union〔蘇聯領袖崇拜：對蘇聯領導權結構的反思〕," *British Journal of Political Science* 10 (1980), p. 183.

57　M. Rainer Lepsius, "The Model of Charismatic Leadership and Its Applicability to the Rule of Adolf Hitler〔超非凡魅力型領袖模式及其在阿道夫‧希特勒統治中的應用〕," *Totalitarian Movements and Political Religions*〔極權運動與政治宗教〕, 7, no. 2 (2006), p. 175.

58　另參見 David E. Apter and Tony Saich, *Revolutionary Discourse in Mao's Republic*, pp. 11, 12.

59　Timothy Cheek, "Introduction: The Making and Breaking of the Party-State in China〔引論：中國政黨—國家體制的建立與瓦解〕," in Timothy Cheek and Tony Saich (eds.), *New Perspectives on State Socialism in China*〔中國國家社會主義的新景觀〕(Armonk, NY: M. E. Sharpe, 1997), p. 7.

60　參見 Michael Holmes, *Communication Theory: Media, Technology, Society*〔交往理論：媒體、技術、社會〕(London: Sage, 2005), Chapter 5.

61 比較一下 Roderick MacFarquhar, Tomothy Cheek, and Eugene Wu (eds.), *The Secret Speeches of Chairman Mao: From the Hundred Flowers to the Great Leap Forward*〔毛主席的秘密講話：從「百花齊放」到大躍進〕(Cambridge, MA: Council on East Asian Studies / Harvard University, 1989), p. 395.

62 Michael Schoenhals, *Doing Things with Words in Chinese Politics: Five Studies*〔中國政治中的以言行事：五項研究〕(Berkeley, CA: Center for Chinese Studies, 1992), especially Chapter 1.

63 Joseph W. Esherick and Jeffery N. Wasserstrom, "Acting Out Democracy: Political Theater in Modern China〔表演民主：當代中國的政治劇院〕," *Journal of Asian Studies*, 49, no.4 (Nov. 1990), pp. 835–865.

64 Judith Butler, *Excitable Speech: A Politics of the Performative*〔過激的演說：表演的政治〕(New York: Routledge, 1997), p. 161.

65 Joel Andreas, "The Structure of Charismatic Mobilization: A Case Study of Rebellion during the Cultural Revolution〔卡里斯馬型動員的結構：文化大革命期間造反的個案研究〕," *American Sociological Review*, 72 (2007), p. 437.

66 有關涉及到這個主題的近期論述，參見Paul Clark, *The Chinese Cultural Revolution: A History*〔中國文化大革命：一段歷史〕(Cambridge: Cambridge University Press, 2008), Richard King (ed.), *Art in Turmoil: The Chinese Cultural Revolution, 1966–1976*〔動亂中的藝術：中國文化大革命（1966–1976）〕(Vancouver: UBC Press, 2010).

67 Jonathan Unger, "The Cultural Revolution at the Grass Roots〔草根階層的文化大革命〕," *China Journal*, 57(2007), pp. 109–137.

68 Frederick C. Teiwes and Warren Sun, *The End of the Maoist Era: Chinese Politics during the Twilight of the Cultural Revolution 1972–1976*〔毛主義時代的終結：1972–1976文化大革命晚期的中國政治〕(Armonk, NY: M. E. Sharpe, 2007).

第一篇　走向「個人崇拜」

1 〈中央關於全黨和全國人民悼念斯大林去世的指示〉，1953年3月7日，河北省檔案館，編號855–2–266。

2 〈關於有關斯大林同志患病期間的宣傳應注意的事項〉，1953年3月5日，河北省檔案館，編號855–2–266。

3 〈河北省委關於正確宣傳斯大林去世澄清各種混亂思想的指示〉，1953年3月19日，河北省檔案館，編號855–17–518。

4　例如，國營的新華書店開始大規模紀念性地出售《斯大林文集》。參見河北省新華書店編：《河北圖書發行誌》，第2卷，未修訂稿，1990年，頁170。

第1章　「秘密報告」及其影響

1　有關蘇共中央將斯大林去神化的做法及其困難的回顧，參見Polly Jones, "From Stalinism to Post-Stalinism: De-Mythologising Stalin,1953–1956〔從斯大林主義到後斯大林主義：對斯大林的去神化（1953–1956）〕," *Totalitarian Movements and Political Religions*〔極權運動與政治宗教〕, 4, no. 1 (2004), pp. 127–148.

2　Thomas Rigby (ed.), *The Stalin Dictatorship: Khrushchev's "Secret Speech" and Other Documents*〔斯大林的獨裁：赫魯曉夫的「秘密報告」與其他文件〕(Sydney: Sydney University Press, 1968), p. 23.

3　Ibid., p. 83.

4　William Taubman, *Khrushchev: The Man and His Era*〔赫魯曉夫：其人與其年代〕(New York: Norton, 2003), p. 274.

5　Polly Jones, "From Stalinism to Post-Stalinism: De-Mythologising Stalin, 1953–1956," p. 135.

6　Teresa Toranska, "*Them*": *Stalin's Polish Puppets*〔「他們」：斯大林的波蘭傀儡〕(New York: Harper & Row, 1987), p. 174.

7　出席蘇共「二十大」上的中國首席翻譯師哲回憶道，在「秘密報告」之後，一份該報告的副本很快就送達到了中國代表團，但是他沒有提供更多的細節。參見師哲、李海文：《中蘇關係見證錄：師哲口述》（北京：當代中國出版社，2005），頁207。

8　有關示威遊行，參見Sergei Khrushchev, *Nikita Khrushchev and the Creation of a Superpower*〔尼基塔·赫魯曉夫與超級大國的建立〕(University Park: Pennsylvania State University Press, 2000), p. 163.

9　參見Donald S. Zagoria, *The Sino-Soviet Conflict, 1956–1961*〔中蘇衝突：1956–1961〕(New York: Atheneum, 1964), p. 43.

10　吳冷西：《十年論戰（1956–1966）：中蘇關係回憶錄》，上冊（北京：中央文獻出版社，2000），頁4。

11　吳冷西：《憶毛主席：我親身經歷的若干重大歷史事件片段》（北京：新華出版社，1995），頁4。

12　麥克法夸爾在其當時開創性的著作中，根據劉少奇的妻子王光美的說法，

認為胡喬木是這篇文章的主要作者。麥克法夸爾的著作在出版35年之後依然是一本標準的參考書籍。參見Roderick MacFarquhar, *Contradictions among the People, 1956–1957*〔人民內部矛盾（1956–1957）〕(London: Oxford University Press, 1974), p. 3. 然而，1956年12月末胡喬木起草了接下來的文章〈再論無產階級專政的歷史經驗〉；參見第2章。

13 〈河北省委宣傳部關於幹部對蘇共第二十次代表大會的思想情況簡報〉，1956年3月26日，河北省檔案館，編號864-1-157。

14 〈為什麼個人崇拜是違反馬克思列寧主義精神的〉，《人民日報》，1956年3月30日，第3版。

15 中共中央文獻研究室編：《建國以來毛澤東文稿》，第6冊（1956年1月–1957年12月）（北京：中央文獻出版社，1992），頁59。

16 吳冷西：《十年論戰》，上冊，頁20、21。吳冷西錯誤地認為「個人迷信」在1956年12月之後成為標準說法。其實直到1958年年中這種說法才出現。

17 一天後，在首席翻譯師哲的監督下，《中蘇友誼報》的工作人員迅速翻譯了這篇文章後，這篇文章用俄語進行了廣播；參見師哲、李學海：《中蘇關係回憶錄》，頁209。

18 Editorial Department of the Peoples Daily, *More on the Historical Experience of the Dictatorship of the Proletariat*〔關於無產階級專政的歷史經驗〕(Beijing: Foreign Languages Press, 1959), p. 35f.

19 Ibid., p. 47f.

20 Ibid., p. 49.

21 Ibid., p. 9. 引文是從英文翻譯而來。

22 Georgi Plekhanov, *The Role of the Individual in History*〔論個人在歷史上的作用〕(Moscow: Waiguowenshujichubanju, 1950), pp. 43, 44. 普列漢諾夫的文章已經被譯為中文，並且在1948年之後反覆再版。最大規模的再版出現在文革開始前的1964年和1965年。

23 毛澤東：〈關於領導方法的若干問題〉，載《毛澤東選集》第3卷，頁119。

24 〈中央關於學習和討論四月五日人民日報「關於無產階級專政的歷史經驗」一文的通知〉，1956年4月4日，河北省檔案館，編號855-18-509。

25 〈關於學習「關於無產階級專政的歷史經驗」一文的補充通知〉，1956年4月6日，河北省檔案館，編號855-18-509。

26 〈河北省委關於學習和討論「關於無產階級專政的歷史經驗」一文的通知〉，河北省檔案館，編號855-18-509。

27 〈河北省委宣傳部關於學習和討論「關於無產階級專政的歷史經驗」一文的

的報告和請示〉，1956年5月25日，河北省檔案館，編號864-1-157。

28 有關概述，參見Chang-tai Hung, "Mao's: Parades: State Spectacles in China in the 1950s〔毛的遊行：中國1950年代的國家景觀〕," *China Quarterly*, no. 190 (2007), pp. 411–431; Wu Huang, *Remaking Beijing: Tiananmen Square and the Creation of a Political Space*〔重塑北京：天安門廣場與政治空間的創立〕(London: Reaktion, 2005), especially Chapter 2 and 3.

29 〈中央關於懸掛領袖像的規定〉，1949年10月7日，載中共中央宣傳部辦公廳和中央檔案館編研部編：《中國共產黨宣傳工作文獻選編》，第3卷（1949–1956）（北京：學習出版社，1996），頁1。

30 〈中央關於「七一」紀念節報紙刊登領袖像的指示〉，1950年6月26日，載《中國共產黨宣傳工作文獻選編》，第3卷，頁89。

31 〈中央關於慶祝八一掛領袖像的規定〉，1950年7月22日，載《中國共產黨宣傳工作文獻選編》，第3卷，頁102。

32 〈中央關於國慶紀念辦法的規定〉，1950年9月8日，載《中國共產黨宣傳工作文獻選編》，第3卷，頁116、117。另參見〈河北省委關於國慶日慶祝辦法的指示〉，1950年9月15日，河北省檔案館，編號855-1-46。

33 〈中央關於「五一」節宣傳要點和紀念辦法的通知〉，1952年4月17日，載《中國共產黨宣傳工作文獻選編》，第3卷，頁356–357。

34 〈中央關於「五一」遊行時領袖像排列順序的補充通知〉，1952年4月27日，載《中國共產黨宣傳工作文獻選編》，第3卷，頁358。

35 〈中央關於懸掛領袖像的通知〉，1954年12月23日，河北省檔案館，編號855-17-215。

36 同上。

37 〈中共中央批轉中宣部關於印刷和發行領袖像問題的報告〉，1953年7月31日，河北省檔案館，編號855-2-266。

38 〈河北省委關於紀念「五一」節的通知〉，1953年4月18日，河北省檔案館，編號855-17-58。

39 〈中央關於「五一」節宣傳要點和紀念辦法的通知〉，1954年4月10日，河北省檔案館，編號855-17-255。

40 〈中央關於1953年國慶節紀念辦法的通知〉，1953年9月12日，載《中共共產黨宣傳工作文獻選編》，第3卷，頁575、576。

41 〈河北省委請示國慶節抬像順序問題〉，1955年8月30日，河北省檔案館，編號855-3-787。

42 〈中央關於1956年「五一」節宣傳內容和紀念辦法的通知〉，1956年4月13

日，河北省檔案館，編號855-9-3983。

43 〈中央關於紀念「五一」節會場掛像和遊行時拿像辦法的通知〉，1956年4月18日，河北省檔案館，編號855-9-3983。

44 〈中央關於「五一」節掛像的補充通知〉，1956年4月27日，河北省檔案館，編號855-9-3983。

45 〈中央關於掛像問題的通知〉，1956年6月25日，河北省檔案館，編號855-9-3983。

46 有關1956年年中《人民日報》的情況以及對於總編鄧拓在其中所處角色的重要論述，參見Timothy Cheek, *Propaganda and Culture in Mao's China: Deng Tuo and the Intelligentsia*〔毛澤東中國的宣傳與文化：鄧拓與知識分子〕(Oxford: Oxford University Press, 1998), pp. 145–148.

47 〈中發〔1956〕124，中共中央批轉人民日報編輯委員會向中央的報告〉，1956年8月1日，河北省檔案館，編號855-9-3983。

48 同上，頁1。

49 有關1960年代外國記者獲取《人民日報》統計數據的困難，參見Jacques Marcuse, *The Peking Papers: Leaves from the Notebook of a China Correspondent*〔北京文件：一位中國記者筆記本的片斷〕(New York: Dutton, 1967), p. 108.

50 〈中發〔1956〕124，中共中央批轉人民日報編輯委員會向中央的報告〉，頁8、9。

51 舉例參見孫長獻：《反對個人崇拜》(北京：人民出版社，1956)。

52 玄珠：〈談獨立思考〉，《人民日報》1956年7月3日，第8版。

53 《宣教動態》，1956年10月26日第20期，頁1–4。

54 〈中發〔1956〕133，中共中央關於黨的第八次全國代表大會宣傳報道工作的通知〉，1956年9月3日，河北省檔案館，編號855-9-3893。

55 *The Eighth National Congress of the Communist Party of China: Documents* (Beijing: Foreign Languages Press, 1981), p. 108f.

56 Ibid., p. 202.

57 Ibid., p. 211.

58 Ibid., p. 228.

59 中共中央文獻研究室編：《建國以來毛澤東文稿》，第4冊，頁238。

60 同上，第1冊，頁362。

61 參見逄先知、金沖及：《毛澤東傳 (1949–1976)》，第1卷 (北京：中央文獻出版社，2003)，頁535。

62 《中國共產黨第八次全國代表大會文件》，頁211。

第 2 章　商品二重性

1　目前為止已發表的有關中華人民共和國建立之初的民意性質的報告十分稀少。有關其他獨裁政權的相關經歷的啟發性的論文集，參見 Paul Corner, *Popular Opinion in Totalitarian Regimes: Fascism, Nazism, Communism*〔極權國家的輿論：法西斯主義、納粹主義、共產主義〕(Oxford: Oxford University Press, 2009).

2　《宣教動態》，第 20 期，頁 1。

3　同上，頁 4。

4　同上，頁 6。

5　參見 Lorenz M. Lüthi, *The Sino-Soviet Split: Cold War in the Communist World*〔中蘇分裂：共產主義世界中的冷戰〕(Princeton, NJ: Princeton University Press, 2008), p. 54ff.

6　吳冷西：《十年論戰》，上冊，頁 39。

7　〈中共中央關於新華社記者採寫內部參考資料的規定〉，1953 年 7 月，載中共中央宣傳部辦公廳編：《黨的宣傳工作文件選編》，第 1 卷 (1949–1966)（北京：中共中央黨校出版社，1994），頁 138。

8　《宣教動態》，1956 年 11 月 4 日第 25 期，頁 1。

9　同上，1956 年 11 月 7 日第 26 期，頁 3。

10　同上，第 25 期，頁 2。

11　同上，第 25 期，頁 5。另參見《宣教動態》，第 26 期，頁 40。一週之後，中國某基督教教堂的成員將東歐近來的發展和英法入侵蘇伊士運河視為大決戰到來的信號，參見《宣教動態》，1956 年 11 月 11 日，頁 28。

12　《宣教動態》，第 25 期，頁 6。

13　同上，1956 年 11 月 15 日第 29 期，頁 4。

14　吳冷西：《憶毛主席：我親身經歷的若干重大歷史事件片段》，頁 17。

15　同上，頁 19。

16　吳冷西：〈同家英同志工作的日子〉，載董邊、鐔德山、曾自編：《毛澤東和他的秘書田家英》（北京：中央文獻出版社，1996），頁 117。

17　Editorial Department of the People's Daily, *More on the Historical Experience of the Dictatorship of the Proletariat* (Beijing: Foreign Languages Press, 1959), p. 35f.

18　Ibid., p. 47f.

19　Ibid., p. 49.

20　在 1957 年 3 月的一次內部會議上，康生指出了這個關鍵的差異，「〈論歷史

經驗〉和〈再論歷史經驗〉基本是一樣的。但是兩者有個重要的區別,第一篇文章提到了反對個人崇拜的問題,第二篇則沒有再提這個説法」。李學坤、張培航:〈黨內個人崇拜的歷史考察:兼駁康生的造神謬論〉,《黨史研究》,1981年第2期,頁23。

21 比較一下 Frederick C. Teiwes, *Politics and Purges in China: Rectification and the Decline of Party Norms, 1950–1965*〔中國的政治與清洗:整風與黨規的衰落 (1950–1965)〕(Armonk, NY: M. E. Sharpe, 1979).

22 〈中央關於學習「改造婦女的學習」等五個文件的通知〉,1956年6月17日,河北省檔案館,編號855-9-3983。

23 Raymond F. Wylie, "Mao Tse-tung, Ch'en Po-ta and the 'Sinification of Marxism,' 1936–1938〔毛澤東、陳伯達與「馬克思主義中國化」(1936–1938)〕," *China Quarterly*, 79(1979), pp. 447–480.

24 《宣教動態》,1956年10月30日第21期,頁7。

25 〈中共中央關於擴大「參考消息」訂閱範圍的通知〉,1956年12月18日,載《中國共產黨宣傳工作文獻選編》,第3卷,頁1198。

26 〈中央宣傳部對新華通訊社關於「參考消息」改版擴大發行後編輯方針的意見的批覆〉,1957年3月12日,載於《中國共產黨宣傳工作文獻選編》,第4卷,頁17及之後。

27 〈中央批轉中央宣傳部關於進一步擴大「參考消息」閱讀範圍的報告〉,載於《中國共產黨宣傳工作文獻選編》,第4卷,頁119、120。

28 參見〈中央宣傳部批轉新華社關於擴大「參考消息」發行範圍的幾點補充意見〉,1957年1月16日,河北省檔案館,編號855-4-1045。

29 與《人民日報》發表的大幅改動後的紙版內容相對比,毛澤東這次講話的英文翻譯,參見 Roderick MacFarquhar, Tomothy Cheek, and Eugene Wu eds., *The Secret Speeches of Chairman Mao: From the Hundred Flowers to the Great Leap Forward*, pp. 131–180.

30 Ibid., p. 155.

31 Vladimir I. Lenin, "On the Question of Dialectics (1915)〔談談辯證法問題 (1915)〕," in *Collected Works*, vol. 38 (Moscow: Progress,1972), pp. 355–364.

32 Roderick MacFarquhar, Timothy Cheek, and Eugene Wu (eds.), *The Secret Speeches of Chairman Mao: From the Hundred Flowers to the Great Leap Forward*, p. 173.

33 Ibid., pp. 177, 118.

34 Ibid., p. 170.

35 毛之後嚴厲地批評了《人民日報》未能如其所願立即發表他3月12日講話的

行為；參見吳冷西：《憶毛主席：我親身經歷的若干重大歷史事件片段》，頁41、42。有關造成上述延遲的複雜原因以及鄧拓作為替罪羊的角色，參見Timothy Cheek, *Propaganda and Culture in Mao's China: Deng Tuo and the Intelligentsia*, pp. 177–182.

36　〈中共河北省委辦公廳有關思想工作的一些問題的彙集〉，1957年4月14日，河北省檔案館，編號864-1-187。

37　譯註：約為57市斤。

38　中共河北省委辦公廳：〈全省宣傳工作會議分組討論的問題彙集〉，1957年4月16日，河北省檔案館，編號864-1-187。

39　同上，頁5。

40　〈中共河北省委宣傳部關於當前黨內外幹部一些思想情況向省委及中央宣傳部的報告〉，1957年5月24日，河北省檔案館，編號864-1-187。

41　Roderick MacFarquhar, *The Hundred Flowers Campaign and the Chinese Intellectuals*〔百花齊放運動與中國知識分子〕(New York: Praeger, 1960), pp. 93, 94,

42　中共中央文獻研究室：《建國以來毛澤東文稿》，第6冊，頁488。

43　同上，頁469。

44　Jung Chang and Jon Halliday, *Mao: The Unknown Story*, p. 416 ff.

45　參見Elizaberh Perry, "Shanghai's Strike Wave of 1957〔上海1957年罷工潮〕," Timothy Cheek and Tony Saich (eds.), *New Perspectives on State Socialism in China*, pp. 234–261.

46　另參見Joel Andreas, "The Structure of Charismatic Mobilization: A Case Study of Rebellion during the Cultural Revolution," p. 437.

47　Roderick MacFarquhar, *Contradictions among the People, 1956–1957*, p. 278.

48　〈陳銘樞公然污蔑毛主席：民革中央小組一致痛斥陳銘樞狂妄無知〉，《人民日報》，1957年7月15日，第2版。

49　Roderick MacFarquhar, *Contradictions among the People, 1956–1957*, p. 283ff.

50　Ibid., p. 270.

51　中國人民解放軍國防大學黨史黨建政工教研室編：《中共黨史教學參考資料》，第22冊 (北京：國防大學出版社，1980)，頁265。

52　吳冷西：《憶毛主席：我親身經歷的若干重大歷史事件片段》，頁36。

53　〈是不是立場問題？〉，《人民日報》，1957年6月14日，第1版；〈再論立場問題〉，《人民日報》，1957年6月29日，第1版。

54　〈目前全國右派分子的改造情況〉，載中國公安部編：《公安工作簡報》，1959年9月20日第67期，頁2。感謝沈邁克為我提供該資料。

55 有關不同省份的情況，參見韓鋼：〈整風運動和反右派鬥爭〉，載於郭德
宏、王海光、韓鋼編：《曲折探索（1956–1966）》（成都：四川人民出版社，
2004），特別是頁170–179。

56 若水：〈論「歌功頌德」和「反對現狀」〉，《人民日報》，1957年7月11日，第
5版。

57 Michael Schoenhals, "Mao Zedong: Speeches at the 'Moscow Conferences'〔毛澤
東：「莫斯科會議」上的講話〕," *Journal of Communist Studies*, 2, no. 2(1986),
pp. 110, 111.

第3章　重新定義「崇拜」

1 Michael Schoenhals, "Saltationist Socialism〔突變的社會主義〕," Ph. D.
dissertation: Stockholm, 1987, p. 177, n. 6.

2 〈毛澤東在中共成都會議的講話（第一部分）〉，《問題與研究》（*Issues and
Studies*），第11卷（1973），頁97。

3 〈毛澤東在中共成都會議的講話（第二部分）〉，《問題與研究》（*Issues and
Studies*），第12卷（1973），頁108。

4 同上，頁97、98。

5 《毛澤東思想萬歲》，未刊稿，1969年，頁162。

6 許建華：〈毛澤東同志由反對個人崇拜到接受個人崇拜的過程〉，《黨史研
究》，1984年第5期，頁72–78。

7 〈毛澤東在中共成都會議的講話（第一部分）〉，頁97。

8 《毛澤東思想萬歲》，頁162。

9 〈毛澤東在中共成都會議的講話（第二部分）〉，頁111。

10 引自Roderick MacFarquar, *The Origins of the Cultural Revolution: 2, The Great Leap
Forward, 1958–1960*〔文化大革命的起源：第2卷，大躍進（1958–1960）〕
(New York: Columbia University Press, 1983), pp. 54, 55. 強調的效果為原文所標
註。

11 叢進：《曲折發展的歲月》（鄭州：河南人民出版社，1989），頁117。

12 林蘊暉：〈20世紀60年代個人崇拜的起源〉，《黨史博覽》，2005年第11
期，頁36。

13 同上，頁36。

14 〈毛澤東在中共成都會議的講話（第二部分）〉，頁111。

15 Michael Schoenhals, "Saltationist Socialism," pp. 23–25, 39.

16 Karl R Popper, *The Open Society and Its Enemies*〔開放社會及其敵人〕, vol.1(Princeton, NJ: Princeton University Press, 1963), pp. 157–168.

17 毛澤東：《毛澤東詩詞 (中英對照版)》(北京：商務印書館，1976)，頁 92、93。

18 〈中發〔1957〕39，中共中央關於禁止用個人名字做地名、街名和企業等名字的通知〉，1957 年 11 月 20 日，河北省檔案館，編號 855-4-1045。

19 河北省宣傳部編：《1958–1965 大事記》，1966 年 2 月 21 日，未刊稿，頁 9。

20 馮客 (Frank Dikötter) 在他最近關於大饑荒的歷史著作中，引用內部資料稱大饑荒的死亡人數至少為 4,500 萬人，Frank Dikötter, *Mao's Great Famine: The History of China's Most Devastating Catastrophe, 1958–1962*〔毛澤東的大饑荒：中國浩劫史 (1958–1962)〕(London: Bloomsbury, 2010), p. 333.

21 叢進：《曲折發展的歲月》，頁 305、306。

22 Pierre Bourdieu, *Language and Symbolic Power*〔語言與象徵權力〕(Cambridge: Polity Press, 1991), p. 78.

23 Roderick MacFarquar, *The Great Leap Forward*, p. 268.

24 另參見 Sergey Radchenko, *Two Suns in the Heavens: The Sino-Soviet Struggle for Supremacy, 1962–1967*〔天上的兩個太陽： 中蘇霸權之爭 (1962–1967)〕(Washington: Woodrow Wilson Center Press, 2009), p. 91.

25 參見附錄 Q 載於 John Gittings, Survey of the Sino-Soviet Dispute: A Commentary and Extracts from the Recent Polemics 1963–1967〔中蘇爭端的調查：近期論戰的評論和摘錄 (1963–1967)〕(London: Oxford University Press, 1968), p. 367.

26 〈恩維爾·霍查同志的講話 (之一)〉，《人民日報》，1961 年 11 月 17 日，第 5 版。

27 〈中發〔1961〕717，中央關於蘇阿關係問題的指示〉，1961 年 11 月 17 日，河北省檔案館，編號 855-6-2033。

28 同上。

29 〈中發〔1961〕739，中央批轉東北局「關於幹部，群眾議論蘇共二十二大有關問題時應注意事項的通知」〉，1961 年 11 月 25 日，河北省檔案館，編號 855-6-2033。

30 Alexander Dallin, Jonathan Harris, and Grey Hodnett (eds.), *Diversity in International Communism: A Documentary Record, 1961–1963*〔國際共產主義的多樣性：文獻記錄 (1961–1963)〕(New York: Columbia University Press, 1963), p. 750.

31 *The Polemic on the General Line of the International Communist Movement*〔關於國際共產主義運動總路線的論戰〕(Beijing: Foreign Languages Press, 1965), p. 515.

32 吳冷西：《十年論戰》，下冊，頁591。

33 王力：《現場歷史：文化大革命紀實》(香港：牛津大學出版社，1993)，頁20。

34 阿爾巴尼亞媒體在論戰中持續批判所謂的反對個人崇拜，其主要文章在中國被重印，例如阿爾巴尼亞《人民之聲報》編輯部：《徹底揭露赫魯曉夫集團關於所謂反對「個人迷信」的危險陰謀》(北京：人民出版社，1964)。

35 *The Polemic on the General Line of the International Communist Movement*, p. 539.

36 Ibid., p. 563.

37 吳冷西：《十年論戰》，下冊，頁538、539。

38 *The Polemic on the General Line of the International Communist Movement*, p. 126.

39 Ibid., p. 134.

40 Ibid., p. 133.

41 中共中央文獻研究室編：《建國以來毛澤東文稿》，第10冊，頁369。

42 *The Polemic on the General Line of the International Communist Movement,* pp. 137, 138.

43 林陵：〈從「按勞分配，按需分配」的正譯想起的〉，《人民日報》，1958年12月25日，第8版。

44 同上。

45 蘇聯國防部部長羅季昂‧馬利諾夫斯基 (Rodion Malinovsky) 在1964年11月7日克里姆林宮的招待會上遇到前來莫斯科的中國代表團成員賀龍元帥時，問及中國何時能夠像蘇共廢黜赫魯曉夫那樣擺脫毛澤東，在這之後，赫魯曉夫下台後的中蘇關係的和緩變得不再可能。參見中共中央文獻研究室編：《周恩來年譜 (1949–1976)》，第2卷 (1997)，頁686。

46 同上，頁668。

47 這種說法在1960年8月1日《解放軍報》紀念中國人民解放軍建軍33週年的社論中首次公開提及。

第二篇　卡里斯馬式的動員

第4章　活學活用

1 參見 Frederick C. Teiwes and Warren Sun, *The Tragedy of Lin Biao: Riding the Tiger during the Cultural Revolution, 1966–1971*〔林彪的悲劇：在文化大革命中騎虎難下 (1966–1971)〕(Honolulu: University of Hawaii Press, 1996); Jin Qiu, *The*

Culture of Power: The Lin Biao Incident in the Cultural Revolution〔權力的文化：文化大革命中的林彪事件〕(Stanford, CA: Stanford University Press, 1999).

2　Frederick C. Teiwes, *Politics at Mao's Court: Gao Gang and Party Factionalism in the Early 1950s*〔毛朝廷的政治：1950年代前期高崗與黨的派系鬥爭〕(Armonk, NY: M. E. Sharpe, 1990).

3　于俊道編：《共和國領袖、元帥、將軍交往實錄》(成都：四川人民出版社，2001)，頁4。

4　同上，頁2。

5　根據林彪自己的說法，他是一個口齒不清的人，參見Michael Schoenhals, *Doing Things with Words in Chinese Politics: Five Studies*, p. 4.

6　「中國人民解放軍通鑒」編輯委員會編：《1927–1996：中國人民解放軍通鑒》第2卷(蘭州：甘肅人民出版社，1997)，頁1703。

7　引自林彪：〈在全軍高級幹部會議上的講話〉，1958年5月，載《以林副統帥為光輝榜樣無限忠於偉大領袖毛主席》，上冊(北京：出版日期不明)，頁273及之後。

8　《解放軍通鑒》，第2卷，頁1800。

9　軍事科學院軍事歷史研究部編：《中國人民解放軍六十年大事記(1927–1987)》(北京：軍事科學出版社，1988)，頁578。

10　中共中央文獻研究室編：《建國以來毛澤東文稿》，第9冊，頁177。

11　林彪：〈在全軍高級幹部的會議上〉，1960年10月，載《以林副統帥為光輝榜樣無限忠於偉大領袖毛主席》，上冊，頁322。

12　同上，頁340。

13　軍事科學院：《解放軍六十年》，頁588。

14　此項運動的名稱由159部隊的一位班長——徐榮新提出，以此來提高大躍進期間軍事訓練的質量；參見王濟寧：〈戰術動作要活教活學活用〉，《解放軍報》，1958年7月11日，第1版。

15　《以林副統帥為光輝榜樣無限忠於偉大領袖毛主席》，上冊，頁276。

16　同上，頁276、277。

17　林彪：〈在全軍高級幹部會議上的講話(節錄)〉，1960年12月，載《以林副統帥為光輝榜樣無限忠於偉大領袖毛主席》，上冊，頁306。

18　沈大偉(David Shambaugh)指出了林彪所樹立的形象與在他的庇護下持續增長的實際軍費之間的區別，參見David Shambaugh, "Building the Party State in China, 1949–1965: Bringing the Soldier Back〔建立黨–國體制的中國(1949–1965)：讓戰士回來〕," Timothy Cheek and Tony Saich (eds.), *New Perspectives on*

State Socialism in China, pp. 144, 145. 這與林彪的習慣相符，他一方面公開呼籲政治學習，另一方面甚至在1960年10月他還宣稱60%至80%的時間應該用來進行軍事訓練而不是政治學習，以防止中國人民解放軍變成「假部隊」。參見《以林副統帥為光輝榜樣無限忠於偉大領袖毛主席》，上冊，頁330、331。

19　林彪：〈視察部隊時的指示（節錄）〉，1961年4月，載《以林副統帥為光輝榜樣無限忠於偉大領袖毛主席》，上冊，頁373。

20　林彪：〈今年怎樣練兵〉，1944年10月18日，載《以林副統帥為光輝榜樣無限忠於偉大領袖毛主席》，上冊，頁92、93。另參見上書，頁338。

21　〈工作通訊〉第1期，1961年1月1日，載 J. Chester Cheng (ed.), *The Politics of the Chinese Red Army: A Translation of the Bulletin of Activities of the People's Liberation Army*〔中國紅軍的政治：中國人民解放軍工作通訊的翻譯〕(Stanford: Hoover Institution on War, Revolution, and Peace, 1966), p. 13.

22　Ibid., p. 13.

23　《以林副統帥為光輝榜樣無限忠於偉大領袖毛主席》，上冊，頁301。

24　同上，頁326、327。

25　毛完全支持「四個第一」的説法，並且把它們稱作「偉大的創造」和「發明」，參見 Li Zhisui and Anne F. Thurston, *The Private Life of Chairman Mao: The Memoirs of Mao's Personal Physician Dr. Li Zhisui*〔毛主席的私人生活：毛澤東私人醫生李志綏回憶錄〕(New York: Random House, 1994), p. 412.

26　〈河北省委宣傳部關於在新聞出版部門開展保密的檢查和進行幹部人員審查清理工作的通知〉，1960年7月19日，河北省檔案館，編號864-1-229。

27　1960年在河北省發行的83份內部刊物中，68份因紙荒、冗長或泄密等原因被取消。其中的一個典型案例就是《代食品簡報》，在第80期上，《代食品簡報》報道了張家口附近的於村的狀況，那裏約13,600病人中的80%都在忍受着粗糙不堪的代食品。參見〈河北省委宣傳部關於整頓省級內部刊物的情況和意見向省委報告〉，1961年3月25日，河北省檔案館，編號864-1-249。

28　J. Chester Cheng (ed.), *The Politics of the Chinese Red Army: A Translation of the Bulletin of Activities of the People's Liberation Army*, p. 15.

29　〈工作通訊〉第7期，1961年2月1日，載 *The Politics of the Chinese Red Army: A Translation of the Bulletin of Activities of the People's Liberation Army*, p. 211.

30　〈加強連隊思想工作的一把鑰匙：記蘭州部隊的憶苦運動〉，《解放軍報》，1960年9月28日，第2版。使用對比和紀念的手段來讓當前的政策合理化

的方法以前就曾在軍隊使用，舉例參見《解放軍六十年》，頁 564。

31　〈工作通訊〉第 4 期，1961 年 1 月 11 日，載 *The Politics of the Chinese Red Army: A Translation of the Bulletin of Activities of the People's Liberation Army*, p. 97.

32　Ibid., p. 97.

33　Ibid., p. 109.

34　Ibid., p. 103.

35　Ibid., p. 110.

36　〈工作通訊〉第 7 期，1961 年 2 月 1 日，載 *The Politics of the Chinese Red Army: A Translation of the Bulletin of Activities of the People's Liberation Army*, p. 205.

37　參見〈工作通訊〉第 11 期，1961 年 3 月 2 日，載 *The Politics of the Chinese Red Army: A Translation of the Bulletin of Activities of the People's Liberation Army*, p. 278.

38　〈工作通訊〉第 15 期，1961 年 4 月 5 日，載 *The Politics of the Chinese Red Army: A Translation of the Bulletin of Activities of the People's Liberation Army*, p. 413.

39　Ibid.

40　〈工作通訊〉第 14 期，1961 年 3 月 29 日，載 *The Politics of the Chinese Red Army: A Translation of the Bulletin of Activities of the People's Liberation Army*, pp. 390, 391.

41　《解放軍通鑒》，第 2 卷，頁 1866。

42　有關該運動計劃之混亂的概述參見 Roderick MacFarquhar, *The Coming of the Cataclysm, 1961–1966*〔災難的來臨（1961–1966）〕(Oxford, New York: Oxford University Press and Columbia University Press, 1997), pp. 338, 339.

43　參見 1963 年毛澤東與王力的談話，毛澤東說他最信任的三個人是羅榮桓、鄧小平和陳雲，引自 Jin Qiu, *The Culture of Power: The Lin Biao Incident in the Cultural Revolution*, p. 60.

44　黃瑤：《羅榮桓年譜》（北京：人民出版社，2002），頁 780。

45　同上，頁 816。

46　《中國共產黨宣傳工作文獻選編》，第 4 卷，頁 184、185。

47　同上，頁 184、185。

48　《大批判資料選編：陸定一反革命修正主義教育言論摘編》，上海：《內刊》反修兵，1967 年 5 月，頁 2。

49　黃瑤：《羅榮桓年譜》，頁 835。

第 5 章　紅寶書

1　散木：〈關於「文革」前後毛澤東著作的出版始末〉，《社會科學論壇》，2004

年第1期，頁89。根據《健力士世界紀錄》（2006），自1815年起《聖經》的發行數量為25億冊。

2　上述估算是根據文化部出版的內部新聞刊物《文化動態》做出的。參見劉杲、石峰編：《新中國出版五十年紀事》（北京：新華出版社，1999），頁97。

3　舉例參見Yan Jiaqi and Gao Gao, *Turbulent Decade: A History of the Cultural Revolution*〔動亂的十年：文化大革命史〕(Honolulu: University of Hawaii Press, 1995), Chapter 11.

4　《以林副統帥為光輝榜樣無限忠於偉大領袖毛主席》，上冊，頁373。

5　黃瑤：《羅榮桓年譜》，頁836。

6　參見韋梅雅：〈《毛主席語錄》出版揭秘〉，《黨史博覽》，2004年第7期，頁5。

7　參見〈南宮縣委中心學習小組學習毛主席著作的情況（初稿）〉，1964年4月3日，河北省檔案館，編號864-1-335。

8　〈河北省委宣傳部關於當前幹部，群眾學習毛主席著作情況的彙報〉，1964年4月19日，河北省檔案館，編號864-1-335，頁1。

9　同上，頁8。

10　〈中國共產黨河北省委員會關於討論《毛主席語錄》樣本意見的報告〉，1966年2月10日，河北省檔案館，編號855-20-1618，頁1。

11　吳奇斯、李斌（音）：〈黑板報：活思想教育的陣地〉，《解放軍報》，1965年1月16日，頁2。

12　Helmut Martin: *Cult and Canon: The Origins and Development of State Maoism*, p. 30.

13　韋梅雅：〈《毛主席語錄》編發全程尋蹤〉，《炎黃春秋》，1993年第8期，頁15。

14　劉杲、石峰：《新中國出版五十年紀事》，頁91。

15　參見毛澤東：〈在視察各地方工作時的講話〉，1965年11月，載《中國文化大革命文庫》。

16　韋梅雅：《〈毛主席語錄〉出版揭秘》，頁8。

17　同上，頁16。

18　所引文件的日期據稱是1965年12月28日；參加上書，頁20。

19　參見〈中國共產黨河北省委員會關於討論《毛主席語錄》樣本意見的報告〉，頁2。

20　同上，頁3。

21　同上，頁7。

22　劉杲、石峰：《新中國出版五十年紀事》，頁96。

23　韋梅雅：《〈毛主席語錄〉編發全程尋蹤》，頁18。

24　〈中發〔1966〕118，中央同意文化部黨委關於《毛澤東選集》印製發行工作的
　　報告〉，1966年2月21日，河北省檔案館，編號855-20-1336。

25　劉杲、石峰：《新中國出版五十年紀事》，頁97頁。

26　河北省新華書店編：《河北圖書發行誌》，第2卷，頁118及之後。

27　同上，頁172。

28　〈中華人民共和國文化部關於《毛澤東選集》發行工作的通知〉，1966年3月
　　3日，河北省檔案館，編號1030-2-325。

29　〈中發〔1966〕182，中央批轉文化部黨委關於《毛主席語錄》印製發行工作的
　　請示報告〉，1966年3月23日，河北省檔案館，編號855-20-1336。

30　同上。

31　〈河北省文化局批轉省人委外辦關於不向外國人贈送《毛主席語錄》的通
　　知〉，1966年3月21日，河北省檔案館，編號1030-2-325。

32　〈中央宣傳部關於外國專家、留學生需要《毛主席語錄》的問題的通知〉，
　　1966年4月20日，河北省檔案館，編號864-2-340。

33　〈關於總政辦《毛主席語錄》複製公行事〉，1966年4月22日，河北省檔案
　　館，編號1030-2-322。

34　印有毛主席肖像的頁面上不能出現任何斑點。參見〈河北人民出版社關於
　　《毛主席語錄》的印製規格和印裝質量要求〉，1966年5月1日，河北省檔案
　　館，編號1030-2-322。

35　〈毛主席語錄十萬成本計算單〉，1966年4月，河北省檔案館，編號1030-2-
　　322。

36　〈冀發〔1966〕62，河北省委批轉省文化局黨組關於《毛主席語錄》印製發行
　　工作的請示報告〉，1966年4月24日，河北省檔案館，編號855-20-1618。

37　〈冀發〔1967〕2，關於重視和加強毛主席著作發行人員的通知〉，1967年1月
　　16日，河北省檔案館，編號907-7-389。

38　毛澤東：〈在八屆十中全會上的講話〉，1962年9月24日，載《中國文化大
　　革命文庫》。

39　鄭謙：〈對新編歷史劇《海瑞罷官》的批判〉，載郭德宏、王海光和韓鋼編：
　　《十年風雨（1966–1976）》（成都：四川人民出版社，2004），頁4及之後頁
　　數。

40　姚文元：〈評新編歷史劇《海瑞罷官》〉，《文匯報》，1965年11月10日。

41 林彪：〈在中央政治局擴大會議上的講話〉，1966年5月18日，載《中國文化大革命文庫》。

42 Roderick MacFarquhar and Michael Schoenhals, *Mao's Last Revolution*〔毛澤東最後的革命〕(Cambridge: Belknap Press of Harvard University Press, 2006), pp. 38, 39.

43 林彪：〈在中央政治局擴大會議上的講話〉，載《中國文化大革命文庫》。

44 同上。

45 同上。

46 方求：〈不能迴避要害問題：評吳晗同志「關於《海瑞罷官》的自我批評」〉，《人民日報》，1966年4月7日，第6版。

47 周恩來：〈在中央政治局擴大會議上的講話〉，1966年5月21日，載《中國文化大革命文庫》。

48 高文謙：《晚年周恩來》(紐約：明鏡出版社，2003)，頁111。

49 參見林彪：〈在中央政治局擴大會議上的講話〉，載《中國文化大革命文庫》。林彪在1966年1月的一個部隊政治工作會議上首次使用此說法；參見林彪：〈在全軍政治工作會議上的報告中的重要指示〉，1966年1月24日，載《中國文化大革命文庫》。

第6章　個人崇拜的景象

1 參見Ian Kershaw, "'Working towards the Führer': Reflections on the Nature of the Hitler Dictatorship〔「為元首工作」：希特勒獨裁統治性質的反思〕," in Ian Kershaw and Moshe Lewin (eds.), *Stalinism and Nazism: Dictatorship in Comparison*〔斯大林主義與納粹主義：獨裁統治比較〕(Cambridge: Cambridge University Press, 1997), pp. 88–106. 另參見Roderick MacFarquhar and Michael Schoenhals, *Mao's Last Revolution*, p. 47.

2 這份報告比較了與毛澤東思想及其實踐相關的文章所佔的相對百分比。北京日報辦公室編：〈看《解放軍報》想到的幾個問題〉，1965年5月28日。

3 Lin Biao, "Foreword to the Second Edition of Quotations from Chairman Mao Tse-tung〔毛主席語錄再版前言〕," in *Quotations from Chairman Mao Tse-tung* (Beijing: Foreign Languages Press, 1966), p. 1.

4 〈毛主席和林彪、周恩來等同志接見了學生代表並檢閱了文化大革命大軍的遊行〉，《人民日報》，1966年8月19日，第1版。

5 張輝燦、葉介甫：〈我所親歷的毛主席八次接見紅衛兵〉，《黨史博采》，2006年第2期，頁32。

6　呂鴻：〈我任紅衛兵接待總站站長的日子〉，《炎黃春秋》，1998年第12期，頁46。

7　林彪：〈在慶祝文化大革命群眾大會上的講話〉，1966年8月18日，載《中國文化大革命文庫》。

8　張輝燦、葉介甫：〈我所親歷的毛主席八次接見紅衛兵〉，頁33。

9　對比《學習資料》（北京：內部刊物，1969），頁190–194。

10　呂鴻：〈我任紅衛兵接待總站站長的日子〉，頁46。

11　張輝燦、葉介甫，〈我所親歷的毛主席八次接見紅衛兵〉，頁35。

12　舉例參見貝管城：Bei Guancheng, "I Saw Chairman Mao!!!〔我見到了毛主席！！！〕," in Michael Schoenhals (ed.), *China's Cultural Revolution 1966–1969: Not a Dinner Party*〔中國文化大革命（1966–1969）：不是請客吃飯〕(Armonk, NY: M. E. Sharpe, 1996), pp. 148, 149.

13　〈無產階級文化大革命的綱領性文件〉，《紅旗》，第10期，1966年8月9日。

14　中共中央文獻研究室編：《周恩來年譜》，第3卷，頁70。

15　「毛澤東主義學校」（原26中）紅衛兵（紅旗）：〈破舊立新一百例〉，1966年8月，載《中國文化大革命文庫》。

16　〈中共中央關於各人民團體「主席」改稱「主任」（摘要）〉，1966年8月26日，載《中國文化大革命文庫》。

17　〈中發〔1966〕444，關於掛像問題的通知〉，1966年8月27日。儘管該文件名能夠在檔案館找到，但是原始文件目前還無法接觸研究。

18　中共中央文獻研究室編：《周恩來年譜》，第3卷，頁50。

19　參見北京市豐台區地方誌編纂委員會編：《北京市豐台區誌》（北京：北京出版社，2001），頁49。

20　北京市公安局崇文分局編：《北京崇文公安史料》，第2卷（北京：內部刊物，2000），頁675。

21　繼西城分隊之後，9月9日東城區和海淀區也出現了分隊。1966年9月在武漢、上海、廣州等其他的中國城市也出現了糾察隊。

22　首都紅衛兵糾察隊西城分隊指揮部：〈首都紅衛兵糾察隊（西城分隊）宣告成立〉，1966年8月25日，載《中國文化大革命文庫》。

23　〈把反革命組織「西糾」拿出來示眾：西城糾察隊罪行錄〉，《東方紅報》，1967年3月9日，重印於《新紅衛兵資料》，第9卷，頁3231。（校註：有誤，雍文濤沒有擔任過瀋陽軍區政委。）

24　參見〈聯動的前身：「西城糾察隊」的罪惡史〉，載紅衛兵上海司令部編：《破爛「聯動」》（上海：內部刊物，1967年5月），頁33。

25 有關紅衛兵派系背後的複雜政治原因，參見Andrew Walder, *Fractured Rebellion: The Beijing Red Guard Movement*〔破碎的造反：北京紅衛兵運動〕(Cambridge: Harvard University Press, 2009).

26 中發〔1968〕72號文件宣布這種流行的說法是不科學的，〈中共中央、中央文革關於「世界革命的中心」論的重要通知〉，1968年5月18日，載《中國文化大革命文庫》。

27 〈中發〔1966〕450，中共中央，國務院關於組織外地高等學校革命學生，中等學校學生代表和革命教職工代表來京參觀文化大革命運動的通知〉，1966年9月5日，載《中國文化大革命文庫》。

28 同上。

29 原中共北京市委外地革命師生接待委員會編：《北京市接待來京串聯的革命師生和紅衛兵工作總結》，1967年9月，頁2。

30 同上，頁26。

31 同上，頁110。

32 同上，頁2及之後。

33 上海市公安局革命造反聯合指揮部和政治部造反隊編：《徹底揭露市公安局舊黨組御用工具：舊文革辦公室的滔天罪行2》，1967年9月，頁16。感謝沈邁克與我分享此份材料。

34 陳東林：《內亂與抗爭：「文化大革命」的十年(1966–1976)》(長春：吉林人民出版社，1994)，頁173。

35 趙豐：《「忠」字下的陰影：文化大革命中的怪現象》(北京：朝華出版社，1993)，頁28、29。

36 參見胡平、張勝友：〈歷史沉思錄：井岡山紅衛兵大串聯二十周年祭〉，載周明編：《歷史在這裏沉思：1966–1976年紀實》，第5冊(太原：北岳文藝出版社，1989)，頁43、53。

37 金大陸：〈上海接待外省紅衛兵的五個階段〉，《青年研究》，2005年第9期，頁45。

38 同上，頁46。

39 中共中央文獻研究室編：《建國以來毛澤東文稿》，第12冊，頁143。

40 卜偉華：〈批判「資產階級反動路線」〉，載郭德宏、王海光和韓鋼編：《十年風雨(1966–1976)》，頁106。

41 伊林・滌西：〈給林彪同志的一封公開信〉，1966年11月15日，載《中國文化大革命文庫》。英文翻譯參見Michael Schoenhals (ed.), *China's Cultural Revolution 1966–1969: Not a Dinner Party*, p. 161。

42 首都紅衛兵聯合行動委員會編：〈首都紅衛兵聯合行動委員會宣言〉，1966年12月5日，載《中國文化大革命文庫》。

43 同上。

44 徐友漁：《形形色色的造反：紅衛兵精神素質的形成及演變》（香港：中文大學出版社，1999），頁188。

45 〈聯動內幕〉，《東風》，1967年8月，頁4。重印於《新紅衛兵資料》，第10卷，頁3978。

46 〈聯動內幕〉，頁6。重印於《新紅衛兵資料》，第10卷，頁3980。

47 首都紅衛兵徹底摧毀「聯動」革命聯絡委員會和北京鋼院附中抗聯軍編：《聯動反毛澤東思想罪行50例》，1967年5月，頁6。

48 紅代會政法公社文革簡訊編輯部編：〈聯動動態〉，《文革簡訊》，1967年5月6日增刊第62期，頁4。

49 首都大專院校紅代會和摧毀反革命組織「聯動」展覽會編：《摧毀反革命組織「聯動」展覽會：內容介紹》，1967年8月。

50 〈中央文革參觀八一學校「聯動罪行展覽」時的講話〉，1967年3月8日，載《中國文化大革命文庫》。

第三篇 崇拜與屈從

1 唐少傑：《一葉知秋：清華大學1968年「百日大武鬥」》（香港：中文大學出版社，2003），頁260。

2 另參見 Frederick C. Teiwes and Warren Sun, *The End of the Maoist Era: Chinese Politics during the Twilight of the Cultural Revolution 1972–1976*, p. 31.

第7章 模糊的象徵

1 〈中發〔1967〕2，中共中央、國務院關於對大中學校革命師生進行短期軍政訓練的通知〉，1966年12月31日，載《中國文化大革命文庫》。

2 〈中共中央批轉毛主席關於院校和黨、軍、民機關軍訓的指示及兩個附件〉，1967年2月19日，載《中國文化大革命文庫》。

3 東方紅戰校編：《學習解放軍政治工作經驗》，未刊本，1966年12月。有關另一個團體發表的相同文件，參見 Michael Schoenhals (ed.), *China's Cultural Revolution 1966–1969: Not a Dinner Party*, pp. 65–75.

4 中共中央文獻研究室編：《周恩來年譜》，第3卷，頁151。

5　〈中發〔1967〕85，中共中央轉發毛主席批轉的「天津延安中學以教學班為基礎實現全校大聯合和鞏固，發展紅衛兵的體會」及附件〉，1967年3月8日，載《中國文化大革命文庫》。

6　鄧禮峰：〈「三支兩軍」述論〉，《當代中國史研究》，2001年第8卷第6期，頁50。

7　參見中共中央文獻研究室編：《建國以來毛澤東文稿》，第12冊，頁250、251；〈毛主席關於無產積極文化大革命的偉大戰略部署的指示〉，《人民日報》，1968年3月8日，第1版。

8　李可、郝生章：《「文化大革命」中的人民解放軍》(北京：中共黨史資料出版社，1989)，頁243。

9　黃永強 (音)：〈革命委員會機構情況 (瀋陽軍區參謀黃永強同志介紹)〉，載山東省衛生防疫站紅旗公社宣傳組編：《鬥批改參政資料》，未刊本，1968年，頁31。

10　鄧禮鋒：〈「三支兩軍」述論〉，頁46。

11　鄧禮鋒：〈人民解放軍的「三支兩軍」〉，載郭德宏、王海光和韓鋼編：《十年風雨 (1966–1976)》，頁196。

12　同上，頁176。

13　林彪：〈在軍以上幹部會議的講話〉，1967年3月20日，載《中國文化大革命文庫》。

14　鄧禮鋒：〈人民解放軍的「三支兩軍」〉，頁183。

15　〈毛主席永遠率領我們前進：記毛主席全身巨型塑像的落成〉，《井岡山報》，1967年5月6日，第5、6版。

16　有關這兩個派別，參見 Joel Andreas, "Battling over Political and Cultural Power during the Chinese Revolution〔中國文化大革命期間的政治和文化權力鬥爭〕," *Theory and Society*, 31(2002), p. 492ff.

17　〈我院隆重舉行鋁鑄毛主席像落成典禮〉，《東方紅》，1967年12月26日，第1版，重印於 Zhou Yuan (ed.), *Hongweibing ziliao: A New Collection of Red Guard Publications, Part I. Newspapers*〔紅衛兵資料：新編紅衛兵出版物，第一部分：報紙〕, vol. 6(Oakton, VA: Center for Chinese Research Materials, 1999), p. 1223.

18　毛澤東：〈在杭州同胡志明同志的講話 (節錄)〉，1966年6月10日，載《中國文化大革命文庫》。

19　毛澤東：〈給江青的信〉，1966年7月8日，載《中國文化大革命文庫》。

20　該信的真偽反覆受到質疑，舉例參見陳小雅：〈毛澤東給江青的信真偽辯〉，載丁凱文編：《重審林彪罪案》(紐約：明鏡出版社，2004)，頁614–620。

21　中共中央文獻研究室編：《建國以來毛澤東文稿》，第12冊，頁368。

22　同上，頁369，第1點。

23　有關中央文件的重新簽發，參見〈中發〔1967〕219，中共中央關於建造毛主席塑像問題的指示〉，1967年7月13日，載《中國文化大革命文庫》。

24　中共中央文獻研究室編：《建國以來毛澤東文稿》，第12冊，頁376，第2點。

25　林彪：〈給周總理和中央文革小組的一封信〉，1967年6月16日，載《中國文化大革命文庫》。

26　Michael Schoenhals, *Doing Things with Words in Chinese Politics: Five Studies*, pp. 41, 42.

27　林彪：〈關於宣傳工作的一封信〉，1967年12月13日，載《中國文化大革命文庫》。

28　因此許多塑像因藝術水平低下而被叫停，其中的一個例子是原本計劃在北京航空學院建造的塑像。參見〈周恩來接見國防科委代表的講話〉，1968年4月20日，載《中國文化大革命文庫》。

29　〈中央首長第六次接見天津赴京代表團談話紀要〉，1967年9月8日，載《中國文化大革命文庫》。

30　同上。

31　〈中發〔1967〕298，中共中央關於認真貫徹中央「7‧13」指示的通知〉，1967年9月13日，載《中國文化大革命文庫》。

32　參見〈中發〔1967〕222，中共中央關於印刷毛主席著作必須嚴肅的通知〉中提到的寧夏回族自治區的例子，1967年7月18日，載《中國文化大革命文庫》。（校註：有誤，貴州省革命委員會成立於1967年2月13日。）

33　〈中發〔1967〕321，中共中央關於上海市革委會查獲一個非法編印，販賣毛主席著作的投機倒把集團的通知〉，1967年10月20日，載《中國文化大革命文庫》。

34　〈中發〔1967〕357，中共中央與中央文革關於嚴禁自翻印未公開發表過的毛主席照片的通知〉，1967年11月27日，載《中國文化大革命文庫》。

35　Pierre Bourdieu, "The Social Space and the Genesis of Groups〔社會空間與群體的起源〕," *Theory and Society*, 14, no. 6 (Nov. 1985), p. 724.

36　貴州省革命委員會成立誓師大會：〈給毛主席的致敬電〉，1967年2月14日，載《革命委員會好》（西安：陝西人民出版社，1968），頁49。

37　李的「罪行錄」可見〈徹底批判李再含的錯誤言行：一百二十例〉（未刊稿，1969）。

38　〈貴州省革委會一封公開信〉，《山城春雷》，第27期 (1968)，頁9。

39　中共貴州省委黨史研究室編：《中國共產黨貴州省歷史大事記》(貴陽：貴州人民出版社，2001)，頁410。

40　參見〈「411」中衝擊公安廳的頭面人物居心何在？〉，《紅衞兵》(貴州)，1967年5月24日，頁4，重印於《紅衞兵資料》，第6卷，頁2936。

41　〈附件：「地化所一兵」的反革命信件〉，1967年5月24日，頁3、4，重印於《紅衞兵資料》，第6卷，頁2935。

42　〈「四一一」衝擊省革命委員會靜坐示威的真相〉，《六六戰報》，1967年7月9日，重印於《紅衞兵資料》，第10卷，頁4783。

43　〈「411」蓄意製造「大方事件」的真相〉，《六六戰報》，1967年7月9日，重印於《紅衞兵資料》，第10卷，頁4784。

44　同上，頁4784。

45　參見〈大方事件的真相(第二部分)〉，《411戰報》，1967年7月26日，重印於《紅衞兵資料》，第12卷，頁5721。

46　同上。

47　〈「411」蓄意製造「大方事件」的真相〉，頁4。

48　同上。

49　同上。

50　〈大方事件的真相(第一部分)〉，《411戰報》，1967年月26日，重印於《紅衞兵資料》，第12卷，頁5720。

51　〈黔西縣公安局來電話談「關於鴨池河翻車情況」〉，《六六戰報》，1967年7月13日，第2頁，重印於《紅衞兵資料》，第10卷，頁4786。另參見〈看你核心到幾時〉，《紅衞兵》(貴陽)，1967年8月27日，頁2，重印於《紅衞兵資料》，第6卷，頁2938。

52　〈召回〉，《411戰報》，1967年7月26日，頁2，重印於《紅衞兵資料》，第12卷，頁5719。

53　〈「四一一」衝擊省革命委員會靜坐示威的真相〉，頁3。

54　〈貴州革命史上的空前壯舉〉，《411戰報》，1967年7月26日，頁2，重印於《紅衞兵資料》，第12卷，頁5719。

55　Michael Schoenhals, "'Why Don't We Arm the Left?' Mao's Culpability for the Cultural Revolution's 'Great Chaos' of 1967〔「我們為什麼不把左派武裝起來？」毛澤東在1967年文革「大動亂」中的罪責〕," *China Quarterly*, 182 (2005), pp. 289, 290.

56 〈王力同志七月五日接見「8·26」代表時的講話〉，《六六戰報》，1967 年 7 月
　　13 日，頁 4，重印於《紅衛兵資料》，第 10 卷，頁 4788。

57 〈中發〔1967〕313，中共中央關於毛主席視察各地講話的通知〉，1967 年 10
　　月 7 日，載《中國文化大革命文庫》。

58 〈全國都來辦毛澤東思想學習班〉，《人民日報》，1967 年 10 月 12 日，第 1
　　版。

59 〈康生、李天煥對寧夏軍區及寧夏總指揮部代表的談話〉，1967 年 9 月 6 日，
　　載《中國文化大革命文庫》。

60 比如說，貴州的中央學習班只是在 1969 年 11 月 25 日到 1970 年 4 月 17 日清
　　查李再含的過程中建立的。參見中共貴州省委黨史研究室編：《貴州歷史大
　　事記》，頁 426。

61 林彪：〈在中央工作會議上的講話〉，1966 年 8 月 13 日，載《中國文化大革
　　命文庫》。

第 8 章　表忠的語言

1 陝西省安康縣的一位農民於 1970 年 6 月 29 日因聲稱他的小茅屋中沒有地方
　　掛毛主席像，並且懷疑毛主席能活一萬年這個事實而被處決。參見安康縣
　　地方誌編纂委員會編：《安康縣誌》（西安：陝西人民出版社，1989），頁
　　908。

2 「三忠於」是指「忠於毛主席，忠於毛澤東思想，忠於毛主席的無產階級革
　　命路線」。「四無限」是指「無限崇拜毛主席，無限熱愛毛主席，無限信仰毛
　　主席，無限忠誠毛主席」。

3 于南、王海光：〈林彪集團和林彪事件〉，載郭德宏、王海光和韓鋼編：《十
　　年風雨》，頁 397。

4 由於代總參謀長楊成武因陪同毛澤東在外視察而缺席，該組織於 1967 年
　　6 月在周恩來的倡議下建立，參見 Jin Qiu, *The Culture of Power: The Lin Biao
　　Incident in the Cultural Revolution*, p. 110.

5 劉振祥：〈大海航行靠舵手，幹革命靠毛澤東思想〉，《人民日報》，1967 年
　　12 月 1 日，第 2 版。

6 土默特左、右旗人民武裝部、土默特旗駐軍支左辦公室：〈關於認真貫徹執
　　行內蒙，烏盟革命委員會「關於今春召開全區學習毛主席著作先進集體和積
　　極分子代表會議的決定」的通知〉，1968 年 1 月 18 日，頁 3、4。

7 海軍第二屆活學活用毛澤東思想積極分子、第三次四好連隊五好戰士代表大會秘書處:《大會須知》,1970年1月。

8 楊成武:〈大樹特樹偉大統帥毛主席的絕對權威,大樹特樹偉大毛澤東思想的絕對權威:徹底清算羅瑞卿反對毛主席、反對毛澤東思想的滔天罪行〉,《人民日報》,1967年11月5日,第2版。

9 另參見周恩來在〈周恩來接見國防科委〉一文中對同一主題的說法,載《中國文化大革命文庫》。

10 中共中央文獻研究室編:《建國以來毛澤東文稿》,第12冊,頁455。

11 林彪:〈在軍隊幹部大會上的講話〉,1968年3月24日,載《中國文化大革命文庫》。楊成武被撤職背後的其他因素包括:與其他軍隊將領間的衝突、他的家庭問題 (Jin Qiu, *The Culture of Power: The Lin Biao Incident in the Cultural Revolution*, p. 111ff)、他擁護將對林彪和江青的崇拜置於對毛澤東的崇拜之下,可能引發了林彪的不滿;參見王年一:《大動亂的年代》(鄭州:河南人民出版社,1988),頁288及之後。

12 Rana Mitter, *A Bitter Revolution: China's Struggle with the Modern World*〔痛苦的革命:中國與現代世界的鬥爭〕(Oxford: Oxford University Press, 2004), p. 209.

13 Ji Fengyuan, *Linguistic Engineering: Language and Politics in Mao's China*〔語言工程:毛澤東中國的語言和政治〕(Honolulu: University of Hawaii Press, 2004).重點參見第1章。

14 John L. Austin, *How to Do Things with Words: The William James Lectures Delivered at Harvard University in 1955*〔如何以言行事:威廉‧詹姆斯1955年在哈佛大學的演講〕, 2nd edition, J.O. Urmson and Marina Sbisà (eds.)(Cambridge: Harvard University Press, 1975) ,p. 6.

15 Victor Klemperer, *Lingua Tertii Imperii: Notizbuch eines Philologen*〔第三帝國的語言:一個語言學家的筆記〕(Leipzig: Reclam, 1975) , p. 162ff.

16 舉例參見 Elizabeth Perry and Li Xun, "Revolutionary Rudeness: The Language of Red Guards and Rebel Workers in China's Cultural Revolution〔革命的粗暴:中國文化大革命中紅衛兵與造反工人的語言〕," *Indiana East-Asian Working Paper Series on Language and Politics in Modern China*, 2(1993), pp. 1–18.「仇恨言論」的概念參見 Judith Butler, *Excitable Speech: A Politics of the Performative*, Chapter 1.

17 〈北京衛戍區給毛主席的致敬信〉,《北京日報》,1967年8月14日。

18 參見郭沫若:〈把毛澤東思想偉大紅旗插上科學技術最高峰〉,1968年3月14日,《中國科學院 (京區) 首屆活學活用毛澤東思想積極分子代表大會》,1968年4月,頁5。

19　Judith Butler, *Excitable Speech: A Politics of the Performative*, p. 157.

20　Georg W. F. Hegel, *Phenomenology of the Spirit*〔精神現象學〕(Oxford: Oxford University Press, 1977), p. 308. (校註：中譯本參見賀麟、王玖興譯：《精神現象學》，下卷〔北京：商務印書館，1983〕，頁55。)

21　〈無限忠於毛主席是最大的公〉，《解放軍報》，1967年12月8日。

22　《解放軍報》，1968年2月17日。

23　〈無產階級專政下繼續進行革命的無產階級先進分子的突出代表李文忠〉，《人民日報》，1967年12月31日，第1版。

24　〈中發〔1968〕65，中共中央、中央軍委、中央文革小組追授門合同志「無限忠於毛主席革命路線的好幹部」稱號的命令〉，1968年4月23日，載於《中國文化大革命文庫》。

25　〈河北省委政治部關於接待青海省慰問門合同志家鄉慰問團的意見〉，1968年6月12日，河北省檔案館，編號919-1-21。

26　江蘇南京財貿系統革命造反聯合委員會：〈關於學習石家莊市開展「三忠於」活動情況的彙報(宣傳稿)〉，1968年6月1日，1968年6月28日發表，頁8。

27　同上，頁9。

28　同上，頁9。

29　北京食品總廠革命委員會政治辦公室：《北京食品總廠活學活用毛澤東思想5》，1968年6月13日，頁2。

30　同上，頁1–7。

31　京棉二廠毛澤東思想學習班編：《祝詞》，1968年4月23日，頁1及之後的頁數。

32　梅縣地方誌編纂委員會編：《梅縣誌》(西安：陝西人民出版社，2000)，頁583。另參見《毛澤東最後的革命》一書中的對扣子列表，Roderick Mac Farquhar and Michael Schoenhals, *Mao's Last Revolution*, p. 266.

33　毛澤東：〈關於衛生工作三次談話〉，1965年6月26日，載《中國文化大革命文庫》。

34　文化大革命期間的奇聞異事，包括張秋菊和治癒聾啞人的故事，參見 George R. Urban, *The Miracles of Chairman Mao: A Compendium of Devotional Literature, 1966–1970*〔毛主席的神蹟：忠誠文學彙編(1966–1970)〕(London: Tom Stacey Limited, 1971).

35　4800部隊某部衛生科黨支部：《無限忠於毛主席革命路線就是勝利》(北京：北京軍區政治部/後勤部，1968)，頁26。

36 《讀報手冊 (內部參考)》(南京：南京農學院革命委員會政工部/南京無線電工業學校革命委員會，1969)，頁525。

37 張秋菊命運的最早記載和她身上腫瘤的照片，參見《新貴州報》，1968年5月26日，第3版。另參見《雲南日報》，1968年12月10日。

38 參見《四川日報》1968年12月16日的報道。

39 〈中共中央辦公廳印發毛澤東關於對外宣傳工作的批示 (1967年3月–1971年3月)〉，1971年7月12日，載《中國文化大革命文庫》。

第9章　崇拜儀式及其物象化

1 〈石景山中學是怎樣在解放軍幫助下復課鬧革命的：在革命的大批判中實現革命的大聯合〉，《人民日報》，1967年6月15日，第2版。

2 有關河北省的落實情況，參見河北省革命委員會：〈關於建立請示報告制度的請示〉，1968年6月22日，頁1。

3 中共中央文獻研究室編：《建國以來毛澤東文稿》，第12冊，頁366。

4 Li Zhisui and Anne F. Thurston, *The Private Life of Chairman Mao: The Memoirs of Mao's Personal Physician Dr. Li Zhisui*, pp. 482–487. 但書中回憶的日期和數字與當時的文件記載不符。

5 〈中發〔1967〕350，中共中央轉發「北京針織總廠革命委員會向毛主席報喜的信」和「中國人民解放軍八三四一部隊關於北京市針織總廠職工的情況的報告」〉，1967年11月17日，載《中國文化大革命文庫》。

6 燕帆：《大串連：一場史無前例的政治旅遊》(北京：警官教育出版社，1993)，頁156、157。

7 〈中發〔1966〕629，中共中央、國務院關於制止大搞所謂「紅色海洋」的通知〉，1966年12月30日，載《中國文化大革命文庫》。

8 同上。

9 Lisa Wedeen, *Ambiguities of Domination: Politics, Rhetoric, and Symbols in Contemporary Syria*, p. 67ff.

10 「你願意獲得信仰，卻不知道通往信仰的道路；你願意治療自己不信任的問題，尋求解決之道。向那些和你就一樣被束縛着，如今賭上所有財產的人學習吧。他們明白你要走的道路，他們治癒了你要治療的疾病。邁上這條他們開始走的道路，拿出信仰的姿態，喝聖水、做彌撒等等。這樣一來，你將自然而然地得到信仰，並且更加馴服。」Blaise Pascal, *Pensees*〔思想錄〕(Hammondsworth: Penguin, 1966), p. 152. (校註：參見布萊茲·帕斯卡爾著，

賈雪、胡戎譯：《思想錄》〔北京，中國法制出版社，2015〕，頁82，譯文略
有改動。）

11 〈中發〔1967〕350號文件〉，參見1968年12月16日《四川日報》上的報道。

12 同上。

13 方漢奇、寧樹藩、陳業劭編：《中國新聞事業通史》（北京：中國人民大學
出版社，2000年），第3卷，頁350–354。

14 參見Jeremy Brown, "Staging Xiaojinzhuang: The City in the Countryside, 1974–
1976〔升級小金莊：農村裏的城市 (1974–1976)〕," Joseph Esherick, Paul
Pickowicz, and Andrew G. Walder (eds.), *The Cultural Revolution as History*〔作為歷
史的文化大革命〕(Stanford: Stanford University Press, 2006), pp. 153–184.

15 據稱語錄操的最早變種是由北京體育學院工農兵革命委員會創編的，並於
1967年10月14日發表在當地紅衛兵小報的特刊上。據稱北京的語錄操在
很大程度上受到石景山中學解放軍工作的影響，共由16節組成（來自受訪
者的口頭信息）。遺憾的是，到目前為止我尚未取得這一原初材料。1968
年國家體育運動委員會最終發布了包括幾個不同語錄操的32頁手冊。該手
冊參考了石景山中學的報告，將解放軍視為語錄操的發明者，參見國家體
委「紅色宣傳員」編：《毛主席語錄操彙編》，未刊本，1968年。

16 上海體育運動委員會革命委員會、上海體育戰線革命造反司令部編：〈體育
革命的春雷〉，《體育戰線》（上海），1967年11月20日，頁1。

17 同上。

18 Chang-tai Hung, "The Dance of Revolution: Yangge in Beijing in the Early 1950s〔革
命之舞：1950年代早期北京的秧歌〕," *China Quarterly*, 181 (2005) , p. 87.

19 參見《體育戰線》，1968年4月26日。

20 參見北京師範大學體育系革命委員會「毛主席語錄紅小兵操」創編組：〈毛
主席語錄紅小兵操〉，《教育革命》，1968年1月20日，頁2。

21 David Holm, *Art and Ideology in Revolutionary China*〔革命中國的藝術與意識形
態〕(Oxford: Clarendon Press, 1991).

22 Chang-tai Hung, "The Dance of Revolution: Yangge in Beijing in the Early 1950s,"
p. 84.

23 有關樣板戲的內容和宣傳，重點參見Paul Clark, *The Chinese Cultural Revolution:
A History*.

24 Anita Chan, Richard Madsen, and Jonathan Unger, *Chen Village: The Recent History
of A Peasant Community in Mao's China*〔陳村：毛時代的中國一個農民集體的
近期歷史〕(Berkeley: University of California Press, 1984), p. 169.

25 金春明、黃裕沖、常惠民編:《「文革」時期怪事怪語》(北京:求實出版社,1989)。

26 天津市革命委員會:〈津革 (1969) 082,關於當前宣傳工作中存在的幾個問題和今後意見〉,1969年5月9日,頁3。

27 Li Zhensheng, *Red-Color News Soldier: A Chinese Photographer's Odyssey through the Cultural Revolution*〔紅色新聞兵:一位中國攝影師文化大革命期間的冒險之旅〕(London: Phaidon, 2003), pp. 216, 217.

28 〈天津市革命委員:津革 (1969) 082〉,頁3。

29 Roderick MacFarquhar and Michael Schoenhals, *Mao's Last Revolution*, p. 256.

30 白水縣縣誌編纂委員會編:《白水縣誌》(西安:西安地圖出版社,1989),頁460。

31 楊某某:〈請罪書〉,1968年9月1日,頁1。

32 同上。

33 參見Daniel Leese, "Revsing Political Verdicts in Post-Mao China: The Case of Beijing Fengtai District〔反思後毛澤東中國的政治判決:以北京市豐台區為例〕," 未刊稿。

34 林彪:〈接見某某、某某軍時的指示〉,1968年4月6–9日,載《中國文化大革命文庫》。

35 譬如在廣西壯族自治區崇左縣,革命委員會向三所小學撥款約650元以促進環境的「忠字化」,參見〈崇左縣革命委員會生產組關於分配搞「忠」字化環境補助經費的通知〉,1968年9月25日。

36 另參見Roderick MacFarquhar and Michael Schoenhals, *Mao's Last Revolution*, pp. 264–267.

37 參見〈讓「忠於毛主席」五個金光閃閃大字染紅每根神經〉,《石家莊日報》,1968年3月15日,頁1。

38 〈用毛澤東思想統帥生命的每一秒鐘:石家莊國棉一廠職工「一日活動毛澤東思想化」片段〉,《石家莊日報》,1968年3月24日,頁1。

39 北京64中紅衛兵總部:〈開展「一日忠字化」活動初步意見〉,1968年4月13日,頁1。

40 同上。

41 Michael Schoenhals, "Saltationist Socialism," pp. 203, 204, n. 63.

42 Stafan R. Landsberger, "The Deification of Mao: Religious Imagery and Practices during the Cultural Revolution and Beyond〔毛的神化:文化大革命及其之後的宗教形象和行為〕," in Woei Lien Chong (ed.), *China's Great Proletarian Cultural*

Revolution: Master Narratives and Post-Mao Counternarratives〔中國無產階級文化大革命：領袖敘事與後毛澤東的對抗敘事〕(Lanham, MD: Rowman & Linttlefield, 2002), pp. 139–184.

43　Lynn T. White III, *Policies of Chaos: The Organizational Causes of Violence in China's Cultural Revolution*, p. 303.

44　太白縣地方誌編纂委員會編：《太白縣誌》(西安：三秦出版社，1995)，頁426。

45　「最近出現了另一股潮流：人們在胸前掛着塑料或玻璃做的(毛主席)照片。」參見天津市革命委員會：〈津革(1969)054，關於制止在慶「九大」、迎國慶等活動中出現的浮誇浪費現象的決定〉，1969年3月24日，頁2。

46　天津市革命委員會：〈津革(1969)082〉，頁3、4。

47　參見Beatrice Heiber and Helmut Heiber (eds.), *Die Rückseite des Hanenkreuzes. Absonderliches aus den Akten des Dritten Reiche*〔卐字的背面：第三帝國檔案的奇談〕(Munich: DTV, 1993), pp. 119, 123ff.

48　毛主席像章歷史的問題也許已經成為崇拜毛這個主題下研究得最充分的子主題。有關該主題的英文著述，舉例參見：Melissa Schrift, *Biography of a Chaiman Mao Badge: The Creation and Mass Consumption of a Personality Cult*〔毛主席像章的傳記：個人崇拜的創造和大規模消費〕(New Brunswick, NJ: Rutgers University Press, 2001)；Helen Wang, *Chairman Mao Badges: Symbols and Slogans of the Cultural Revolution*〔毛主席像章：文化大革命的符號和口號〕(London: British Museum Press, 2008). 在中文著述方面，李雷鳴提供了一個很好的概述，李雷鳴：《歷史的記憶：毛澤東像章賞析》(北京：中央文獻出版社，2006)。

49　許靭、許渺、許燊編：《毛澤東像章五十年》(西安：陝西旅遊出版社，1993)，頁12。有關部隊裏毛主席像章生產情況的概述，參見馬京軍：《軍隊毛澤東像章的收藏與鑒賞》(北京：北京收藏家協會，2008)。

50　〈毛主席像章生產、發行部分地區座談會小結〉，1967年8月11日，河北省檔案館，編號957-5-23。

51　河北省商業廳、河北省二輕廳：〈關於毛主席像章聯合調查報告〉，1967年12月31日，河北省檔案館，編號957-5-23。

52　「當代中國的北京」編輯部編：《當代北京大事記》(北京：當代中國出版社，2003)，頁237。

53　中華人民共和國第二輕工業部文件：〈關於我部與中國革命博物館徵集全國

毛主席像章作為出國展覽、革命文物的通知〉，1967年9月8日，河北省檔案館，編號957-5-23。

54 北京市革命委員會在1968年4月3日組建了一個特殊辦公室主管像章的生產；參見「北京工業誌」編輯委員會編：《北京工業誌：印刷誌》（北京：中國科學技術出版社，2001），頁25。

55 中共中央文獻研究室編：《周恩來年譜》，第3卷，頁287、288。

56 白水縣縣誌編纂委員會編：《白水縣誌》，頁459。

57 紀念碑的形式根據當地風俗的不同而有所差異，新疆自治區絲綢之路上的哈密市，樹立了一座毛主席的寶塔，該寶塔周長14米×14米，高19.75米，寶塔各面都是彩色的毛的畫像。參見張仁贛、玉素甫‧玉努斯、盧華英編：《中國共產黨哈密市(縣)歷史大事記(1949.10–1998.12)》（烏魯木齊：新疆人民出版社，1999），頁278、279。

58 參見林莉：〈歲月的見證：四川省展覽館暨毛主席塑像修建始末〉，《四川檔案》，2004年第3期，頁25。

59 該名字來源於林彪的題詞，並且造成早期幾種變體，譬如，四川省那裏出現的「祝毛主席萬壽無疆展覽廳」。參見上書，頁25。

60 吳光田：〈「萬歲館」：一座建築蘊含的歷史〉，《文史精華》，2004年第173卷第10期，頁34。

61 同上，頁36。

62 同上，頁36。

63 「毛澤東思想勝利萬歲」館江蘇省籌建委員會辦公室編：《活學活用毛澤東思想經驗交流會典型材料》，1968年11月5日。

64 〈忠於毛主席紅心的結晶〉，《新南昌報》，1968年9月30日，第1版。

65 林莉：〈歲月的見證：四川省展覽館暨毛主席塑像修建始末(續)〉，《四川檔案》，2004年第4期，頁44。

66 天津市革命委員會：〈津革〔69〕082〉，頁2。

67 同上，頁2。

68 參見鄭義：《紅色紀念碑》（台北：華視文化公司，1993）。

69 毛澤東的私人醫生李志綏也是該隊伍中的一員。有關他悲喜交加的敘述，參見Li Zhisui and Anne F. Thurston, *The Private Life of Chairman Mao: The Memoirs of Mao's Personal Physician Dr. Li Zhisui*, pp. 499–503.

70 唐少傑：〈一葉知秋：清華大學1968年「百日大武鬥」〉，頁31。

71 毛澤東：〈召見首都紅代會「五大領袖」時的談話〉，1968年7月28日，載《中國文化大革命文庫》。

72 〈顆顆芒果恩情深，心心向着紅太陽——毛主席贈送珍貴禮物的特大喜訊傳開以後〉，《人民日報》，1968 年 8 月 8 日，第 3 版。

73 Li Zhisui and Anne F. Thurston, *The Private Life of Chairman Mao: The Memoirs of Mao's Personal Physician Dr. Li Zhisui*, p. 503.

74 四川省委宣傳部編：《四川宣傳工作大事記》（成都：四川人民出版社，2003），頁 64。另參見 1968 年 9 月 20 日《四川日報》第 4 版重印的芒果到達時的照片。

75 《新南昌日報》，1968 年 9 月 21 日。

76 〈首都工人階級把毛主席贈的珍貴禮物轉送給我省工人階級和全省革命人民〉，《新貴州報》，1968 年 9 月 24 日，第 1 版。

77 參見《四川日報》，1969 年 2 月 1 日。

78 〈巴政府向我國政府贈送芒果和芒果樹苗〉，《人民日報》，1968 年 9 月 8 日，第 6 版。

79 另參見邁克爾・達頓：〈芒果毛：神聖的感染〉，《大眾文化》，2004 年第 16 卷第 2 期，頁 161–187。

80 譬如，〈中發〔1967〕360，中央文化革命小組關於不要給中央文化革命小組送禮的通知〉，1967 年 11 月 28 日，載《中國文化大革命文庫》。

81 參見 1968 年 9 月 27 日《新貴州報》上的照片。

82 當地報紙的相應報道在《文革笑料集》中被提及，橙實、黃筱玲、開政編：《文革笑料集》（成都：西南財經大學出版社，1988），頁 18。但我未能在當時的報紙上找到這些報道。

83 中共中央文獻研究室編：《周恩來年譜》，第 3 卷，頁 260。

84 同上，頁 261。

85 同上，頁 260。

第 10 章　抑制崇拜

1 遲澤厚：〈中共「九大」內幕瑣憶〉，《炎黃春秋》，2003 年第 3 期，頁 42。

2 Jin Qiu, *The Culture of Power: The Lin Biao Incident in the Cultural Revolution*, p. 118.

3 遲澤厚：〈中共「九大」內幕瑣憶〉，頁 46。

4 中共中央文獻研究室編：《周恩來年譜》，第 3 卷，頁 287。

5 舉例參見天津市革命委員會：〈津革（1969）073，關於向山區貧下中農獻贈毛主席語錄和像章的通知〉，1969 年 4 月，頁 1。

6 〈毛主席在中國共產黨第九次全國代表大會上的重要指示〉，未刊稿，1969年，頁28。感謝沈邁克與我共享此份資料。

7 中共中央文獻研究室編：《建國以來毛澤東文稿》，第13冊，頁50。

8 參見 Roderick MacFarquhar and Michael Schoenhals, *Mao's Last Revolution*, p. 297.

9 有關文化大革命期間家庭在中國精英政治中的角色，參見 Jin Qiu, *The Culture of Power: The Lin Biao Incident in the Cultural Revolution*, Chapter 6.

10 汪東興：《毛澤東與林彪反革命集團的鬥爭》（北京：當代中國出版社，2004），頁19、20。

11 Frederick C. Teiwes and Warren Sun, *The Tragedy of Lin Biao: Riding the Tiger during the Cultural Revolution, 1966–1971*, p. 167.

12 引自 Jin Qiu, *The Culture of Power: The Lin Biao Incident in the Cultural Revolution*, Manuscript, p. 121.

13 Roderick MacFarquhar and Michael Schoenhals, *Mao's Last Revolution*, pp. 326, 327.

14 Jin Qiu, *The Culture of Power: The Lin Biao Incident in the Cultural Revolution*, p. 122.

15 林彪：〈在中國共產黨第九屆二中全會第一次全體會上的講話（節錄）〉，1970年8月23日，載《中國文化大革命文庫》。由於其他資料大多提到了「國家之元首」這一說法，因而該來源的權威性尚不清楚；對比 Roderick MacFarquhar and Michael Schoenhals, *Mao's Last Revolution*, p. 330.

16 〈陳伯達在中國共產黨九屆二中全會華北組的發言〉，1970年8月24日，載《中國文化大革命文庫》。

17 汪東興：《毛澤東與林彪反革命集團的鬥爭》，頁46、47。

18 毛澤東：〈我的一點意見〉，1970年8月31日，載《中國文化大革命文庫》。

19 有關毛澤東和陳伯達的歷史關係，參見 Raymond F. Wylie, *The Emergence of Maoism: Mao Tse-tung, Ch'en Po-ta, and the Search for Chinese Theory 1935–1945*, Chapter 3 and 4.

20 毛澤東：〈在外地巡視期間同沿途各地負責人談話紀要〉，1971年8月–9月，載《中國文化大革命文庫》。

21 同上。

22 比較 Jin Qiu, *The Culture of Power: The Lin Biao Incident in the Cultural Revolution*, pp. 194, 195.

23 參見 Michael Y. M. Kau (ed.), *The Lin Biao Affair: Power Politics and Military Coup* 〔林彪事件：權力政治與軍事政變〕(White Plains, NY: International Arts and Science Press, 1975), pp. 78–95.

24 參見Roderick MacFarquhar and Michael Schoenhals, *Mao's Last Revolution*, pp. 354, 355.

25 有關複雜的逆轉情況，特別是毛澤東與周恩來之間的關係，參見Frederick C. Teiwes and Warren Sun, *The End of the Maoist Era: Chinese Politics during the Twilight of the Cultural Revolution 1972–1976*, pp. 42–66.

26 目前為止，只有裴在其編著的《林彪事件》一書第76頁提及了這份中央文件。然而該文件的名稱「中發〔1971〕64」卻是錯誤的，因為「中發〔1971〕64」這份文件提到針對林彪的特別專案組的成立。

27 Michael Y. M. Kau (ed.), *The Lin Biao Affair: Power Politics and Military Coup*, p. 76.

28 〈商業部轉發安徽省商業局「關於徹底清查處理有林彪一夥手跡、文字、圖畫的商品的通知」〉，1973年7月10日，載商業部財匯局編：《商業財務會計文件彙編》，第2卷，1981年，頁1416。

29 同上，頁1415。

30 〈關於上海、保定等地處理有林彪一夥題詞、手跡商品的情況簡報〉，載上書，頁1418。

31 同上，頁1416。

32 雲嵐：〈「英雄」史觀的一個新變種〉，《人民日報》，1972年6月11日，第2版。

33 〈中發〔1972〕24，中共中央關於組織傳達和討論「粉碎林彪反黨集團反革命政變的鬥爭 (材料之三)」的通知及材料〉，1972年7月2日，載《中國文化大革命文庫》。

34 Li Zhisui and Anne F. Thurston, *The Private Life of Chairman Mao: The Memoirs of Mao's Personal Physician Dr. Li Zhisui*, p. 542.

35 毛澤東：〈同王洪文、張春橋的談話紀要〉，1973年7月4日，載《中國文化大革命文庫》。

36 參見Frederick C. Teiwes and Warren Sun, *The End of the Maoist Era: Chinese Politics during the Twilight of the Cultural Revolution 1972–1976*, p. 164.

37 有關浙江省的情況，參見Keith Forster, "The Politics of Destabilization and Confrontation : The Campaign against Lin Biao and Confucius in Zhejiang Province 〔動盪與對抗的政治：浙江省針對林彪和孔子的運動〕," *China Quarterly*, 107 (Sept. 1986) , pp. 433–462.

38 〈中發〔1974〕1，中共中央轉發「林彪與孔孟之道 (材料之一)」的通知及附

件〉，1974年1月18日，載於《中國文化大革命文庫》。

39　參見 James Legge, *The Chinese Classics*〔中國經典〕, *vol. 1: Confucian Analects*〔《論語》、《大學》、《中庸》〕(HK: Hong Kong University Press, 1960), p. 313.

40　Ibid., p. 250.

41　這些短語如下：「誰不說假話，誰就得垮台。不說假話辦不成大事。」或者「閉目養神照上面 (指示) 辦。」參見〈中發〔74〕1〉，載《中國文化大革命文庫》。

42　〈關於「林彪與孔孟之道」輔導材料〉，1974年2月，頁3。

43　有關李一哲集團的背景和命運，參見 Anita Chan, Stanley Rosen, and Jonathan Unger (eds.), *On Socialist Democracy and the Chinese Legal System: The Li Yizhe Debates*〔論社會主義民主與中國的司法系統：李一哲辯論〕(Armonk, NY: M. E. Sharpe, 1985), pp. 1–28.

44　李一哲：〈關於社會主義的民主與法制〉，1974年11月7日，載《中國文化大革命文庫》。

45　同上。

46　李一哲：〈獻給毛主席和四屆人大〉，1974年11月7日，載《中國文化大革命文庫》。

47　李一哲：〈關於社會主義的民主與法制〉，載《中國文化大革命文庫》。

48　對比 Sebastian Heilmann, *Sozialer Protest in der VR China: Die Bewegung vom 5: April 1976 und die Gegen-Kulturrevolution der Siebziger Jahre*〔中華人民共和國的社會抗議活動：1976年「4·5」運動與1970年代的反文化革命〕(Hamburg: Institut für Asienkunde, 1994), from p. 140.

49　正如泰偉斯和孫萬國最近詳盡指出的，「四人幫」並不是一個有着一致目標的清晰「陣營」，其中也沒有文革統一的一派受益者或者一派受害者。共產黨精英之間的忠誠與聯繫十分複雜，並且經常交雜着傳統上建立的界線。參見 Frederick C. Teiwes and Warren Sun, *The End of the Maoist Era: Chinese Politics during the Twilight of the Cultural Revolution 1972–1976*, Chapter 8.

50　Elizabeth Perry and Li Xun, *Proletarian Power: Shanghai in the Cultural Revolution*〔無產階級的力量：文化大革命中的上海〕(Boulder, CO: Westview Press, 1997), p. 184ff.

51　Helmut Martin: *Cult and Canon: The Origins and Development of State Maoism*, pp. 50, 51.

52　Roderick MacFarquhar and Michael Schoenhals, *Mao's Last Revolution*, p. 452.

53　鄧小平：《鄧小平文選》，第2卷 (北京：人民出版社，1994)，頁38。

54　解斯:〈反對形式主義〉,《人民日報》,1978年1月31日,第3版。

55　對比 Merle Goldman, *Sowing the Seeds of Democracy in China: Political Reform in the Deng Xiaoping Era*〔在中國播撒民主的種子:鄧小平時代的政治改革〕(Cambridge: Harvard University Press, 1994), p. 44.

56　鄧小平:《鄧小平文選》,第2卷,頁149;另參見此書,頁171。

57　Frederick C. Teiwes and Warren Sun, *The End of the Maoist Era: Chinese Politics during the Twilight of the Cultural Revolution 1972–1976*, pp. 626, 627.

58　穆青、郭超人、陸拂為:〈歷史的審判〉,《人民日報》,1981年1月27日,第3版。

59　〈封建主義思想遺毒應該肅清〉,《人民日報》,1980年7月18日,第5版。

60　Michael Schoenhals (ed.), *China's Cultural Revolution 1966–1969: Not a Dinner Party*, p. 299.

61　Ibid., p. 303.

62　鄧小平:《鄧小平文選》,第2卷,頁294、295。

63　同上,頁296。

64　同上,頁344。

65　該指示的翻譯參見Geremie R. Barmé, *Shades of Mao: The Posthumous Cult of the Great Leader*〔毛澤東的影子:偉大領袖死後的崇拜〕(Armonk, NY; London: M. E. Sharpe, 1996), from p. 128. 另參見Michael Schoenhals, "Selections from Propaganda Trends, Organ of the CCP Central Propaganda Department〔宣教動態選編,中共中央宣傳部機關〕," *Chinese Law and Government* 24, no. 4(1992), pp. 5–93.

66　參見《黨的宣傳工作文件選編》,第2卷,頁706。該指示由于吉楠傳達給大眾,于吉楠:〈自覺地遵守「少宣傳個人」的方針〉,《人民日報》,1980年9月4日,第5版。

67　Geremie R. Barmé, *Shades of Mao: The Posthumous Cult of the Great Leader*, pp. 9, 10.

68　有關四川省的案例,參見林莉:〈歲月的見證(續)〉,頁45。

69　翻譯參見Geremie R. Barmé, *Shades of Mao: The Posthumous Cult of the Great Leader*, p. 133.

70　劉永祥:〈貴陽人民廣場毛主席塑像雕塑前後〉,《文史天地》,2002年第7期,頁42。

71　Geremie R. Barmé, *Shades of Mao: The Posthumous Cult of the Great Leader*, p. 8.

結論

1　Mary Jayne Mckay, "Turkmenbashi Everywhere: If You Think Saddam Was Fond of Himself, Visit Turkmenistan〔土庫曼斯坦隨地見聞：如果你認為薩達姆喜歡他自己，那走訪土庫曼斯坦吧〕," CBS Broadcasting, 4 Jan. 2004. (http://www.cbsnews.com/stories/2003/12/31/60minutes/main590913.shtml).

2　引自 Michael Burleigh, "National Socialism as a Political Religion〔作為政治信仰的國家社會主義〕," *Totalitarian Movements and Political Religions*, vol.1, no. 2 (2000), p. 11.

3　Ernst Fraenkel, *The Dual State: A Contribution to the Theory of Dictatorship*〔雙重國度：專制理論專論〕(New York: Oxford University Press, 1941).

4　M. Rainer Lepsius, "The Model of Charismatic Leadership and Its Applicability to the Rule of Adolf Hitler〔卡里斯馬型領袖模式及其在阿道夫‧希特勒統治中的應用〕," p. 187.

5　Michael Schoenhals, "The Global War on Terrorism as Meta-Narrative: An Alternative Reading of Recent Chinese History〔作為元敘事的全球反恐戰爭：近來中國歷史的另類解讀〕," *Sungkyun Journal of East Asian Studies*, vol. 8, no. 2 (2008), p. 188.

6　Wang Shaoguang: *Failure of Charisma: The Cultural Revolution in Wuhan*, p. 87.

7　Steve Smith, "Local Cadres Confront the Supernatural: The Politics of Holy Water in the PRC, 1949–1966〔地方幹部對抗超自然：中華人民共和國神水的政治（1949–1966）〕," *China Quarterly* 188 (2006), pp. 999–1022.

8　Emilio Gentile, "Fascism, Totalitarianism and Political Religion: Definitions and Critical Reflections on Criticism of an Interpretation〔法西斯主義、極權主義與政治宗教：界定與對某個解釋批評的批判性思考〕," *Totalitarian Movements and Political Religions*, vol. 5, no. 3 (2004), p. 328.

9　這種說法儘管由金泰爾僅作為對意大利法西斯主義的描述而首先使用，但是也成為他廣義的方法中的一個關鍵概念。參見 Emilio Gentile, *Politics as Religion*〔作為宗教的政治〕(Princeton, NJ: Princeton University Press, 2006), p. xvi.

10　Ibid., p. 15.

11　Clifford Geertz, "Religion as a Cultural System〔作為文化系統的宗教〕," in Michael Banton (ed.), *Anthropological Approaches to the Study of Religion*〔宗教研究的人類學方法〕(London: Tavistock, 1966), pp. 1–46.

12   Emile Durkheim, *Elementary Forms of Religious Life*〔宗教生活的基本形式〕(New York: Free Press, 1995).

13   Stafan R. Landsberger, "The Deification of Mao: Religious Imagery and Practices during the Cultural Revolution and Beyond."

14   Lisa Wedeen, *Ambiguities of Domination: Politics, Rhetoric, and Symbols in Contemporary Syria*, p. 156ff.

15   在這點上，另參見 Mark Gamsa, "The Religious Dimension of Politics in Maoist China〔毛主義中國政治的宗教維度〕," Religion Compass 3, no. 3 (2009), pp. 459–470.

16   Rana Mitter, "Maoism in the Cultural Revolution: A Political Religion?〔文化大革命中的毛主義：一個政治宗教？〕," in Roger Griffin, Robert Mallett, and John Tortorice (eds.), *The Sacred in Twentieth-Century Politics: Essays in Honour of Professor Stanley G. Payne*〔20世紀政治中的神聖者：紀念斯坦利‧G‧佩恩教授的論文集〕(Houndmills: Palgrave Macmillan, 2009), p. 143.

17   Hartmut Böhme, *Fetischismus und Kultur*〔拜物教與文化〕(Reinbek bei Hamburg: Rowohlt, 2006), p. 23.

18   蘇聯和納粹德國也出現了相似的事例，在這些地方「但願元首知道⋯⋯」成為常見的俗語。

19   Geremie R. Barmé, *Shades of Mao: The Posthumous Cult of the Great Leader*, p. 19.

參考文獻

檔案資源

以下資料在官方限制下獲取於河北省檔案館（石家莊）。檔案的具體標題和號碼已在對應位置的註釋中標識。

卷宗號	卷宗標題	時　期
855	河北省黨委	1949–1982
864	河北省委宣傳部	1949–1976
896	河北省共青團委員會	1949–1976
907	河北省人民政府	1949–1985
919	河北省革命委員會	1968–1982
957	河北省手工業聯合會	1949–1983
996	河北省工商局	1951–1976
1030	河北省文化辦公室	1949–1977
1032	河北省廣播電視辦公室	1949–1976
1053	河北省出版局	1949–1976

資料與文獻

　　下面所列包括中文和西方語言的準檔案資料 (quasi-archival sources) 及出版文獻。從諸如《中國文化大革命文庫》或紅衛兵小報等文獻彙集中引用的文件和領導人講話已在註釋中詳細列出，故不再在參考書目中一一列出。

中文參考文獻

4800 部隊某部衛生科黨支部：《無限忠於毛主席革命路線就是勝利》。北京：北京軍區政治部、後勤部，1968。

丁曉平：〈附錄：「毛澤東印象」舊版圖書考證索引〉，載丁曉平、方健康編：《毛澤東印象》。北京：中央文獻出版社，2003。

卜偉華：〈批判「資產階級反動路線」〉，載郭德宏、王海光和韓剛編：《中華人民共和國專題史稿：十年風雨（1966–1976）》。成都：四川人民出版社，2004，頁 90–118。

上海市公安局革命造反聯合指揮部和政治部造反隊編：《徹底揭露市公安局舊黨組御用工具：舊文革辦公室的滔天罪行 2》，1967 年 9 月。

上海市接待各地各地學生辦公室編：〈「外地學生來滬情況反映」簡報〉，上海，1966 年 8–10 月。

上海體育運動委員會革命委員會、上海體育戰線革命造反司令部編：〈體育革命的春雷〉，《體育戰線》（上海），1967 年 11 月 20 日，頁 1–4。

于吉楠：〈自覺地遵守「少宣傳個人」的方針〉，《人民日報》，1980 年 9 月 4 日。

于俊道編：《共和國領袖、元帥、將軍交往實錄》。成都：四川人民出版社，2001。

于南、王海光：〈林彪集團和林彪事件〉，載郭德宏、王海光、韓鋼編：《十年風雨》，頁 385–417。

土默特左、右旗人民武裝部、土默特旗駐軍支左辦公室：〈關於認真貫徹執行內蒙、烏盟革命委員會「關於今春召開全區學習毛主席著作先進集體和積極分子代表會議的決定」的通知〉，1968 年 1 月 18 日。

〈大批判資料選編：陸定一反革命修正主義教育言論摘編〉，上海：《內刊》
　　反修兵，1967 年 5 月。

中央宣傳部辦公廳編：《黨的宣傳工作文件選編》，3 卷本。北京：中共中央
　　黨校出版社，1994。

中共中央文獻研究室編：《周恩來年譜（1949–1976）》，3 卷本。北京：中
　　央文獻出版社，1997。

———：《建國以來毛澤東文稿》，12 冊。北京：中央文獻出版社，1992。

中共中央宣傳部辦公廳和中央檔案館編研部編：《中共共產黨宣傳工作文獻
　　選編》，4 卷本。北京：學習出版社，1996。

中共貴州省委黨史研究室編：《中國共產黨貴州省歷史大事記》。貴陽：貴
　　州人民出版社，2001。

中國人民解放軍國防大學黨史黨建政工教研室編：《中共黨史教學參考資
　　料》。北京：國防大學出版社，1980。

《中國人民解放軍通鑒》編輯委員會編：《1927–1996：中國人民解放軍通
　　鑒》，3 卷本。蘭州：甘肅人民出版社，1997。

天津市革命委員會：〈津革（1969）054，關於制止在慶「九大」、迎國慶等活
　　動中出現的浮誇浪費現象的決定〉，1969 年 3 月 24 日。

———：〈津革（1969）073，關於向山區貧下中農獻贈毛主席語錄和像章的
　　通知〉，1969 年 4 月。

———：〈津革（1969）082，關於當前宣傳工作中存在的幾個問題和今後意
　　見〉，1969 年 5 月 9 日。

太白縣地方誌編纂委員會編：《太白縣誌》。西安：三秦出版社，1995。

〈巴政府向我國政府贈送芒果和芒果樹苗〉，《人民日報》，1968 年 9 月 8 日。

方求：〈不能迴避要害問題：評吳晗同志「關於《海瑞罷官》的自我批評」〉，
　　《人民日報》，1966 年 4 月 7 日。

方漢奇、寧樹藩、陳業劭編：《中國新聞事業通史》，第 3 卷。北京：中國
　　人民大學出版社，2000。

〈毛主席永遠率領我們前進：記毛主席全身巨型塑像的落成〉，《井岡山》，
　　1967 年 5 月 6 日。

〈毛主席在中國共產黨第九次全國代表大會上的重要指示〉。未刊稿，1969。

〈毛主席和林彪、周恩來等同志接見了學生代表並檢閱了文化大革命大軍的
　　遊行〉，《人民日報》，1966 年 8 月 19 日。

〈毛主席關於無產階級額文化大革命的偉大戰略部署的指示〉,《人民日
　　報》,1968 年 3 月 8 日。

毛澤東:《毛澤東詩詞 (中英對照版) 》。北京:商務印書館,1976。

〈毛澤東在中共成都會議的講話 (第一部分) 〉,《問題與研究》,1973 年第
　　11 卷,頁 95–98。

〈毛澤東在中共成都會議的講話 (第二部分) 〉,《問題與研究》,1973 年第
　　12 卷,頁 103–112。

《毛澤東思想萬歲》。未刊稿,1969。

王力:《現場歷史──文化大革命紀實》。香港:牛津大學出版社,1993。

王年一:《大動亂的年代》。鄭州:河南人民出版社,1988。

王濟寧:〈戰術動作要活教活學活用〉,《解放軍報》,1958 年 7 月 11 日。

《以林副統帥為光輝榜樣無限忠於偉大領袖毛主席》,2 卷本。北京:出版日
　　期不明。

〈加強連隊思想工作的一把鑰匙:記蘭州部隊的憶苦運動〉,《解放軍報》,
　　1960 年 9 月 28 日。

北京 64 中紅衛兵總部:〈開展「一日忠字化」活動初步意見〉,1968 年 4 月
　　13 日。

《北京工業誌》編輯委員會編:《北京工業誌:印刷誌》。北京:中國科學技術
　　出版社,2001。

北京日報辦公室編:〈看《解放軍報》想到的幾個問題〉,1965 年 5 月 28 日。

北京市公安局崇文分局編:《北京崇文公安史料》,3 卷本。北京:內部刊
　　物,2000。

北京市豐台區地方誌編纂委員會編:《北京市豐台區誌》。北京:北京出版
　　社,2001。

北京食品總廠革命委員會政治辦公室:《北京食品總廠活學活用毛澤東思想
　　5》,1968 年 6 月 13 日。

北京師範大學體育系革命委員會「毛主席語錄紅小兵操」創編組:〈毛主席
　　語錄紅小兵操〉,《教育革命》,1968 年 1 月 20 日。

〈北京衛戍區給毛主席的致敬信〉,《北京日報》,1967 年 8 月 14 日。

四川省委宣傳部編:《四川宣傳工作大事記》。成都:四川人民出版社,
　　2003。

玄珠：〈談獨立思考〉，《人民日報》，1956 年 7 月 3 日。

〈用毛澤東思想統帥生命的每一秒鐘：石家莊國棉一廠職工「一日活動毛澤東思想化」片段〉，《石家莊日報》，1968 年 3 月 24 日。

白水縣縣誌編纂委員會編：《白水縣誌》。西安：西安地圖出版社，1989。

〈目前全國右派分子的改造情況〉，載中央公安部編：《公安工作簡報》，1959 年 9 月 20 日第 67 期，頁 2。

〈石景山中學是怎樣在解放軍幫助下復課鬧革命的：在革命的大批判中實現革命的大聯合〉，《人民日報》，1967 年 6 月 15 日。

〈全國都來辦毛澤東思想學習班〉，《人民日報》，1967 年 10 月 12 日。

〈再論立場問題〉，《人民日報》，1957 年 6 月 29 日。

安康縣地方誌編纂委員會編：《安康縣誌》。西安：陝西人民出版社，1989。

江蘇南京財貿系統革命造反聯合委員會：〈關於學習石家莊市開展「三忠於」活動情況的彙報（宣傳稿）〉，1968 年 6 月 1 日，1968 年 6 月 28 日。

江蘇省「毛澤東勝利萬歲」館籌建委員會辦公室編：〈活學活用毛澤東思想經驗交流會典型材料〉，1968 年 11 月 5 日。

吳光田：〈「萬歲館」：一座建築蘊含的歷史〉，《文史精華》，2004 年第 173 卷第 10 期，頁 32–39。

吳冷西：〈同家英同志共事的日子〉，載董邊、鐔德山、曾自編：《毛澤東和他的秘書田家英》。北京：中央文獻出版社，1996，頁 113–159。

———：《十年論戰（1956–1966）：中蘇關係回憶錄》，2 卷本。北京：中央文獻出版社，2000。

———：《憶毛主席：我親身經歷的若干重大歷史事件片段》。北京：新華出版社，1995。

吳奇斯、李斌：〈黑板報：活思想教育的陣地〉，《解放軍報》，1965 年 1 月 16 日。

呂鴻：〈我任紅衛兵接待總站站長的日子〉，《炎黃春秋》，1998 年第 12 期，頁 44–48。

宋永毅主編：《中國文化大革命文庫》（光盤版）。香港：中文大學出版社/香港中文大學中國研究大學服務中心，2006。

李可、郝生章：《「文化大革命」中的人民解放軍》。北京：中共黨史資料出版社，1989。

李恭忠:《中山陵:一個現代政治符號的誕生》。北京:社會科學文獻出版社,2009。

李雷鳴:《歷史的遺跡:毛澤東像章賞析》。北京:中央文獻出版社,2006。

李學坤、張培航:〈黨內個人崇拜的歷史考察:兼駁康生的造神謬論〉,《黨史研究》,1981 年第 2 期,頁 22–27。

汪東興:《毛澤東與林彪反革命集團的鬥爭》。北京:當代中國出版社,2004。

京棉二廠毛澤東思想學習班編:〈祝詞〉,1968 年 4 月 23 日。

〈忠於毛主席紅心的結晶〉,《新南昌報》,1968 年 9 月 30 日。

東方紅戰校編:《學習解放軍政治工作經驗》,未刊本,1966 年 12 月。

林莉:〈歲月的見證:四川省展覽館暨毛主席塑像修建始末〉,《四川檔案》,2004 年第 3 期,頁 24–25。

———:〈歲月的見證:四川省展覽館暨毛主席塑像修建始末(續)〉,《四川檔案》,2004 年第 4 期,頁 44–45。

林陵:〈從「按勞分配,按需分配」的正譯想起的〉,《人民日報》,1958 年 12 月 25 日。

林蘊暉:〈二十世紀六十年代個人崇拜的起源〉,《黨史博覽》,2005 年第 11 期,頁 35–38。

河北省宣傳部編:〈1958–1965 大事記〉,1966 年 2 月 21 日,未刊稿。

河北省革命委員會:〈關於建立請示報告制度的請示〉,1968 年 6 月 22 日。

河北省新華書店編:《河北圖書發行誌》,第 2 卷,未修訂稿,1990。

金大陸:〈上海接待外省紅衛兵的五個階段〉,《青年研究》,2005 年第 9 期,頁 42–49。

金春明、黃裕沖、常惠民編:《「文革」時期怪事怪語》。北京:求實出版社,1989。

阿爾巴尼亞《人民之聲報》編輯部:《徹底揭露赫魯曉夫集團關於所謂反對「個人迷信」的危險陰謀》。北京:人民出版社,1964。

姚文元:〈評新編歷史劇《海瑞罷官》〉,《文匯報》,1965 年 11 月 10 日。

《宣教動態》,北京,1956。

〈封建主義思想遺毒應該肅清〉,《人民日報》,1980 年 7 月 18 日。

〈是不是立場問題?〉,《人民日報》,1957 年 6 月 14 日。

〈為什麼個人崇拜是違反馬克思列寧主義精神的〉,《人民日報》,1956 年 3 月 30 日。

紅代會政法公社文革簡訊編輯部編:〈聯動動態〉,《文革簡訊》,1967 年 5 月 6 日增刊第 62 期,頁 4。

胡平、張勝友:〈歷史沉思錄:井岡山紅衛兵大串聯二十周年祭〉,載周明編:《歷史在這裏沉思:1966–1976 年紀實》,第 5 冊。太原:北岳文藝出版社,1989,頁 1–68。

若水:〈論「歌功頌德」和「反對現狀」〉,《人民日報》,1957 年 7 月 11 日。

軍事科學院軍事歷史研究部編:《中國人民解放軍六十年大事記 (1927–1987)》。北京:軍事科學出版社,1988。

軍政大學批林批孔辦公室編:《徹底批判林彪一夥炮製「林彪語錄」、「林彪紀念館」罪行大會批判發言彙集》,未刊稿,頁 1–5。

韋梅雅:〈《毛主席語錄》出版揭秘〉,《黨史博覽》,2004 年第 7 期,頁 4–10。

———:〈《毛主席語錄》編發全程尋蹤〉,《炎黃春秋》,1993 年第 8 期,頁 10–24。

首都大專院校紅代會和摧毀反革命組織「聯動」展覽會編:〈摧毀反革命組織「聯動」展覽會:內容介紹〉,1967 年 8 月。

〈首都工人階級把毛主席贈的珍貴禮物轉送給我省工人階級和全省革命人民〉,《新貴州報》,1968 年 9 月 24 日。

首都紅衛兵徹底摧毀「聯動」革命聯絡委員會和北京鋼鐵學院附中抗聯軍編:〈聯動反毛澤東思想罪行 50 例〉,1967 年 5 月。

原中共北京市委外地革命師生接待委員會編:〈北京市接待來京串聯的革命師生和紅衛兵工作總結〉,1967 年 9 月。

唐少傑:《一葉知秋:清華大學 1968 年「百日大武鬥」》。香港:中文大學出版社,2003。

孫長獻:《反對個人崇拜》。北京:人民出版社,1956。

師哲、李海文:《中蘇關係見證錄:師哲口述》。北京:當代中國出版社,2005。

徐友漁:《形形色色的造反:紅衛兵精神素質的形成及演變》。香港:中文大學出版社,1999。

〈恩維爾·霍查同志的講話 (之一)〉,《人民日報》,1961 年 11 月 17 日。

海軍第二屆活學活用毛澤東思想積極分子、第三次四好連隊五好戰士代表大會秘書處:〈大會須知〉,1970 年 1 月。

逄先知、金沖及:《毛澤東傳(1949–1976)》,第 1 卷。北京:中央文獻出版社,2003。

馬京軍:《軍隊毛澤東像章的收藏與鑒賞》。北京:北京收藏家協會,2008。

高文謙:《晚年周恩來》。紐約:明鏡出版社,2003。

高華:《紅太陽是怎樣升起來的——延安整風運動的來龍去脈》。香港:中文大學出版社,2000。

商業部財會局編:《商業財務會計文件彙編》,4 卷本。北京:中國商業出版社,1981。

國家體育運動委員會「紅色宣傳員」編:《毛主席語錄操彙編》,未刊本,1968。

〈崇左縣革命委員會生產組關於分配搞「忠」字化環境補助經費的通知〉,1968 年 9 月 25 日。

張仁贛、玉素甫‧玉努斯、盧華英編:《中國共產黨哈密市(縣)歷史大事記(1949.10–1998.12)》。烏魯木齊:新疆人民出版社,1999。

張輝、葉介甫:〈我所親歷的毛主席八次接見紅衛兵〉,《黨史博采》,2006 年第 2 期,頁 32–36。

梅縣地方誌編纂委員會編:《梅縣誌》。西安:陝西人民出版社,2000。

許建華:〈毛澤東同志由反對個人崇拜到接受個人崇拜的過程〉,《黨史研究》,1984 年第 5 期,頁 72–78。

許韌、許渺、許焱編:《毛澤東像章五十年》。西安:陝西旅遊出版社,1993。

郭沫若:〈把毛澤東思想偉大紅旗插上科學技術最高峰〉,1968 年 3 月 14 日,《中國科學院(京區)首屆活學活用毛澤東思想積極分子代表大會》,1968 年 4 月。

郭德宏、王海光、韓鋼編:《十年風雨(1966–1976)》。成都:四川人民出版社,2004。

———:《曲折探索(1956–1966)》。成都:四川人民出版社,2004。

陳小雅:〈毛澤東給江青的信真偽辯〉,載丁凱文編:《重審林彪罪案》。紐約:明鏡出版社,2004 年,頁 614–620。

陳東林：《內亂與抗爭：「文化大革命」的十年（1966–1976）》。長春：吉林人民出版社，1994。

〈陳銘樞公然污蔑毛主席：民革中央小組一致痛斥陳銘樞狂妄無知〉，《人民日報》，1957 年 7 月 15 日。

陳聰禧、王安江、王艾婷：《蔣介石將軍：新中國的建造者》。上海：商務印書館，1929。

陳蘊茜：《崇拜與記憶：孫中山符號的建構與傳播》。南京：南京大學出版社，2009。

散木：〈關於「文革」前後毛澤東著作的出版始末〉，《社會科學論壇》，2004年第 1 期，頁 83–91。

〈無限忠於毛主席是最大的公〉，《解放軍報》，1967 年 12 月 8 日。

〈無產階級文化大革命的綱領性文件〉，《紅旗》，1966 年 8 月 9 日第 10 卷。

〈無產階級專政下繼續進行革命的無產階級先進分子的突出代表李文忠〉，《人民日報》，1967 年 12 月 31 日。

貴州省革命委員會成立誓師大會：〈給毛主席的致敬電〉，1967 年 2 月 14日，載《革命委員會好》。西安：陝西人民出版社，1968，頁 49–52。

〈貴州省革委會一封公開信〉，《山城春雷》，1968 年第 27 期，頁 8–16。

雲嵐：〈「英雄」史觀的一個新變種〉，《人民日報》，1972 年 6 月 11 日。

馮建輝：《走出個人崇拜》。鄭州：河南人民出版社，2001。

黃永強：〈革命委員會機構情況（瀋陽軍區參謀黃永強同志介紹）〉，載山東省衛生防疫站紅旗公社宣傳組編：《鬥批改參政資料》。未刊本，1968。

黃瑤：《羅榮桓年譜》。北京：人民出版社，2002。

楊成武：〈大樹特樹偉大統帥毛主席的絕對權威，大樹特樹偉大毛澤東思想的絕對權威：徹底清算羅瑞卿反對毛主席、反對毛澤東思想的滔天罪行〉，《人民日報》，1967 年 11 月 3 日。

楊某某：〈請罪書〉，1968 年 9 月 1 日。

《當代中國北京》編輯部編：《當代北京大事記》。北京：當代中國出版社，2003。

解斯：〈反對形式主義〉，《人民日報》，1978 年 1 月 31 日。

〈徹底批判李再含的錯誤言行：一百二十例〉（未刊稿），1969。

趙豐：《「忠」字下的陰影：文化大革命中的怪現象》。北京：朝華出版社，1993。

劉永祥：〈貴陽人民廣場毛主席塑像雕塑前後〉，《文史天地》，2002 年第 7
　　期，頁 36–42。

劉杲、石峰編：《新中國出版五十年紀事》。北京：新華出版社，1999。

劉振祥：〈大海航行靠舵手，幹革命靠毛澤東思想〉，《人民日報》，1967 年
　　12 月 1 日。

鄧小平：《鄧小平文選》，3 卷本。北京：人民出版社，1994。

鄧禮峰：〈「三支兩軍」述論〉，《當代中國史研究》，2001 年第 8 卷第 6 期，
　　頁 39–52。

———：〈人民解放軍的「三支兩軍」〉，載郭德宏、王海光、韓鋼編：《十
　　年風雨（1966–1976）》，頁 176–208。

鄭義：《紅色紀念碑》。台北：華視文化公司，1993。

鄭謙：〈對新編歷史劇《海瑞罷官》的批判〉，載郭德宏、王海光、韓鋼編：
　　《十年風雨（1966–1976）》，頁 1–22。

魯迅：〈談所謂「大內檔案」〉，《語絲》，1928 年 1 月 28 日第 4 卷第 7 期，
　　頁 1–8。

《學習資料》。北京：內部刊物，1969。

橙實、黃筱玲、開鄭編：《文革笑料集》。成都：西南財經大學出版社，
　　1988。

燕帆：《大串連：一場史無前例的政治旅遊》。北京：警官教育出版社，
　　1993。

穆青、郭超人、陸拂為：〈歷史的審判〉，《人民日報》，1981 年 1 月 27 日。

遲澤厚：〈中共「九大」內幕瑣憶〉，《炎黃春秋》，2003 年第 3 期，頁 42–
　　49。

〈聯動的前身：「西城糾察隊」的罪惡史〉，載紅衛兵上海司令部編：《破爛
　　「聯動」》。上海：內部刊物，1967 年 5 月。

韓鋼：〈整風運動和反右派鬥爭〉，載郭德宏、王海光、韓鋼編：《曲折探索
　　（1956–1966）》。成都：四川人民出版社，2004，頁 119–187。

〈顆顆芒果恩情深，心心向着紅太陽——毛主席贈送珍貴禮物的特大喜訊傳
　　開以後〉，《人民日報》，1968 年 8 月 8 日。

叢進：《曲折發展的歲月》。鄭州：河南人民出版社，1989。

〈關於「林彪於孔孟之道」輔導材料〉，1974 年 2 月。

《讀報手冊（內部參考）》。南京：南京農學院革命委員會政工部、南京無線
　　電工業學校革命委員會，1969。
〈讓「忠於毛主席」五個金光閃閃大字染紅每根神經〉，《石家莊日報》，1968
　　年 3 月 15 日。

英文參考文獻

Aijmer, Göran. "Political Ritual: Aspects of the Mao Cult during the Cultural Revolution." *China Information*, 11, no. 2–3 (1996): 215–231.

Andreas, Joel. "Battling over Political and Cultural Power during the Chinese Revolution." *Theory and Society* 31 (2002): 463–519.

———. "The Structure of Charismatic Mobilization: A Case Study of Rebellion during the Cultural Revolution." *American Sociological Review* 72 (2007): 434–458.

Apor, Balázs, Jan C. Behrends, Polly Jones, and E. A. Rees (eds.). *The Leader Cult in Communist Dictatorships: Stalin and the Eastern Bloc*, Houndmills: Palgrave Macmillan, 2004.

Apter, David E. and Saich, Tony. *Revolutionary Discourse in Mao's Republic*. Cambridge: Harvard University Press, 1994.

Austin, John L. *How to Do Things with Words: The William James Lectures Delivered at Harvard University in 1955*, 2nd edition, J. O. Urmson and Marina Sbisà (eds.). Cambridge: Harvard University Press, 1975.

Barmé, Geremie R. *Shades of Mao: The Posthumous Cult of the Great Leader*. Armonk, NY; London: M. E. Sharpe, 1996.

Bauer, Wolfgang. *China and the Search for Happiness: Recurring Themes in Four Thousand Years of Chinese Culture History*, translated by Michael Shaw. New York: Seabury Press, 1976.

Bei, Guancheng. "I Saw Chairman Mao!!!" *Cultural Revolution 1966–1969: Not a Dinner Party*, Michael Schoenhals. Armonk (ed.), NY: M. E. Sharpe, 1996: 148–149.

Bergère, Marie-Claire. *Sun Yat-sen*, Janet Lloyd (trans.). Stanford: Stanford University Press, 1998.

Bernstein, Eduard. *Ferdinand Lassalle as a Social Reformer*. London: Swan Sonnenschein, 1893.

Böhme, Hartmut. *Fetischismus und Kultur*. Reinbek bei Hamburg: Rowohlt, 2006.

Bourdieu, Pierre. *Language and Symbolic Power*. Cambridge: Polity Press, 1991.

Brown, Jeremy. "Staging Xiaojinzhuang: The City in the Countryside, 1974–1976." *The Cultural Revolution as History*, Joseph Esherick, Paul Pickowicz, and Andrew G. Walder (eds.). Stanford: Stanford University Press, 2006.

Burleigh, Michael. "National Socialism as a Political Religion." *Totalitarian Movements and Political Religions* 1, no. 2 (2000): 1–26.

Chan, Anita, Richard Madsen, and Jonathan Unger. *Chen Village: The Recent History of A Peasant Community in Mao's China*. Berkeley: University of California Press, 1984.

Chan, Anita, Stanley Rosen, and Jonathan Unger (eds.). *On Socialist Democracy and the Chinese Legal System: The Li Yizhe Debates*. Armonk, NY: M. E. Sharpe, 1985.

Chang, Jung, and Jon Halliday. *Mao: The Unknown Story*. New York: Alfred A. Knopf, 2005.

Cheek, Timothy, and Tony Saich (eds.). *New Perspectives on State Socialism in China*. Armonk, NY: M. E. Sharpe, 1997.

Cheek, Timothy. "Introduction: The Making and Breaking of the Party-State in China." *New Perspectives on State Socialism in China*, Timothy Cheek and Tony Saich (eds.). Armonk, NY: M. E. Sharpe, 1997: 3–19.

———. *A Critical Introduction to Mao*, Timothy Cheek (ed.). Cambridge: Cambridge University Press, 2010.

———. *Propaganda and Culture in Mao's China: Deng Tuo and the Intelligentsia*. Oxford: Oxford University Press, 1998.

Cheng, Chester (ed.). *The Politics of the Chinese Red Army: A Translation of the Bulletin of Activities of the People's Liberation Army*. Stanford: Hoover Institution on War, Revolution, and Peace, 1966.

Chiang, Kai-shek. *China's Destiny*. New York: Macmillan, 1947.

Clark, Paul. *The Chinese Cultural Revolution: A History*. Cambridge: Cambridge University Press, 2008.

Clifton, Rita, and John Simmons (eds.). *Brands and Branding*. Princeton, NJ: Bloomberg Press, 2004.

Corner, Paul. *Popular Opinion in Totalitarian Regimes: Fascism, Nazism, Communism*. Oxford: Oxford University Press, 2009.

Dallin, Alexander, and Jonathan Harris, and Grey Hodnett (eds.). *Diversity in International Communism: A Documentary Record, 1961–1963*. New York: Columbia University Press, 1963.

Dikötter, Frank. *Mao's Great Famine: The History of China's Most Devastating Catastrophe, 1958–1962*. London: Bloomsbury, 2010.

Durkheim, Emile. *Elementary Forms of Religious Life*. New York: Free Press, 1995.

Dutton, Michael. "Mango Mao: Infections of the Sacred." *Public Culture* 16, no. 2 (2004): 161–187.

Editorial Department of the Peoples Daily. *More on the Historical Experience of the Dictatorship of the Proletariat*. Beijing: Foreign Languages Press, 1959.

Editorial Department of the Peoples Daily. *On the Historical Experience of the Dictatorship of the Proletariat*. Beijing: Foreign Languages Press, 1959.

Esherick, Joseph W., and Jeffery N. Wasserstrom. "Acting Out Democracy: Political Theater in Modern China." *Journal of Asian Studies* 49, no. 4 (Nov. 1990): 835–865.

Esherick, Joseph, Paul Pickowicz, and Andrew G. Walder (eds.). *The Cultural Revolution as History*. Stanford: Stanford University Press, 2006.

Esherick, Joseph. "Founding a Republic, Electing a President: How Sun Yat-sen Became Guofu." *China's Republican Revolution*: 129–152.

Forster, Keith. "The Politics of Destabilization and Confrontation: the Campaign Against Lin Biao and Confucius in Zhejing Province, 1974." *China Quarterly* 107 (Sept. 1986): 433–462.

Fraenkel, Ernst. *The Dual State: A Contribution to the Theory of Dictatorship*. New York: Oxford University Press, 1941.

Gamsa, Mark. "The Religious Dimension of Politics in Maoist China." *Religion Compass* 3, no. 3 (2009): 459–470.

Geertz, Clifford. "Religion as a Cultural System." *Anthropological Approaches to the*

Study of Religion, Michael Banton (ed.). London: Tavistock, 1966: 1–46.

Gentile, Emilio. "Fascism, Totalitarianism and Political Religion: Definitions and Critical Reflections on Criticism of an Interpretation." *Totalitarian Movements and Political Religions* 5, no. 3 (2004): 326–375.

Gill, Graeme. "The Soviet Leader Cult: Reflections on the Structure of Leadership in the Soviet Union." *British Journal of Political Science* 10 (1980): 167–186.

Gittings, John. *Survey of the Sino-Soviet Dispute: A Commentary and Extracts from the Recent Polemics 1963–1967*. London: Oxford University Press, 1968.

Harrison, Henrietta. *The Making of the Republican Citizen: Political Ceremonies and Symbols in China 1911–1929*. Oxford: Oxford University Press, 2000.

Heiber, Beatrice, and Helmut Heiber (eds.). *Die Ruckseite des Hanenkreuzes Absonderliches aus den Akten des Dritten Reiches*. Munich: DTV, 1993.

Heilmann, Sebastian. *Sozialer Protest in der VR China: Die Bewegung vom 5 April 1976 und die Gegen-Kulturrevolution der Siebziger Jahre*. Huamburg: Institut für Asienkunde, 1994.

Heller, Klaus, and Jan Plamper (eds.). *Personality Cults in Stalinism-Personenkulte im Stalinismus*. Göttingen: V&R unipress, 2005.

Heller, Steven. *Iron Fists: Branding the 20th-Century Totalitarian State*. London: Phaidon Press, 2008.

Holm, David. *Art and Ideology in Revolutionary China*. Oxford: Clarendon Press, 1991.

Holmes, Michael. *Communication Theory: Media, Technology, Society*. London: Sage, 2005.

Hung, Chang-tai. "The Dance of Revolution: Yangge in Beijing in the Early 1950s." *China Quarterly 181* (2005): 82–99.

Ishimaru, F. T. *Chiang Kaishek ist Gross*. Hankow: Chengchung Verlag, 1938.

Ji, Fengyuan. *Linguistic Engineering: Language and Politics in Mao's China*. Honolulu: University of Hawaii Press, 2004.

Jin, Qiu. *The Culture of Power: The Lin Biao Incident in the Cultural Revolution*. Stanford, CA: Stanford University Press, 1999.

Jones, Polly. "From Stalinism to Post-Stalinism: De-Mythologising Stalin,

1953–1956." *Totalitarian Movements and Political Religions* 4, no.1(2004): 127–148.

Kau, Michael Y. M. ed. *The Lin Biao Affair: Power Politics and Military Coup*. White Plains, NY: International Arts and Science Press, 1975.

Kershaw, Ian. "'Working towards the Führer': Reflections on the Nature of the Hitler Dictatorship." Ian Kershaw and Moshe Lewin (eds.), *Stalinism and Nazism: Dictatorship in Comparison*. Cambridge: Cambridge University Press, 1997: 88–106.

Khrushchev, Sergei. *Nikita Khrushchev and the Creation of a Superpower*. University Park: Pennsylvania State University Press, 2000.

King, Richard (ed.). *Art in Turmoil: The Chinese Cultural Revolution, 1966–1976*. Vancouver: UBC Press, 2010.

Klein, Naomi. "America is not a Hamburger: President Bush's Attempts to Rebrand the United States Are Doomed." *Guardian*, Mar. 14 2002.

Klemperer, Victor. *Lingua Tertii Imperii: Notizbuch eines Philologen*. Leipzig: Reclam, 1975.

Landsberger, Stafan R. "The Deification of Mao: Religious Imagery and Practices during the Cultural Revolution and Beyond." *China's Great Prletarian Cultural Revolution: Master Narratives and Post-Mao Counternarratives*, Woei Lien Chong (ed.). Lanham, MD: Rowman& Linttlefield, 2002: 139–184.

Leese, Daniel. "Mao the Man and Mao the Icon." *A Critical Introduction to Mao*, Timothy Cheek (ed.). Cambridge: Cambridge University Press, 2010: 219–240.

———. "The Mao Cult as Communicative Space." *Totalitarian Movements and Political Religions* 8, no. 3/4(2007): 623–629.

———. "Revsing Political Verdicts in Post-Mao China: The Case of Beijing Fengtai District," Unpublished paper.

Legge, James. *The Chinese Classics, vol. 1: Confucian Analects*. Hong Kong: Hong Kong University Press, 1960.

Lenin, Vladimir I. "On the Question of Dialectics(1915)." *Collected Works*. Moscow: Progress, 1972: 355–364.

Lepsius, M. Rainer. "The Model of Charismatic Leadership and Its Applicability to the Rule of Adolf Hitler." *Totalitarian Movements and Political Religions* 7, no.2 (2006): 175–190.

Li, Zhensheng. *Red-Color News Soldier: A Chinese Photographer's Odyssey through the Cultural Revolution*. London: Phaidon, 2003.

Li, Zhisui, and Anne F. Thurston. *The Private Life of Chairman Mao: The Memoirs of Mao's Personal Physician Dr. Li Zhisui*. New York: Random House, 1994.

Lin, Biao, "Foreword to the Second Edition of Quotations from Chairman Mao Tse-tung," in *Quotations from Chairman Mao Tse-tung*. Beijing: Foreign Languages Press, 1966.

Linebarger, Paul Myron Wentworth. *Sun Yat-sen and the Chinese Republic*. New York: AMS Press, 1969.

Lu, Xing. *Rhetoric of the Chinese Cultural Revolution: The Impact on Chinese Thought, Culture, and Communication*. Columbia: University of South Carolina Press, 2004.

Lüthi, Lorenz M. *The Sino-Soviet Split: Cold War in the Communist World*. Princeton, NJ: Princeton University Press, 2008.

MacFarquhar, Roderick, Timothy Cheek, and Eugene Wu (eds.). *The Secret Speeches of Chairman Mao: From the Hundred Flowers to the Great Leap Forward*. Cambridge, MA: Council on East Asian Studies / Harvard University, 1989.

MacFarquhar, Roderick. *The Hundred Flowers Campaign and the Chinese Intellectuals*. New York: Praeger, 1960.

———. *The Origins of the Cultural Revolution: 1, Contradictions Among the People, 1956–1957*. New York: Columbia University Press, 1974.

———. *The Origins of the Cultural Revolution: 2, The Great Leap Forward, 1958–1960*. New York: Columbia University Press, 1983.

———. *The Origins of the Cultural Revolution: 3, The Coming of the Catclysm, 1961–1966*. New York: Columbia University Press, 1997.

Mao Zedong. *Quotaions from Chairman Mao Tse-tung*. Beijing: Foreign Languages Press, 1966.

———. *Selected Works of Mao Tse-tung, 4 vols*. Beijing: Foreign Languages Press, 1967.

Marcuse, Jacques. *The Peking Papers: Leaves from the Notebook of a China Correspondent.* New York: Dutton, 1967.

Martin, Helmut. *Cult and Canon: The Origins and Development of State Maoism.* Armonk, NY: M. E. Sharpe, 1982.

———. *Kult und Kanon: Entstehung und Entwicklung des Staatamaoismus 1935–1978.* Hamburg: Institut fur Asienkunde, 1978.

Mckay, Mary Jayne. "Turkmenbashi Everywhere: If You Think Saddam Was Fond of Himself, Visit Turkmenistan." CBS Broadcasting, Jan. 4 2004. (http://www.cbsnews.com/stories/2003/12/31/60minutes/main590913.shtml)

Meisner, Maurice. *Marxism, Maoism, and Utopianism: Eight Essays.* Madison: University of Wisconsin Press, 1982.

Mitter, Rana. "Maoism in the Cultural Revolution: A Political Religion?" *The Sacred in Twentieth-Century Politics: Essays in Honour of Professor Stanley G. Payne,* Roger Griffin, Robert Mallett, and John Tortorice (eds.). Houndmills: Palgrave Macmillan, 2009: 143–165.

———. *A Bitter Revolution: China's Struggle with the Modern World.* Oxford: Oxford University Press, 2004.

Myers, James T.. *The Apotheosis of Chairman Mao: Dynamics of the Hero Cult in the Chinese System 1949–1967.* Ph. D. dissertation. George Washington University, 1969.

Pascal, Blaise. *Pensees.* Hammondsworth: Penguin,1966.

Perry, Elizaberh. "Shanghai's Strike Wave of 1957." *New Perspectives on State Socialism in China,* Timothy Cheek and Tony Saich (eds.): 234–261.

Perry, Elizabeth, and Li Xun. "Revolutionary Rudeness: The Language of Red Guards and Rebel Workers in China's Cultural Revolution." *Indiana East-Asian Working Paper Series on Language and Politics in Modern China,* no. 2(1993): 1–18.

———. *Proletarian Power: Shanghai in the Cultural Revolution.* Boulder, CO: Westview Press, 1997.

Plamper, Jan. "Introduction. Modern Personality Cults." *Personality Cults in Stalinism-Personenkulte im Stalinismus,* Klaus Heller and Jan Plamper (eds.). Göttingen: V&R unipress, 2005: 13–44.

Plekhanov, Georgi. *The Role of the Individual in History*. Moscow: Waiguowen shujichubanju, 1950.

Popper, Karl R. *The Open Society and Its Enemies, 2 vols.*. Princeton, NJ: Princeton University Press, 1963.

Radchenko, Sergey. *Two Suns in the Heavens: The Sino-Soviet Struggle for Supremacy*. Washington: Woodrow Wilson Center Press, 2009.

Rigby, Thomas (ed.). *The Stalin Dictatorship: Khrushchev's "Secret Speech" and Other Documents*. Sydney: Sydney University Press, 1968.

Rinden, Robert W. *The Cult of Mao Tse-Tung*, Ph. D. dissertation. University of Colorado, 1969.

Schiffrin, Harold Z. *Sun Yat-sen and the Origins of the Chinese Revolution*. Berkeley: University of California Press, 1968.

Schoenhals, Michael. "'Why Don't We Arm the Left?' Mao's Culpability for the Cultural Revolution's 'Great Chaos' of 1967." *China Quarterly* 182 (2005): 277–300.

———. "Mao Zedong: Speeches at the 'Moscow Conferences'." *Journal of Communist Studies* 2, no. 2 (1986): 109–128.

———. "Saltationist Socialism." Ph. D. dissertation. Stockholm, 1987.

———. "Selections from Propaganda Trends, Organ of the CCP Central Propaganda Department." *Chinese Law and Government* 24, no. 4 (1992): 5–93.

———. "The Global War on Terrorism as Meta-Narrative: An Alternative Reading of Recent Chinese History." *Sungkyun Journal of East Asian Studies* 8, no. 2 (2008): 179–201.

———. *Doing Things with Words in Chinese Politics: Five Studies*. Berkeley, CA: Center for Chinese Studies, 1992.

———. ed. *China's Cultural Revolution 1966–1969: Not a Dinner Party*. Armonk, NY: M. E. Sharpe, 1996.

Schrift, Melissa. *Biography of Chaiman Mao Badge: The Creation and Mass Consumption of a Personality Cult*. New Brunswick, NJ: Rutgers University Press, 2001.

Shambaugh, David. "Building the Party State in China, 1949–1965: Bringing the Soldier Back." *New Perspectives on State Socialism in China,* Timothy Cheek and Tony Saich (eds.) : 125–150.

Sharman, Lyon. *Sun Yat-sen: His Life and Its Meaning*. Stanford: Stanford University Press, 1968.

Shinkichi, Eto, and Harold Z. Schiffrin (eds.). *China's Republican Revolution*. Tokyo: University of Tokyo Press, 1994

Smith, Song, Yongyi (ed.). *A New Collection of Red Guard Publications*. Oakton, VA: Center for Chinese Research Materials, 2001.

Snow, Edgar. *Red Star over China. London: Victor Gollancz*, 1937.

Steve A. "Local Cadres Confront the Supernatural: The politics of Holly Water in the PRC, 1949–1966." *China Quarterly* 188 (2006): 999–1022.

Sun, Yat-sen. *Kidnapped in London. Being the Story of my Capture by, Detention at, and Release from the Chinese Legation*, London. Bristol: Arrowsmith, 1897.

Taubman, William. *Khrushchev: The Man and His Era*. New York: Norton, 2003.

Taylor, Jeremy E. "The Production of the Chiang Kai-shek Personality Cult, 1929–1975." *China Quarterly* 185 (2006): 96–110.

Teiwes, Frederick C. *Leadership, Legitimacy, and Conflict in China: From a Charismatic Mao to the Politics of Succession*. Armonk, NY: M. E. Sharpe, 1984.

———. *Politics and Purges in China: Rectification and the Decline of Party Norms, 1950–1965*. Armonk, NY: M. E. Sharpe, 1979.

———. *Politics at Mao's Court: Gao Gang and Party Factionalism in the Early 1950s*. Armonk, NY: M. E. Sharpe, 1990.

———, and Warren Sun. *The End of the Maoist Era: Chinese Politics during the Twilight of the Cultural Revolution 1972–1976*. Armonk, NY: M. E. Sharpe, 2007.

———, and Warren Sun. *The Tragedy of Lin Biao: Riding the Tiger during the Cultural Revolution, 1966–1971*. Honolulu: University of Hawaii Press, 1996.

The Eighth National Congress of the Communist Party of China: Documents. Beijing: Foreign Languages Press, 1981.

The Polemic on the General Line of the International Communist Movement. Beijing: Foreign Languages Press, 1965.

Toranska, Teresa. *"Them": Stalin's Polish Puppets*. New York: Harper & Row, 1987.

Unger, Jonathan. "The Cultural Revolution at the Grass Roots." *China Journal* 57 (2007): 109–137.

Urban, George R. *The Miricles of Chairman Mao: A Compendium of Devotional Literature, 1966–1970*. London: Tom Stacey Limited, 1971.

Wagemann, Mildred Lina. "The Changing Image of Mao Tse-Tung: Leadership Image and Social Structure." Ph. D. dissertation. Cornell University, 1974.

Wagner, Vivian. *Erinnerungsverwaltung in China: Staatsarchive und Politik in der Volksrepubli*. Colonge: Böhlau, 2006.

Walder, Andrew. *Fractured Rebellion: The Beijing Red Guard Movement*. Cambridge: Harvard University Press, 2009.

Wang, Helen. *Chairman Mao Badges: Symbols and Slogans of the Cultural Revolution*. London: British Museum Press, 2008.

Wang, Shaoguang. *Failure of Charisma: The Cultural Revolution in Wuhan*. Oxford, New York: Oxford University, 1995.

Wedeen, Lisa. *Ambiguities of Domination: Politics, Rhetoric, and Symbols in Contemporary Syria*. Chicago: University of Chicago Press, 1999.

White III, Lynn T.. *Policies of Chaos: The Organizational Causes of Violence in China's Cultural Revolution*. Princeton, NJ: Princeton University Press, 1989.

Whyte, Martin King. *Small Groups and Political Rituals in China*. Berkeley: University of California Press, 1974.

Wilbur, C. Martin. "Environment, Character, Chance, and Choice: Their Interplay in Making a Revolutionary." *China's Republican Revolution*, Eto Shinkichi and Harold Z. Schiffrin (eds.). Tokyo: University of Tokyo Press, 1994: 111–128.

Wong, John Y. *The Origins of an Heroic Image: Sun Yat-sen in London, 1896–1897*. Hong Kong: Oxford University Press, 1986.

Wu, Hung. *Remaking Beijing: Tiananmen Square and the Creation of a Political Space*. London: Reaktion, 2005.

Wylie, Raymond F. "Mao Tse-tung, Ch'en Po-ta and the 'Sinification of Marxism,' 1936–1938." *China Quarterly* 79 (1979): 447–480.

———. *The Emergence of Maoism: Mao Tse-tung, Ch'en Po-ta, and the Search for Chinese Theory 1935–1945*. Stanford: Stanford University Press, 1980.

Yan, Jiaqi, and Gao Gao. *Turbulent Decade: A History of the Cultural Revolution*. Honolulu: University of Hawaii Press, 1995.

Zagoria, Donald S. *The Sino-Soviet Conflict, 1956–1961*. New York: Atheneum, 1964.

Zhou, Yuan (ed.). *Hongweibing ziliao: A New Collection of Red Guard Publication*, Part I. Newspapers. Oakton, VA: Center for Chinese Research Materials.

索 引

* 本索引使用的頁碼均指英文版頁碼，即本書邊碼。